数字化时代民族文化资源的保护与发展
——西南少数民族文化数字创意产业发展研究

魏红 著

知识产权出版社
全国百佳图书出版单位

图书在版编目（CIP）数据

数字化时代民族文化资源的保护与发展：西南少数民族文化数字创意产业发展研究 / 魏红著. —北京：知识产权出版社，2018.12
ISBN 978-7-5130-6022-6

Ⅰ.①数… Ⅱ.①魏… Ⅲ.①计算机网络—少数民族—民族文化—文化产业—产业发展—西南地区 Ⅳ.① G127.7

中国版本图书馆 CIP 数据核字 (2019) 第 001641 号

内容提要

本书旨在研究如何运用数字创意产业产业化开发利用西部丰厚的少数民族文化资源，探讨西部少数民族数字创意产业发展战略、竞争战略和实施对策，从而为运用现代科技手段开发利用民族文化资源提供途径选择。

责任编辑：王　辉　　　　　　　　责任印制：孙婷婷

数字化时代民族文化资源的保护与发展：西南少数民族文化数字创意产业发展研究
SHUZIHUA SHIDAI MINZU WENHUA ZIYUAN DE BAOHU YU FAZHAN：XINAN SHAOSHU MINZU WENHUA SHUZI CHUANGYI CHANYE FAZHAN YANJIU

魏红　著

出版发行：	知识产权出版社有限责任公司	网　址：	http://www.ipph.cn
电　话：	010-82004826		http://www.laichushu.com
社　址：	北京市海淀区气象路50号院	邮　编：	100081
责编电话：	010-82000860转8381	责编邮箱：	wanghui@cnipr.com
发行电话：	010-82000860转8101	发行传真：	010-82000893
印　刷：	北京九州迅驰传媒文化有限公司	经　销：	新华书店及相关销售网点
开　本：	720mm×1000 mm　1/16	印　张：	19
版　次：	2018年12月第1版	印　次：	2018年12月第1次印刷
字　数：	300千字	定　价：	88.00 元
ISBN 978-7-5130-6022-6			

出版权所有　　侵权必究
如有印装质量问题，本社负责调换。

引 言

"作为依然创造着未来的东西,它是年轻的;作为已被过去所创造的东西,它是年老的"[1]。文化的本质属性是相对稳定与绝对变化的统一。在这种统一中,每个民族的现实文化既由传统文化所支撑,同时又在创造着新文化;不同民族的文化就是在这样的动态现代化过程中不断适应、创新与发展的。

文化是生产方式和生活方式的总和,是集体人格的外化。文化的存在是发展的存在,文化的发展是创新的发展。文化产业本质上是文化内在价值的外化,长期来看也是文化创新能力的外化。文化产业发展是文化创新的发展,也是科技创新的发展,更是文化创意的发展。

将文化内容作为资源按一定文化形式,通过一定媒介进行生产并在一定渠道上传播给受众的现象,一直存在于人类社会生活的漫长历史中。文化生产的产业化程度和生产规模则取决于当时社会富裕程度和科学技术水平。在社会物质财富和文化需求持续增长条件下,科技进步就成为推动文化产业、行业和业态种类发展的核心力量。科学技术作为文化产业发展平台,对文化产业种类、形式与格局始终产生着极为深刻,甚至是决定性的影响。

科学技术进步极大地推动了文化产业发展,文化产业则为社会提供了丰富的、承载着创新性和多元文化内容的文化产品。具有多样性内涵的文化产品满足了社会大众对艺术审美需求、文化内观及文化关怀的精神需求,反过来文化产业也推动了人类自身文化的建构与发展。包含在文化产业经济形态中的"科技进步——文化产业发展——文化发展——人的发展——社会发展"的文化隐性发展逻辑,使文化产业同时具有经济生产方式、文化生产方式和文化存在方式的三重

---

[1] 米夏埃尔·兰德曼.哲学人类学[M].张乐天,译.上海:上海译文出版社,1988:218.

属性；与"文化事业发展——文化发展——人的发展——社会发展"的文化显性发展逻辑相对应的是文化事业的基础性、公益性和均等性，即满足社会的基本书化需求。随着恩格尔系数快速下降及人均GDP上升超过3000美元关口，人民大众在基本书化需求得到满足后，文化多样性需求则成为主要社会文化需求。由于文化产业具有生产规模大、产品丰富、创新性强等特点，使文化产业承担了满足社会日益增长的巨大文化消费需求的任务。人类社会近100年的文化生产力超过了之前的人类文化生产力的总和（胡惠林，2009）。在文化产业进入数字化时代后，文化传播的便捷性与广泛性，使文化产业成为跨越时间和空间的、强大的文化生产和传播的媒介。如今，世界上各国、各民族所创造的文明成果，大都是通过现代文化产业传播而推动整个人类社会加速进步；隐含着人类进步愿望、进取精神和发展价值观的文化产品，对社会大众尤其是青少年，始终起着以文化人的心灵浸润和精神引导作用。

基于数字技术之上，强大现代文化产业巨大生产力所生产的、蕴含着不同的国家与民族价值观的文化产品，通过互联网特别是移动互联网等数字媒介得以广泛、快速而有效地传播；现代文化产业成为搭载着意识形态的文化交流通道和存在空间。

从农业经济到工业经济再到知识经济，以文化生产和传播为核心的文化产业，逐渐成为集合了新经济形态、新文化发展方式和新文化存在方式三种属性的人类社会新生产力形态，成为文化软实力主要成分，也是衡量一个国家现代实力的重要标志之一。然而我国的"文化软实力"与"经济硬实力"相比，两者之间落差较大。我国文化产业占GDP的比重不到4%，而西方发达国家已经达到10%以上的水平；我国2010年GDP为美国的40%、日本的107%，文化产业却不到美国的9%、日本的40%；我国文化产业占世界文化市场比重不足4%，而美国和欧盟文化产业占据世界文化市场比重却分别为43%和34%。因此大力发展承载着传播中华民族文化影响力的文化产业，是缩小我国与发达国家文化软实力差距的必由之路。

经历了纸媒体阶段和模拟电子媒体阶段之后，在20世纪90年代以来知识经济快速发展的背景下，随着科技创新推动数字技术、互联网络技术和通信技术，特别是移动通信技术的高速发展，文化产业从创作制作手段、传播媒介到终端消费等各方面都发生了翻天覆地的变化。在知识经济高速发展和全球化影响下，文化产业和其他知识经济产业一样，随着科技创新发展而进入高度分工阶段，逐渐形成作为知识经济两大核心组成部分之一的数字创意产业（厉无畏，2006），成为推动社会经济高速发展的有力引擎。与以纸媒体和模拟电子媒体为代表的传统文化产业不同的是，现代数字技术、互联网络技术和现代通信技术在全球化背景下使文化创意价值得到极致放大，创意价值远超过文化内容本身价值。没有包含创意价值的文化内容在数字媒介上的传播，相对而言仅仅变换了传播形式，而文化展现形式和生产方式并未发生实质变化。对创意感受有着偏好的数字终端受众在文化产品极大丰富时代的多样化选择，使数字内容产业的发展速度远远落后于对文化内容进行深度创意的数字创意产业。21世纪世界票房排行前100名的电影题材，深刻地揭示了这一趋势：这100部电影均来自美国好莱坞，其中前10名单部电影的票房均超过我国国产电影票房的年度总和；这100部电影几乎都是全面运用数字技术和进行深度创意的科幻题材、魔幻题材电影及数字动画电影。这就说明在数字创意产业中创意价值已经远远超过文化资源本身的价值（值得关注的是，我国观众对这些国外大片的喜爱程度也远远超过了对国产电影的热情）。由此可见，数字技术和互联网络条件下的文化创意，在从生产经济到消费经济、精英文化到大众文化、文字文化到视觉文化的历史性转变中，已成为在知识经济时代与科技创新并行发展的重要经济推动力量，并且逐渐超越资本和技术本身的贡献而成为主导性的经济、文化和社会发展方式的载体之一。

在全球化视野下，数字创意产业发展问题不再局限于产业经济或文化生产的范畴，而是已经扩大至不同国家之间、不同意识形态之间、不同文化之间此消彼长的竞争层面。数字创意产业竞争的结果，可能直接决定某一类民族文化未来的存在状况。文化安全正是所有处于弱势地位的文化在发展远景中必然产生的焦虑，这种焦虑只能通过文化的自我探寻、自我塑造和自我传播，来增强吸收、承载和融合现代文明的能力。数字创意产业的崛起正当其时，能够为文化现代化提供所需探索与发展的空间。

数字创意产业既是文化产业的新形态，也是人类文明外化的新形式；任何国家和民族都不可能绕开这个汇聚人类高度智慧的强大文明形态而论及经济发展、文化安全和文化现代化。近20年数字创意产业在西方发达国家，近10年在我国都呈现为高速发展趋势；伴随着在经济领域起着强大推进作用的同时，数字创意产业对繁荣社会文化也具有推波助澜的深远影响，并在逐步成为世界发达国家支柱产业的同时，也将成为所有国家与民族综合实力的发展方向之一。

西南少数民族绚丽多彩的传统民族民间文化，是具有新奇性、差异性和独特性的特色文化资源，也是极其宝贵的文化内容资源。在数字创意产业背景下运用现代科技手段开发运用民族文化丰富资源，将文化资源优势转换为产业要素优势，培育新的民族文化业态，更好、更快地发展西南少数民族文化数字创意产业，推动西南区域文化产业升级换代，加快西南少数民族省份经济增长方式转变、产业结构调整，促进整体经济更好、更快地发展，进而推动区域经济协调发展，繁荣民族文化，增强民族凝聚力，具有重大的经济意义与社会意义。

对不同民族文化而言，如果不希望在加速发展的现代主流媒介中被迅速边缘化，数字创意产业无疑是民族文化在现代建构、传播和发展中不可或缺的新空间。发展数字创意产业是民族文化现代化的要求，同时也是民族文化现代化的重要实体内容之一。

从大众文化意义上看，数字创意产业也是西南少数民族广大群众享受文化生活、参与文化发展、提高文化开放性、增强文化融合及调适能力的良好途径，同时也是坚持民族文化核心内涵在现代条件下推动文化发展的新路径。

我国数字创意产业在经历7年左右政策支持推动下的高速推进后，出现了"高产低质"的困境，并同时存在文化产业供给整体不足与局部过剩的状况（张晓明，2012）：一方面是大量生产出来的国产文化产品少有机会在主流媒体传播，另一方面却是我国广大受众在大量地消费国外文化产品。在西南区域，以西南少数民族文化为内容的民族电影在国外频频获奖，这些文化创意产品却难以在主流媒体上传播。面对这样的产业状况，全国和西南区域的文化产业理论研究陷入了学术疲劳（胡惠林，2012），一方面是地方政府和文化企业对产业理论指导的渴望；另一方面却是产业理论，尤其是顶层设计对产业实践的指导作用与影响不明显。

本书研究认为，当前我国文化产业发展陷入困境的情况，实际上是产业正经历由政策推动发展阶段向市场推动发展阶段转换的过程，同时也是产业组织形式向模块化网络状组织演化的过程。因此产业发展研究的理论范式也必须进行创新性转换，才可能取得具有实效性的成果、提出切实可行的对策建议。本书将以此认识为基点，展开对西南少数民族文化数字创意产业发展的研究。

从全国和西南区域数字创意产业发展现状来看，西南少数民族文化数字创意产业存在的问题，具有多层次、多维度交叉嵌套特征和因果循环累积特点；存在于不同层次、不同维度、不同结构和不同阶段的不同问题，在循环累积中共同对产业发展产生影响。这样的交错嵌套和循环累积的结果，极易让人产生因果关系倒置的错觉。因此本书在分析与探讨的时候，没有采用"全国普遍问题——西南区域问题——针对性对策措施"次序进行研究，而是采用"驱动性问题——随动性问题"次序与"重要问题——次要问题"次序相结合的方式展开研究，在层次递进分析的基础上，运用民族文化特性分析、产业发展阶段分析、产业链节分析、产业组织形式分析以及权威数据统计对比分析等手段，展开对数字创意产业主要产业内容的分析研究。

本书研究从中、微观层面着重分析和解决西南少数民族文化数字创意产业五个维度的问题：一是区域产业的问题，如区域产业发展战略、区域产业发展路径、项目融资、产品传播、针对性对策措施等；二是文化资源运用的问题，如西南少数民族文化特性认识与运用、少数民族文化创意空间拓展等；三是产业新技术应用的问题，如大数据技术应用等；四是产业新业态发展问题，如新媒体发展、网络电视剧发展等；五是整体产业的问题，如创意本质认识模糊、产业链认识不清、思维性创意保护困难等。

本书认为要解决上述问题，应从解决政策与产业两个层面存在的问题着手。政策层面，西南少数文化数字创意产业规划方面存在分省一体化发展战略问题，并且各省（区、市）数字创意产业发展均采用一体化产业园全产业链战略，对产业的竞争战略没有深入认识。这种战略对当前西南少数民族文化数字创意产业的发展来说是存在问题与弊端的：一方面，产业分省一体化战略使得区域内各省（区、市）之间存在着大量不必要的自损性、替代性竞争，区域内产业协调合作难以达成；另一方面，在这种战略下，协调整个区域范围的产业规划难以实现，必然导致西南地区整体合理产业布局难以尽快形成。

在产业层面上则存在着以下问题：

第一，民族文化资源运用不充分制约了西南少数民族文化数字创意产业发展。西南区域在运用民族民间文化资源发展少数民族文化数字创意产业时，大多只注重进行较为简单的自然风光、人物风情等文化表层的展示，缺乏对民族文化资源深度创意运用。这种对少数民族文化开发运用的浅显单一，是对丰富多彩的西南少数民族文化资源内在价值的低效运用。

第二，西南少数民族文化数字创意项目与资金隔离。西南少数民族文化数字创意项目在难以获得国家层面资金扶持、地方政府资金扶持力度不够、资金扶持方向存在偏差与融资困难等因素影响下，项目发展资金匮乏。

第三，西南少数民族文化数字创意产品与受众隔离。西南少数民族文化数字创意产品传播方式和推广方式与现代传媒发展趋势不相适应，在现代文化传播与推广体系中仍处于较边缘位置，造成民族文化数字创意产品与受众相隔离。

第四，西南少数民族文化数字创意产业的构建者及创意者对创意实质认识不清。一是政策扶持及奖励错位；二是业内普遍存在着以"艺术价值"代替"创意价值"的现象；三是产业被迫使用"多产投放，多产多亏"的产品试错方式；四是造成了"人才不够用"与"人才不适用"并存的人才匮乏困境。

第五，对数字创意产业链认识存在偏差。我国文化产业理论界在研究数字创意产业时，仍旧没有摆脱规模化工业时代的产业链观点和思路窠臼。这种对数字创意产业链的认识偏差，给产业实践造成理论指导性错误，造成过量产能涌现和大量成本沉没的结果。

第六，思维性创意保护面临困境。造成困境的主要因素有：创意需求具有高度不确定性，导致思维性创意过早面临被抄袭风险；对思维性创意的法律保护存在较大障碍；采用法律保护之外的其他思维性创意保护方式也难以奏效。

第七，少数民族文化创意的诸多约束使西南少数民族文化创意空间日益狭窄。主要体现在三个方面：政治属性的客观必要性形成对少数民族文化创意的必要约束；民族文学批评内部化限制少数民族文化创意发展；观念滞后导致少数民族文化创意发展缓慢。

第八，西南区域数字创意产业缺乏深入产业微观层面、针对关键性突破点的发展措施。西南区域各省（区、市）在数字创意产业发展投资上，偏向于模仿东部地区产业园一体化模式，不符合西南区域整体经济水平和数字创意产业发展水平相对较低的实际情况。如果不能采取重点突破措施，将有限的发展资金投放在发展着力点上，就难以有效地推动西南少数民族文化数字创意产业长期发展。

针对不同层面、不同维度存在的问题，本书分别从"顶层"战略路径、"民族文化层"对策、"技术应用层"对策和"产业层"对策措施展开回应。

本书认为，为消除行政区划下西南数字创意产业分省一体化战略所带来的弊端，产业构建者应放弃既有产业发展战略。建议在充分认识当前数字创意产业发展现状并准确预判未来发展趋势的基础上，大胆地"拆开旧木桶，构建新木桶"，构建西南区域数字创意产业的模块化价值网络。在模块化价值网络形成后，西南少数民族文化数字创意产业不仅能够消除原有战略弊端，而且能够获得更多竞争优势。要实现这一战略，应从以下三个方面着手：第一，组建西南区域数字创意产业行业协会；第二，云、贵、桂从"赶超战略"先回到"依附战略"，夯实基础；第三，川、渝加快自身禀赋升级、积极整合区域资源。

在西南少数民族文化数字创意产业发展新战略确立后，产业构建者还需要在新战略基础上，为整个产业的发展寻找一条既符合时代发展又具有现实可行性的发展路径。目前，我国数字创意产业领域已经初步形成北、上、广等几个"增长极"，西南地区也必须在本区域培育出业态增长极，利用"极化效应"带动整个产业发展。在新媒体时代，信息传播方式已经发生革命性变化，利用新媒体传播、推广创意产品，是西南少数民族文化数字创意产业最终实现跨越式发展的必然选择。因此，在新战略实施的基础上应选择以"增长极突破，新媒体着力"为发展路径。

为消除民族文化运用不充分对西南少数民族文化数字创意产业发展造成的制约，应根据西南少数民族文化的特点，对民族文化资源进行针对性开发与运用。具体运用方面建议：第一，以西南少数民族文化独特性提高数字创意产品的审美价值；第二，以西南少数民族文化多样性增强数字创意产品的丰富性；第三，发挥西南少数民族文化包容性对数字创意产业开放性的促进作用；第四，运用西南少数民族文化与汉文化的互补性，促进西南少数民族文化数字创意产业在中国文化产业发展中发挥应有作用；第五，以西南少数民族文化和生态环境天然的融合性，契合数字创意产业中的"绿色情怀"；第六，开发、运用西南少数民族历史文化，在数字创意产品中展现历史与现实的有机结合。

西南少数民族文化数字创意项目与资金隔离、数字创意产品与受众相隔离的状况，是阻碍西南少数民族文化数字创意产业发展的重要问题，通过多渠道、合理运用大数据技术，可以有效改善项目发展资金匮乏和产品获客渠道不足的问题。

为消除对"创意"实质认识不清所产生的消极影响，建议在深入理解"创意"基础上，采取以下措施：合理界定文化"创意"概念、对"少数民族文化创意"标准进行探索、从少数民族文化创意和整合策划的视角培养创意人才，并对民族文化资源进行符号化分类整理。

为解决由于对产业链认识偏差所造成西南少数民族文化数字创意产业发展受限的问题，建议从价值链的角度对数字创意产业链进行重新界定。

破解思维性创意保护困境的最佳策略，本书认为采取微型产品化创意脚本的形式保护思维性创意，具有明显的法律优势和经济优势。

少数民族文化创意的约束，已成为西南少数民族文化数字创意产业发展的隐性瓶颈。拓展西南少数民族文化创意空间，首先，必须在符合国家民族文化政策原则性要求的前提下进行；其次，对西南少数民族文化创意空间的拓展，应采用渐进的柔性方式，本书提出：建设有民族作家积极参与的民族文化创意团队、积极扶持少数民族高校创意主体、注重扶持微型创意脚本企业；最后，推行内、外网分级传播。

出于经济性考虑，西南少数民族文化数字创意产业发展应在有效的发展着力点上予以重点突破，具体措施是：第一，深入理解相关重要关系以消除滞后观念对少数民族文化创意的约束；第二，创造驱动创意人才聚集的局部优势；第三，优先发展新媒体产业；第四，民族文化创意产业与旅游业结合发展；最后，在"媒体适配"原则下以核心项目实行"点式突破"。

综合上述认识，本书认为，从产业要素分析和研究实践来看，少数民族文化创意是有效推动西南少数民族文化数字创意产业长期发展的关键。

基于以上思路，本书按照下述结构展开研究：

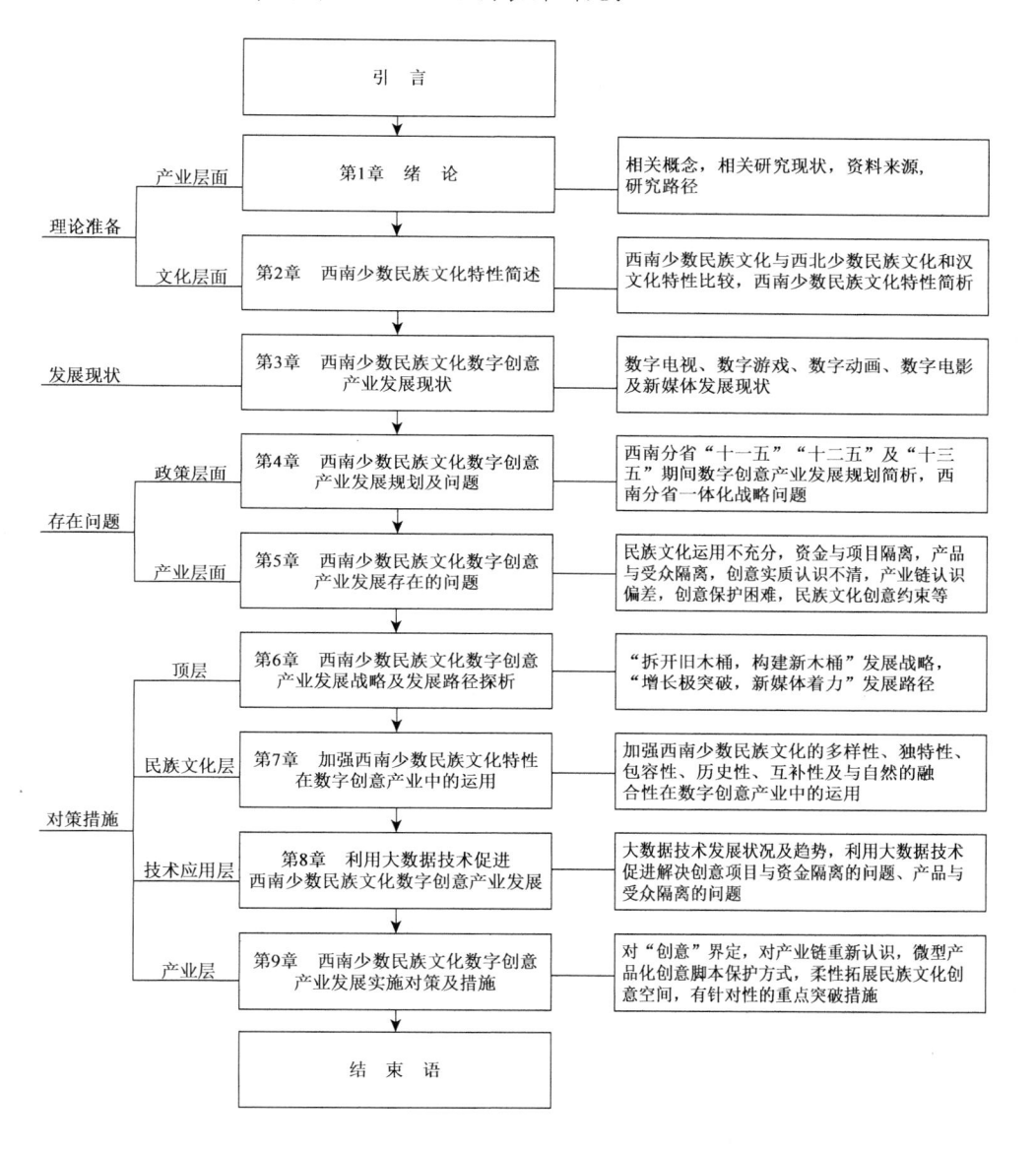

```
                                    ┌─────────────────┐
                                    │      引  言      │
                                    └────────┬────────┘
                                             ↓
                    产业层面      ┌─────────────────────┐    相关概念，相关研究现状，资料来源，
         理论准备  ─────────────  │    第1章  绪  论    │── 研究路径
                                  └──────────┬──────────┘
                    文化层面      ┌─────────────────────┐    西南少数民族文化与西北少数民族文化和汉
                  ─────────────  │ 第2章 西南少数民族文化│── 文化特性比较，西南少数民族文化特性简析
                                  │      特性简述        │
                                  └──────────┬──────────┘
                                  ┌─────────────────────┐    数字电视、数字游戏、数字动画、数字电影
         发展现状 ─────────────  │ 第3章 西南少数民族文化│── 及新媒体发展现状
                                  │ 数字创意产业发展现状 │
                                  └──────────┬──────────┘
                    政策层面      ┌─────────────────────┐    西南分省"十一五""十二五"及"十三
                  ─────────────  │ 第4章 西南少数民族文化│── 五"期间数字创意产业发展规划简析，西
         存在问题                 │数字创意产业发展规划及问题│   南分省一体化战略问题
                                  └──────────┬──────────┘
                    产业层面      ┌─────────────────────┐    民族文化运用不充分，资金与项目隔离，产品
                  ─────────────  │ 第5章 西南少数民族文化│── 与受众隔离，创意实质认识不清，产业链认识
                                  │数字创意产业发展存在的问题│   偏差，创意保护困难，民族文化创意约束等
                                  └──────────┬──────────┘
                    顶层          ┌─────────────────────┐   "拆开旧木桶，构建新木桶"发展战略，
                  ─────────────  │ 第6章 西南少数民族文化│── "增长极突破，新媒体着力"发展路径
                                  │数字创意产业发展战略及发展│
                                  │      路径探析        │
                                  └──────────┬──────────┘
                    民族文化层    ┌─────────────────────┐   加强西南少数民族文化的多样性、独特性、
                  ─────────────  │ 第7章 加强西南少数民族│── 包容性、历史性、互补性及与自然的融
         对策措施                 │文化特性在数字创意产业中│   合性在数字创意产业中的运用
                                  │      的运用          │
                                  └──────────┬──────────┘
                    技术应用层    ┌─────────────────────┐   大数据技术发展状况及趋势，利用大数据技术
                  ─────────────  │ 第8章 利用大数据技术促进│── 促进解决创意项目与资金隔离的问题、产品与
                                  │西南少数民族文化数字创意│   受众隔离的问题
                                  │      产业发展        │
                                  └──────────┬──────────┘
                    产业层        ┌─────────────────────┐   对"创意"界定，对产业链重新认识，微型产
                  ─────────────  │ 第9章 西南少数民族文化│── 品化创意脚本保护方式，柔性拓展民族文化创意
                                  │数字创意产业发展实施对策│   空间，有针对性的重点突破措施
                                  │      及措施          │
                                  └──────────┬──────────┘
                                             ↓
                                    ┌─────────────────┐
                                    │     结  束  语    │
                                    └─────────────────┘
```

目 录

第1章 绪论 ··· 1
  1.1 相关概念 ·· 1
  1.2 研究现状 ·· 13
  1.3 资料来源与研究路径 ·· 17

第2章 西南少数民族文化特性简述 ··· 22
  2.1 西南少数民族文化与西北少数民族文化特性比较 ······················ 22
  2.2 西南少数民族文化与汉文化特性比较 ······································· 40
  2.3 西南少数民族文化特性简析 ··· 46

第3章 西南少数民族文化数字创意产业发展现状 ··································· 48
  3.1 数字电视剧 ··· 48
  3.2 数字游戏 ·· 65
  3.3 数字动画 ·· 74
  3.4 数字电影 ·· 91
  3.5 新媒体 ·· 94

第4章 西南少数民族文化数字创意产业发展规划及问题 ······················· 107
  4.1 西南分省"十一五"期间数字创意产业发展规划简介 ············· 108
  4.2 西南分省"十二五"期间数字创意产业发展规划简介 ············· 110
  4.3 西南分省"十三五"期间数字创意产业发展规划简介 ············· 113

4.4 西南区域数字创意产业规划存在的行政区划下分省一体化战略问题……117

第5章 西南少数民族文化数字创意产业发展存在的问题……124
5.1 民族文化运用不充分制约西南少数民族文化数字创意产业发展…… 124
5.2 西南少数民族文化数字创意项目与资金隔离…… 125
5.3 西南少数民族文化数字创意产品与受众隔离…… 130
5.4 对创意实质认识不清造成不利影响…… 131
5.5 对数字创意产业链认识偏差造成产业成本增加…… 134
5.6 思维性创意保护面临困境…… 137
5.7 少数民族文化创意的诸多约束使少数民族文化创意空间狭窄…… 145
5.8 缺乏符合西南区域经济发展水平的针对性措施…… 150

第6章 西南少数民族文化数字创意产业发展战略及发展路径探析……151
6.1 西南少数民族文化数字创意产业发展战略探析
——"拆开旧木桶，构建新木桶"…… 152
6.2 西南少数民族文化数字创意产业发展路径探析
——"增长极突破，新媒体着力"…… 164

第7章 加强西南少数民族文化特性在数字创意产业中的运用……171
7.1 以西南少数民族文化独特性提高数字创意产品的审美价值…… 171
7.2 以西南少数民族文化多样性增加数字创意产品丰富性…… 181
7.3 发挥西南少数民族文化包容性促进数字创意产业开放发展…… 184
7.4 从主流文化视角展现西南少数民族文化与汉文化的互补性…… 187
7.5 以西南少数民族文化与生态环境的融合性展现
文化创意"绿色情怀"…… 189
7.6 以历史与现实相结合的方式运用西南少数民族历史文化…… 191

第8章 利用大数据技术促进西南少数民族文化数字创意产业发展……195
8.1 大数据技术发展状况及发展趋势…… 196
8.2 利用大数据技术促进西南少数民族文化数字创意产业融资…… 207

  8.3 利用大数据技术促进西南少数民族文化数字创意产品
    与受众点对点结合 ………………………………………… 218

第 9 章 西南少数民族文化数字创意产业发展实施对策及措施 ………… 227
  9.1 对"创意"进行准确界定和实施相应举措 …………………… 227
  9.2 从价值链的角度对数字创意产业链进行重新认识 …………… 233
  9.3 以微型产品化创意脚本的形式保护思维性创意 ……………… 238
  9.4 柔性拓展少数民族文化创意空间 ……………………………… 239
  9.5 促进西南少数民族文化数字创意产业发展的针对性对策措施 …… 242

结语 ……………………………………………………………………………… 251
参考文献 ………………………………………………………………………… 253
后记 ……………………………………………………………………………… 286

第1章 绪 论

文化、产业、文化产业，创意、创意产业、数字创意产业等概念，是近年来在各种专著、教材、论文与报告中高频出现的词汇。然而大多数情况下研究者都没有进行清晰的概念界定，就开始直接使用文化产业、创意产业等概念，或直接论及产业发展或直接进行产业发展研究。这种情况在文化产业发展初期是合理的，但在文化产业从由政府主导推动产量化发展阶段逐渐进入市场主导的质化发展阶段后，如果仍然对相关概念没有清晰认识与界定，显然不利于对文化产业发展进行深入的扩展性研究，不利于厘清和解决现今文化产业发展面临的问题。因此先进行相关概念的界定，再论述课题相关研究现状、提出本课题的研究途径，有着重要的理论与现实意义。

1.1 相关概念

1.1.1 文化与西南少数民族文化

1. 文化

"文化"一词在我国语言体系中自古有之。《易·贲卦·象传》有云："观乎天文，以察时变，观乎人文，以化成天下。"从"人文化成"中演化为"文化"一词；到西汉时，"文"与"化"正式合用，刘向在《说苑·指武》中最早提出："圣人之治天下也，先文德而后武力。凡武之兴，为不服也；文化不改，然后加诛。"❶ 由此可见，在中国传统文化中，"文化"一词的主要内涵就是"文治

---

❶ 欧阳友权. 文化产业概论［M］. 长沙：湖南人民出版社，2007：1-2.

教化"，专注的是精神领域，这与西方对"文化"的关注范围有很大不同。无论是英文与法文的 culture，还是德文的 kultur，其词根都是拉丁文中的 Cultura。Cultura 一词原指耕种土地，种植植物，后来才引申为对人的培育，即西方在传统上对"文化"的界定范围包含了"物质"与"精神"两个领域。❶

中国和西方社会在传统上对文化概念范围界定的分歧，在当今文化研究中仍有所体现。专业文化研究领域中一直存在着对文化的两种界定方式：第一种是对文化的广义界定，广义文化即指人类"在社会历史实践中创造的物质财富和精神财富总和"❷，既包含无形的宗教信仰、伦理道德、习俗传统等精神文化，也包含有形的建筑、服饰等物质文化。❸这种界定方式下的"文化"内涵极为广泛，甚至已经与"文明"的概念范围相当，因此以这种方式界定的文化又被称为"大文化"。梁启超在《什么是文化》中对"文化"的经典界定，即"文化者，人类心能所开释出来之有价值的共业也"❹，就是秉持了"大文化"观。第二种是对文化狭义的定义，只对人的精神创造活动加以关注，而不论及人类在社会历史实践中的物质创造活动，这种界定方式下定义的"文化"被人们称为"小文化"。英国学者爱德华·B.泰勒在《原始文化》中所提出的文化"包括知识、信仰、艺术、道德、法律、习惯，以及其他人类作为社会的成员而获得的种种能力、习性在内的一种复合的整体"，就是"小文化"观的经典界说。

目前，对"文化"的广义界说是文化哲学以及文化人类学等领域的通说。本课题在研究西南少数民族文化时也秉持了这种"大文化"观。

在研究文化时要注意研究角度的转换，不仅要将"文化"作为一个静态概念进行研究，同时也要看到"文化"的形成是一个发展的过程。所谓"文化"实际上就是人类将自然与自身"人化"和"人类化"的过程，既是人类作为主体"通过社会实践活动适应、利用、改造自然界客体而逐步实现自身价值观念的过程"，也是人类从"茫然于人道"的"直立之兽"而逐渐感悟"天道"并最终觉悟"人道"的过程。在这一过程中，既有人类对个体和整个群体精神素质的提高，也有人类对物质世界面貌、功能的持续改观。❺

---

❶ 张岱年，方克立.中国文化概论[M].北京：北京师范大学出版社，2011：2.
❷ 欧阳友权.文化产业概论[M].长沙：湖南人民出版社，2007：2.
❸ 同上.
❹ 张岱年，方克立.中国文化概论[M].北京：北京师范大学出版社，2011：2.
❺ 张岱年，方克立.中国文化概论[M].北京：北京师范大学出版社，2011：3.

本书认为："文化"是人类作用于自然界、社会及自身的所有活动，以及取得的成果，只要体现出超越人类自然本能之意识的，均属于"文化"之列；或者说自然与人类自身的"人化"就是"文化"❶，文化自然就包括物质文化与精神文化两个方面。

有些学者在论及"文化"这一概念时，在物质文化和精神文化之外，单列出制度文化予以格外关注，如欧阳友权在《文化产业概论》一书中，将文化从宏观上分为物质文化、精神文化和制度文化三类。正如学者所言，人类高于动物的一个最重要的根本之处便是在改造物质世界、创造物质财富的同时，"又创造了一个属于他们自己、服务于他们自己，同时又约束他们自己的社会环境"❷。因此，本书认为将"制度文化"单列为"文化"这一概念的一项内容并加以关注是合理的。

2. 西南少数民族文化

文化的主体毫无疑问是人，具体到西南少数民族文化而言，主体就是西南少数民族群体。因此西南少数民族文化就是指西南少数民族群体超越其本能地、有意识地"作用于自然界和社会的一切活动及其结果"，是西南少数民族在社会历史实践过程中所创造的物质财富与精神财富的总和。

具体而言，西南少数民族文化这一概念主要包括三部分。

（1）西南少数民族物质文化。

主要是西南少数民族群体利用自然界中各种物质而创制的各种有形器物。

物质文化本身既为文化的物态表现形式，也是精神文化乃至制度文化的载体。西南少数民族物质文化可以被称为西南各少数民族群体"物化的知识力量"。

（2）西南少数民族精神文化。

包括西南少数民族群体在长期社会历史实践和意识活动中形成的宗教信仰、道德理念、价值观念、审美情趣，以及思维方式等。

精神文化包含社会心理和社会意识两个层次，是整个文化的核心组成部分；只有深入研究民族精神文化，才能够对西南少数民族文化整体有一个比较透彻的认识。

---

❶ 张岱年，方克立. 中国文化概论[M]. 北京：北京师范大学出版社，2011：3.
❷ 张岱年，方克立. 中国文化概论[M]. 北京：北京师范大学出版社，2011：4.

（3）西南少数民族制度文化。

既包括西南少数民族在社会历史实践中构建的各种社会组织形式和社会规范，也包括西南各少数民族群体在长期社会人际交往中约定俗成的定式行为与习惯。

值得注意的是，现代社会中我国人口流动性大大加强，现在已经没有任何一个民族是为某一区域或某一省份所独有的了；资料表明，目前全国55个少数民族的人口在西南区域均有分布。因此本书对西南少数民族文化的研究，并非对所有有人口在西南地区分布的少数民族文化进行研究，否则就与研究全国少数民族文化无异了。本书着重研究的少数民族文化主要有两类：一是世居于西南地区，并已经形成自己独特文化传承体系的少数民族文化；二是在西南地区人口分布较多，且已具有一定文化影响力的少数民族文化。

每一种文化形态都具有民族性，因为在千差万别的自然——社会条件造就的舞台上，演出名为"文化"正剧的主角正是各个民族。西南各少数民族文化既有本民族的独特个性，也具有中华民族的一般共性；同时，文化是"人与自然、主体与客体在实践中的对立统一物"。因此，受区域自然地理环境的影响，西南各少数民族之间既有区域文化共性，也有区别于其他地区民族的区域文化特性。课题将通过对比研究，对西南少数民族文化的民族个性与共性，以及区域特性与共性进行分析，力求发现、归纳出西南少数民族文化特性，便于在数字创意产业中有针对性地吸收、运用少数民族文化资源。

1.1.2 文化作品与文化产品

文化是一个民族的集体人格，是一个民族在生产、生活中经历史积淀和岁月洗练存留下来的共有价值观念、精神、物质财富，以及社会制度等的体现，因此，作为人类精神财富的重要体现与表现形式之一的就是文化作品与文化产品。

1. 文化作品

"文化作品"，或者简称为"作品"，是一个多义性概念；在不同的语境下，人们根据特定需要对文化作品做出不同的界定。如《汉语大辞典》简单地将作品界定为"文学艺术创作的成品"，而《中华人民共和国著作权法实施条例》则将作品认定为"文学、艺术和科学领域内具有独创性并能以某种有形形式复制的智力成果"。

本书对诸多文化作品概念进行分析后认为，这些对"文化作品"不同的界定中有一项共识，即文化作品本质上是人们某种意识或精神上认知具象化的载体，在形式上表现为一定的符号体系。结合本书研究需要，本书将文化作品概念界定如下：文化作品就是指在文学、艺术和科学领域中，创作者通过运用能够为人们所理解的符号体系，将特定的思想意识、价值观念、情感与心理体验等具象化，是人类观念形态的精神财富向物质形态转化的直接成果。

2. 文化产品

目前，学术界对文化产品概念尚无成熟定论。总体而言，基于对这一概念外延的界定差别，形成了对文化产品的广义理解和狭义理解。广义的文化产品就是指人类文明在进步过程中所产生的一切可用来交易的、能引起人们注意且能够为人们所获取、使用和消费的任何事物；狭义的文化产品则是指作为特定思想、文明符号，以及生活方式传播载体的消费品。目前这种狭义的文化产品概念为文化产业理论界所广泛接受，本书也认为对文化产品应采用狭义的界定。其原因在于，广义的文化产品概念过于宽泛，而且将文化产品与普遍意义上的产品相等同，并未强调文化产品的特殊性。事实上文化产品具有区别于一般产品的特性，除了具有一般产品在进入市场交易时的"商品性"之外，还具有显著的文化性。让消费者获取相关的知识、信息或精神上的愉悦，是文化产品使用价值的主要方面，而且对人们的思想意识、价值观念及行为方式的影响是其他一般产品所不具有的。因此，本书认为，从文化产品的"文化性"和"商品性"这两方面出发进行狭义界定，符合本书研究所指文化产品的概念。

总之，文化产品可以被认为是一种传播特定思想观念、知识符号或生活方式的消费品，能够影响人们的行为方式，促进群体文化认同的形成。

3. 文化作品与文化产品之间的关系

文化作品就其文化性而言，是指思想意识、价值观念等内隐抽象的属性；文化产品就其商品性而言，是指文化作品外化具象的属性。不是所有的文化作品都能转化为文化产品，而且也不是所有的文化作品都适合转化为文化产品；而所有的文化产品都是商品化的文化作品。文化作品体现着创作者意欲向外界传递的特定的文化理念，具有一定的文化性；当文化作品被作为经济学上的产品进行交易时，便具有了普通产品进入市场后所具有的商品性；当文化作品文化性与市场交易品的商品性同时具备时，一部文化作品便成了一个文化产品。

4.西南少数民族文化资源向文化产品转化的原则

在悠久跌宕的历史中，西南各少数民族在语言、文学、艺术等领域创造了绚丽多彩的文化。这些文化是西南区域各少数民族历经岁月洗练而沉淀下来的结晶，彰显着各少数民族独特而多元的文化成就，是中华民族辉煌文化成就的一部分，也是人类多样文化瑰宝的组成部分。虽然当今文化全球化和文化媒介化已是不可逆转的文化发展趋势，但这些在世代传承中不断丰富和滋润着西南少数民族大众精神世界的民族文化资源，却不是全部都适合转化为文化产品。在西南少数民族文化向文化产品转化的过程中，应遵守以下原则。

（1）尊重少数民族群众的民族情感。

对西南少数民族文化进行文化作品转化时，应表现少数民族群体所具有的勤劳、质朴、坚韧、勇敢等优秀品质，不能为满足受众对于少数民族群体的猎奇心理而对少数民族群体的优秀精神品质进行淡化甚至是消除。这样会扭曲少数民族文化形象，造成受众对于少数民族文化的误解，必然伤害少数民族群众的民族情感。特别是有些西南少数民族文化元素承载着本民族的精神信仰，已经被少数民族群体赋予了超乎寻常的神圣意义。这类少数民族文化不能向文化产品转化，否则极易触犯少数民族族群的文化禁忌。

（2）民族文化产品应承担传播少数民族文化的责任。

西南少数民族文化在现代条件下的传播、传承和发展，离不开现代数字化传媒。从这个意义来看，文化产品承载着向外传播少数民族文化的责任，也是搭载少数民族文化进入现代文化产业的载体，同时也是少数民族文化现代建构的新空间。

西南少数民族文化作品要有产品意识，使文化能够借助现代文化产业或现代数字传媒这些极具效率的工具传播；少数民族文化产品也要有作品意识，不能简单产品化或产业化，必须要有少数民族文化作品的文化感染力与民族文化的人文情怀。

（3）重点扶持本地少数民族文化企业和个人创作者。

西南少数民族大众是西南少数民族文化的创造者，西南少数民族文化是少数民族文化产品的主要内容来源，西南少数民族群众是少数民族文化产品的重要受众群体。因此，在西南少数民族文化向文化产品转化的过程中，应重点扶持本地少数民族文化企业和个人创作者。这样一方面能创作和制作出保持原味本真的当地少数民族文化产品；另一方面也能让少数民族群众参与到文化产业的现代化经济建设进程中，分享现代化文明，受益于产业经济发展的成果。

（4）民族文化产品应宣传当地自然景观和文化景象。

西南少数民族地区经济发展水平相对较低，自然风光旅游和民族文化旅游一般都是当地的支柱产业。西南少数民族文化产品应注重对当地自然风光和民族文化的宣传，以使文化企业实现自己的收益时也能让少数民族地区的经济得到发展。

（5）少数民族文化产品应让少数民族群众能从中受益。

少数民族文化产品应注重对少数民族优质文化元素的展现，注重对少数民族群体优秀品质的彰显；同时，少数民族文化产品在制作过程中要注意照顾到少数民族群众的喜好，让产品既能够契合市场需求，又能够为少数民族群众所喜闻乐见；一部优秀的少数民族文化产品一定要既具有普遍的审美价值，又能够符合少数民族群体审美习惯。

少数民族文化产品的生产制作应尽量让少数民族群众分享经济利益，如在生产制作过程中可尽量雇用少数民族工作人员，尽量到民族地区实地租地取景，这样一来既可以让少数民族文化产品中的文化内容和文化景观更真实、精致，也可以增加当地少数民族群众的实际收入。

（6）文化产品转化应有利于保护少数民族非物质文化遗产。

保护非物质文化遗产是对文化发源的族群及族群性格的尊重，是对人类文化多样性的尊重，更是对弱势族群的保护。❶ 西南少数民族大众是民族传统文化资源的保有者与传承人。保护西南少数民族非物质文化遗产，有助于保护这些创新能力较弱、无法直接运用现代科技和知识参与市场竞争人群的利益，尽可能实现社会资源与利益的均衡分配，使全体社会成员都能从社会与经济发展中受益。❷

总之，本书从产业经济学的角度研究西南少数民族文化向文化作品和文化产品转化时，将研究范围界定在适合向文化产品转化的西南少数民族文化上。这部分少数民族文化内容可以创意升华、有利于使用现代数字媒介，并且有利于向外传播，同时有利于向原住民青少年族群用现代方式表现民族文化，有利于民族文

---

❶ 夏斐. 专家在有关国际研讨会上指出：保护非物质文化遗产不应忽视"所有权"［N］. 光明日报，2007-04-25.
❷ 唐广良. 保护民族的传统资源［N］. 经济参考报，2004-02-13.

化传承和发展。

1.1.3 产业与产业发展

产业的概念在《经济学大辞典》中被界定为:"原指各种物质生产部门,一般不包括商业,有时专指工业,第二产业兴起后,泛指各种制造或提供物质产品、流通手段、服务劳动等的企业或组织。"❶ 这个定义将产业立足于"生产部门",而没有落脚在"生产活动"上,是比较合理的;但是立足于企业或组织,就有两个问题,一是组织包含非营利部门,显然不属于产业范畴;二是没有集合的意义,与产业发展实际状况不符。

关于产业和产业发展的定义,本书认为胡建绩(2008)在《产业发展学》中采用《新帕尔格雷夫经济学大辞典》中关于产业和产业发展的定义较为合理,即"产业是生产同类或有密切替代关系产品、服务的企业集合"❷;产业发展是"以价值发展为其实质,以主导产业群为其载体,以经济长波为其形式的产业的一个内生提高过程"❸。

在数字创意产业中,个人创意可能直接参与到文化内容从资源到产品再到商品消费的全过程,因此在数字创意产业意义上的"产业"概念中的"企业集合",应该改为"企业和个人集合"才较为合理。

1.1.4 数字创意产业与相关产业

1. 文化产业

文化产业是动态的概念,对文化产业的认识也存在一个动态发展过程。

国家统计局在 2004 年 3 月 29 日发布《关于印发〈文化及相关产业分类〉的通知》,对文化产业进行全面界定;2012 年 7 月 31 日,在总结产业实践状况基础上,国家统计局又发布修订版的《文化及相关产业分类》❹。

在 2004 年版的《文化及相关产业分类》中,将文化产业描述为:"文化及相关产业是指为社会公众提供文化、娱乐产品和服务的活动,以及与这些活动有关

---

❶ 于光远.经济学大辞典[M].上海:上海辞书出版社,1999:823.
❷ 胡建绩.产业发展学[M].上海:上海财经大学出版社,2008:1.
❸ 同上。
❹ 国家统计局统计设计管理司.文化及相关产业分类(2012)[EB/OL].(2012-8-16)[2012-7-31]. http://www.stats.gov.cn/tjbz/t20120731_402823100.htm.

联的活动的集合。"❶ 而2012年修订版《文化及相关产业分类》中对文化产业定义做出了重大修改："文化及相关产业是指为社会公众提供文化产品和文化相关产品的生产活动的集合。"文化及相关产业分层、分类内容的变动，在上述定义的实质性变化中有所体现。

本书认为，在2012年国家统计局《文化及相关产业分类》中把"产业"界定为"生产活动的集合"，显然不如"从事文化产品和文化相关产品生产活动的企业和个人的集合"的界定准确。因为"生产活动的集合"仍然是"生产活动"，而不是"产业"。

2004年制定的《文化及相关产业分类》第一层内容"文化服务"和"相关文化服务"，在2012年修订改为"文化产品的生产"和"文化相关产品的生产"。这种变化显示出文化产业实质性地在观念、政策和管理层面从文化事业中彻底独立出来。

2. 创意产业

《英国创意产业路径文件》曾对创意产业做了一个经典定义："创意产业是源于个人创意、技巧和才华，通过知识产权的开发和运用，而形成的具有创造财富和就业机会潜力的产业。"❷ 目前这一定义为文化产业界普遍接受，这里的创意是指文化创意，而非科技创意。

3. 数字创意产业及与相关产业的关系

参照国家统计局对于文化产业内容的界定，并根据数字创意产业的创意、生产与传播的技术属性，本书研究相应将"数字创意产业"界定为：应用数字技术、互联网络技术和信息通信技术等现代技术，对文化内容进行创意、生产和传播，为社会公众提供文化产品和文化相关产品的生产活动的企业及个人的集合。

数字创意产业具有高速发展特点，伴随着技术创新不断出现新的行业、业态与业种，因此研究者对产业内容层次的分类工作往往不能及时跟上产业发展速度。学者们在研究时常常根据自己的研究方向或重点，采取全部罗列或列举部分现有产业内容的方式进行描述，表达的产业层次不清，甚至产业、行业与业态、业种不分；虽然没有影响产业思想和产业理论的表述，但是不能清楚地展示相关产业之间关系、产业内容的全貌与经济特性。基于本书研究方向和研究重点，本

---

❶ 丹增.文化产业发展导论［M］.北京：人民出版社，2005：14.
❷ 厉无畏.创意产业导论［M］.上海：学林出版社，2006：3.

书无意对产业内容层次进行深入研究，但出于研究具体需要，必须清晰界定相关产业关系，完整地展示产业内容并进行经济特性分类。

通过分析比较数字创意产业与相关产业的关系，本书认为以下面图 1.1 表示数字创意产业包含的产业内容较为清晰合理。

如图 1.1 所示，高科技文化产业由高科技产业与文化产业交融产生而成，对其中文化内容进行深度创意可以催生新的内容与形式；创意与文化产业、高科技产业交叉融合产生了文化产业核心部分——数字创意产业（即高科技文化创意产业）。

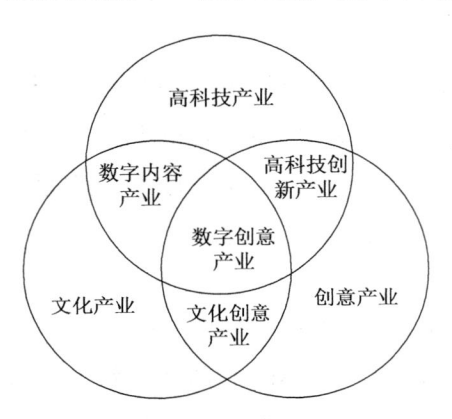

图 1.1　相关产业关系示意图

在文化产业发展过程中，学者们使用过文化产业、文化工业、内容产业、创意产业，以及文化创意产业等概念。对上述概念的实质性含义进行比较发现，创意产业与文化工业、内容产业等概念的内涵没有实质性差异，可以统称为文化创意产业。故而，文化产业整体上由传统文化产业与文化创意产业组成，创意是区别二者的关键。为方便研究，本书将高科技文化产业里其他不具备深度创意特征的，称为数字内容产业；高科技文化产业中与创意融合的部分，相比数字内容产业而言，具有市场外向、高速增长的经济特征，具有带动产业跨越发展的领先作用，是产业发展的方向，本书将高科技领域文化产业中的创意产业定义为数字创意产业。

通过图 1.1 的集合图示，可以清晰界定并表达数字创意产业与文化产业、数字内容产业及文化创意产业之间的交叉关系，为下一步产业内容研究与分类做准备。

本书通过系统性与差异性分析，认为以产业内容的技术特性作为分类标准，可以系统、清晰与完整地展现产业内容。数字创意产业内容在技术应用上虽然有交叉融合,但仍可以根据主要技术特性进行分类。

(1)数字技术类:电脑动漫、电脑特技、数字化创意设计、数字电视、数字电影与电子出版物等;

(2)互联网络技术类:IP电视、网络广播影视、网络游戏与网络媒体等;

(3)信息通信技术类:移动电视、手机媒体,以及其他移动媒体等。

本分类方法框架完整,具有良好的扩展性,有利于未来随着科技发展将产生的新技术类别与新产业内容纳入。

2012年国家统计局对《文化及相关产业分类》的修订中,把产业第二层大类由原来的9个调整为10个,新增"文化创意和设计服务"大类,增加的内容具体如下。

(1)文化创意。

包括建筑设计服务(指工程勘察设计中的房屋建筑工程设计、室内装饰设计和风景园林工程专项设计)和专业设计服务(指工业设计、时装设计、包装装潢设计、多媒体设计、动漫及衍生产品设计、饰物装饰设计、美术图案设计、展台设计、模型设计和其他专业设计等服务)。❶

(2)文化新业态。

包括数字内容服务中的数字动漫制作和游戏设计制作,以及其他电信服务中的增值电信服务(文化部分)。❷

(3)软件设计服务。

包括多媒体软件和动漫游戏软件开发。❸

此大类的加入,反映了与本书定义"数字创意产业"的部分产业内容一致(本书认为完整内容还应包含数字电视、数字电影、新媒体等),国家统计局能够在统计上将相关产业内容独立出来进入分项统计范围,为进一步准确统计数字创意产业相关数据并进行分析打下重要基础。

此次修订对其他文化产业内容的增减,以及三层划分法(核心层、外围层与相关层)的取消,反映了文化产业发展过程中新业态不断产生、原有业态不断融合的趋势,也反映了数字创意产业已成为文化产业中新的增长点和文化产业发展

---

❶ 国家统计局统计设计管理司.文化及相关产业分类(2012)[EB/OL].(2012-07-11)[2012-08-16]. http://www.tctj.gov.cn/art/2012/7/11/art_2125_160326.html.

❷ 同上。

❸ 同上。

的重要方向。

1.1.5 西南少数民族文化数字创意产业

"西南"地区或"西南"区域,在行政区划上曾有西南三省:"云南、贵州、四川",西南五省(区):"云南、贵州、四川、广西、西藏",西南五省(区、市):"云南、贵州、四川、重庆、西藏",以及西南六省(区、市):"云南、贵州、四川、重庆、广西、西藏"等区域划分历史。

本书侧重于从产业经济角度出发,采用国务院发展研究中心2005年提出的"四大板块八大经济区"区域划分方案❶。"西南",即指"大西南综合经济区",由云南省、贵州省、四川省、重庆直辖市、广西壮族自治区五省(区、市)组成。因此,课题以下研究中凡提出"西南区域"或"西南地区"均特指云南省、贵州省、四川省、重庆直辖市、广西壮族自治区五省(区、市)范围。

"西南少数民族文化数字创意产业"按其内涵进行分析,从词义上应该包括以下产业内容。

第一,西南区域省份(省、区、市)的企业或个人(不含政府),整合策划并委托其他地区数字创意产业以西南少数民族文化为内容进行创意、生产。

第二,西南区域从事数字创意产业的企业或个人,将西南少数民族文化内容创意置于其他地区数字创意产业中完成生产流程。

第三,西南区域数字创意产业以西南少数民族文化为内容进行创意、生产。

根据产业与文化产业的定义,没有西南区域数字创意企业参与创意、整合策划、生产等核心过程,即使参与以西南少数民族文化为内容的数字创意产业产品传播,不属于区域产业的范畴,也不属于本书研究的内容,如以上第一、第二种情况;西南少数民族地区数字创意企业以非西南少数文化为内容,进行的产业生产活动,属于"西南数字创意产业"范畴,只是本书的相关研究内容。因此,只有第三种情况下——西南区域数字创意企业以西南少数民族文化创意为内容进行创意、生产——所属的数字创意产业内容,属于本书的核心研究内容。

本书根据西南数字创意产业和西南少数民族文化数字创意产业发展状况,尤其是依据产业内容的经济产值和文化影响力,确定研究的主要产业内容为数字电

---

❶ 景体华,陈孟平.中国区域经济发展报告:2006—2007年[M].北京:社会科学文献出版社,2007:3.

视剧、数字游戏、数字动画、数字电影和新媒体。

为方便起见，本书中"西南少数民族文化数字创意产业"在研究报告的某些章节简称"西南产业"（其他相关的已有固定用法的词组含义不变）。

1.2 研究现状

我国文化产业理论研究始于20世纪末，从介绍国外理论开始逐渐发展到进行产业经济学、传播学、民族文化学和文化产业的交叉深化研究。近十几年来，从各种领域横跨、交叉研究文化产业领域的文章、论文与报告等，发表于各类文化产业皮书、期刊、丛书与评论集、论坛文集中，数量非常之多。在此期间我国文化产业理论界翻译介绍较多的有约翰·霍金斯、理查德·E.凯夫斯，以及尼尔·波兹曼等国外学者的理论。一般性介绍国外文化产业的有《世界文化产业概要》（张胜冰，2006）、《世界文化产业案例选析》（汤莉萍、殷俊，2006）、《世界文化产业研究》（熊澄宇，2012），以及《世界文化产业地图》（李季，2014）等著作。

这些论著向我国产业界阐述了世界文化产业发展的三个重要基本事实。

（1）近年来美、英、日等经济发达国家文化产业产值占GDP总量的比例高达10%以上。

（2）美、英等经济发达国家的文化之所以成为国际社会传播主流文化，并非因为文化的深厚久远，而是来自于其强大的文化产业占据了主流核心传播媒介，使其他国家、民族文化的生存空间受到挤压。

（3）文化资源的优势，不必然成为文化产业的生产要素优势，但优势文化资源经过深度创意开发后，在现代数字媒介传播体系中的价值就会得到极致放大。

国外文化产业的迅猛发展使我国文化产业理论界产生了较强的紧迫感，客观上促进了我国文化产业理论研究迅速开展。

我国文化产业理论界介绍和引入的国外文化产业理论，初期主要是以法兰克福学派理论为代表，而后才逐渐转向介绍产业经济学方面理论。这样的产业理论引入过程，符合我国文化产业逐渐从文化事业中分立出来独立发展的过程，自然也形成我国文化产业研究主流是文化学派的状况。虽然文化产业具有较强的意识形态属性，但终究属于一种产业，是一种经济现象，研究核心在于文化的价值以产业的形式外化实现。当前，以文化为视角的研究仍是我国文化产业理论研究的主流、从经济学角度进行的研究仍处于边缘位置的现状，显然是与文化产业的经济属性相背离的。

总体来看，在"十一五"和"十二五"期间我国文化产业理论研究处于深化认识产业特性和产业规律阶段，尚未形成相对成熟的理论体系和研究框架，也未形成专门的文化产业研究队伍，大多数学者研究属于"客串式"跨领域研究；而且因研究缺乏统计数据支撑，所涉论著基本上是定性研究（焦斌龙，2010）❶。但从所涉及的领域看，我国文化产业理论研究已触及文化产业的深层，如关于文化产业投融资、文化消费、文化产业主体培育、区域文化产业发展与文化产业结构调整等；这类深层次的产业问题已引起学者们关注，并开始了初步研究。

自 2000 年中共中央建议在国家"十五"规划中把文化产业纳入国家经济发展整体规划开始，到 2006 年《国家"十一五"时期文化发展规划纲要》发布前后，中国文化产业理论界从介绍国外相关著作开始逐步完成"文化产业学"的构建。国内学者关于文化产业学构建类专业论著中，主要有胡惠林（2006）《文化产业学》、厉无畏（2006）《创意产业导论》等；西南地区学者的著作主要有（云南）丹增（2005）的《文化产业发展论》、（四川）李思屈（2006）的《数字娱乐产业》，以及（重庆）郭辉勤（2007）的《创意经济学》等，这些学者的著作都与西南区域及本省（区、市）文化产业中的优势行业有着紧密关系。此后文化产业与经济建设、社会建设、文化传播与竞争力等相关论著逐渐增多，但归属于传播领域的论著居多。

刘轶（2007）在《我国文化创意产业研究范式的分野及反思》中，将文化产业研究范式归纳为"文学艺术""新闻传播"和"产业经济"三类❷；焦斌龙（2010）在《文化产业研究评述》中，将文学艺术学派和传播学派归属于文化学派，而将研究范式分成了两类，另一类为经济学派。❸

---

❶ 焦斌龙．文化产业研究评述［M］//于平，傅才武．中国文化创新报告（2010）．北京：社会科学文献出版社，2011：176-182．
❷ 刘轶．我国文化创意产业研究范式的分野及反思［J］．现代传播，2007（1）：109．
❸ 焦斌龙．文化产业研究评述［M］//于平，傅才武．中国文化创新报告（2010）．北京：社会科学文献出版社，2011：179-180．

在进入"十二五"时期后，一方面对于文化产业的定性研究进一步深入，文化产业理论架构日益完善；另一方面对于文化产业相关统计数据逐渐积累，文化产业理论界中定量研究也逐渐增多。这种趋势首先表现在对文化产业进行专题研究的皮书类和年度报告种类繁多，对文化产业的相关数据收录更加完整，对数据信息的分析、解读也更加全面、深入。如新近推出的《中国文化产业发展报告（2015—2016）》（张晓明、王家新、章建刚，2016）就通过分析运用各类数据，对当前我国文化产业发展的总体态势、格局及新特点等进行较为全面解读。[1]像这类研究文化产业的蓝皮书很多都是年度专题报告，因此对数据的统计分析连续性强，统观这些皮书报告十分有利于研究者对于文化产业整体运行趋势的把握。对文化产业定量研究的进步还体现在近年来涌现出了一批对文化产业进行定量分析研究的优秀论文：如《全口径中国文化产业投入产出效率研究——基于三阶段DEA模型和超效率DEA模型的分析》（蒋萍、王勇，2011）一文中，对我国31个省份的文化产业投入、产出效率进行研究的方法，就是通过建立三阶段DEA和超效率DEA模型，对第二次经济普查中得出的相关数据进行分析。[2]顾江、吴建军、胡慧源（2013）在《中国文化产业发展的区域特征与成因研究——基于第五次和第六次人口普查数据》一文中，对我国31省（区、市）文化产业发展的区域特征及其影响因素的探讨，则是通过对我国第五次和第六次人口普查相关数据的精确合理分析来进行的。[3]但是，这类基于统计数据的定量研究成果总体上还是比较零散，未形成规模与体系。

文化产业学界在"十二五"期间对文化创意产业的关注度明显提升，成为文化产业学研究的最大热点之一。文化创意产业研究成果在"十二五"期间明显增多：通过查阅中国知网收录文献发现，在"十一五"期间，只有2010年与文化创意产业相关的论文达到了1.5万篇以上，而在整个"十二五"期间，中国知网每年收录的与文化创意产业相关的论文都在两万篇左右；对创意产业进行研究的年度专题报告和皮书也日益增多，对创意产业的体系化研究更加深

---

[1] 中国社会科学网.文化蓝皮书：中国文化产业发展报告精读［EB/OL］.（2016-04-15）［2016-07-20］.http://www.cssn.cn/zk/zk_zkbg/201604/t20160415_2968107_3.shtml.
[2] 蒋萍，王勇.全口径中国文化产业投入产出效率研究——基于三阶段DEA模型和超效率DEA模型的分析［J］.数量经济技术经济研究，2011（12）：69.
[3] 顾江，吴建军，胡慧源.中国文化产业发展的区域特征与成因研究——基于第五次和第六次人口普查数据［J］.经济地理，2013（7）：89.

入：如《中国创意产业发展报告（2015）》（张京成，2015）就对当前我国创意产业发展的总体发展状况进行了较为系统的研究；中国创意产业研究中心在"十二五"期间推出的《创意城市蓝皮书》系列年度专题研究报告，则对我国各主要城市的创意产业发展状况进行了全面总结和系统研究；而像《中国动漫产业发展报告（2015）》（卢斌、郑玉明、牛兴侦，2015）这类的年度专题研究报告类蓝皮书，对当前我国创意产业中各细分产业的发展状况进行了体系化的总结与分析。

从研究的学科类别与重点看，我国学界对文化产业的研究大致可以分为文艺学派、传播学派和经济学派三个学派。

（1）文艺学派以张晓明、金元浦、胡惠林、花建等学者为主要代表人物，研究关注重点在于个人创新性活动的影响，主要采用法兰克福学派的研究范式。

（2）传播学派以范周、喻国明、熊澄宇等学者为代表，研究特点是将空泛的产业理论研究结合到现实具体的媒介终端，能够将理论设想与社会实践相结合，具有现实基础与社会意义。

（3）经济学派以厉无畏、冯子标、焦斌龙等学者为主要代表，研究视角从文化产业的经济属性出发，致力于探索建立经济学理论分析基础上的文化产业体系。

至今，我国的文化产业理论研究仍侧重于宏观研究，从中观、微观角度进行的研究较为薄弱。现阶段我国文化产业研究最缺乏的也是对中、微观层面主体的研究，因为这些才是产业的坚实基础。因此，对文化产业的中、微观主体如区域产业、产业布局、产业组织与行业业态等方面的研究，是我国文化产业应进一步加强研究的方向。

数字信息技术、大数据技术及新媒体技术的进步，使数字传媒得到高速发展，也使得从传播学视角出发的研究能够落实到传播、影视与动漫等具体产业层面，因此从传播学方向进行的研究非常多，而从产业经济学和管理学进行的研究却较少；从已发表的研究成果来看，一个显著的事实是，对文化内容与文化的公共事业属性，进行深入研究的文化学派和传播学派学者较多，而从经济学和管理学方向进行文化产业研究的学者较少。

本书认为，文化产业虽同时具有文化属性、政治属性和产业属性，但文化产业终究是独立于文化事业的产业，其核心属性是经济性。因此以经济学和管理学为核心，融合多学科知识，跨学科构建体系化的文化产业发展理论，才是文化产业理论的重点发展方向。

本书研究涉及少数民族文化资源运用、文化产业、创意产业、数字创意产业、区域经济与民族文化旅游等领域，在国内外都有许多学者进行过专题或交叉研究，如丹增、厉无畏、金元浦、张晓明、胡惠林、张京成、宋奇慧与周玉红等学者的研究已有丰富成果，但多是从民族学、文化学、产业发展学，以及创意产业等角度出发，研究成果主要集中在产业发展史、产业发展规律、产业政策和对策研究，内容和结论较为宏观、宽泛。就西南少数民族文化数字创意产业发展研究——这类深入少数民族文化、数字创意产业与区域产业发展战略对策等问题的中、微观视角的研究，目前少有相同或相似的综合性研究成果。

1.3 资料来源与研究路径

1.3.1 资料来源

传统产业研究的基础数据和资料往往来源于国家统计年鉴和行业年度报告等官方正式数据报告，数据资料的收集工作相对容易开展，困难的则是分析方法和分析模型等后期研究工作。但我国数字创意产业"先发展，再界定"的局面使得数据和资料收集十分困难，这也是我国数字创意产业的研究大都是定性研究的主要原因之一。

造成我国数字创意产业数据和资料收集困难的原因如下。

1. 文化产业统计工作滞后于产业发展

分省（区、市）产业资料由地方广电局和文化局分别统计后再报送统计局归类汇总。我国文化体制改革后，文化产业的统计由部门统计转为行业统计，调查对象数量增加数倍；受编制所限等因素影响，"统计职位设置不足"，"专业人才难以进入统计岗位，统计骨干力量后续乏人"，"借用人员临时兼职的现象有增无减，统计人员变动频繁"❶，相关数据统计工作开展缓慢。

---

❶ 樊子轩. 当前文化统计中存在的制度性制约因素分析［EB/OL］.（2013-05-15）［2015-12-05］. http://zgwhjwj.org/htm/Assess/138.html.

2. 数字创意产业新兴产业形态日新月异，资料数据分类变化频繁

我国数字创意产业的高速发展使产业内的行业、业种、业态和尚未归纳的新兴产业形态日新月异，分类划分变化频繁，资料数据的统计整理工作难以开展。

3. 数字创意产业统计标准出台较晚，许多产业内容没有相应正规统计数据

2004年国家统计局在《文化及相关产业分类》中，除明确电视、电影和动画片的统计分类外，并未包含2012年修订的《文化及相关产业分类》所增加的数字动漫、网络游戏和创意设计等内容。我国动漫游戏的统计工作自2010年9月才正式开展，调查统计的范围包括：漫画制作、动画制作、漫画出版、动画播出、动漫衍生品生产和销售、动漫教育培训，以及网络游戏、电子游戏、手机游戏等行业类别。

本书研究资料、数据主要来源于以下几方面。

1. 实地调研获取一手资料

通过实地调研，与西南五省（区、市）文化产业管理部门工作人员、产业基地从业人员、艺术类院校教师与少数民族群众进行访问和座谈，收集与掌握产业发展资料与情况。本书作者还组织进行了大量的民族地区实地调研与走访工作，分别在2010年7月至10月和2011年7月至8月，调研组一行多人从贵州出发，经由四川、西藏、青海、宁夏、陕西、重庆进行走访调研；在四川省深入大、小凉山地区，在凉山彝族自治州毕摩之乡——美姑县、甘孜藏族自治州泸定县、康定县进行民族文化资料收集与调研；在贵州黔东南、黔南地区，广西壮族自治区对苗族、水族、瑶族及壮族少数民族村寨进行走访调研。在对西部少数民族文化资源特性进行调研分析后，又重点走访调研了成都、重庆直辖市的国家网络游戏动漫产业发展基地、国家数字媒体技术产业化基地等的发展运营情况；2010年10月至2011年5月，又深入云南、广西及贵州各州、县调研，对西南地区文化数字创意产业发展状况进行深入的认识与了解；2014年6月至2015年10月，在"数谷"贵阳[1]会同贵州大学大数据学院、贵州民族大学信息技术学院、贵州翔明科技有限责任公司等多位专家、教授与管理人员，就大数据技术发展现状及大数据技术在西南少数民族文化数字创意产业中的运用等问题，进行了多次座谈与研讨。

---

[1] "中国数谷"在贵阳崛起［EB/OL］.（2016-05-25）［2016-05-30］.http://finance.ifeng.com/a/20160525/14419284_0.shtml.

2. 基于数字创意产业与网络信息的天然联系，部分资料数据通过互联网进行收集与分析

随着我国数字创意产业的发展，各类网络媒体逐渐承担了新兴数字业态的统计工作，很多研究者能够根据从各网站收集的数据和资料进行分析研究。例如，国家文化部网站2011年以后所公布的文化产业新闻资料中，绝大部分来自于其他各类媒体；百度网络数据研究中心关于网络游戏的数据已被研究论文广泛引用；多位国家扶持动漫产业发展部际联席会议专家，在《动漫产业发展报告（2011）》中多次使用百度网的统计数据。中央及西南各地方政府官方网站、文化部及分省文化厅官方网站、统计局官方网站也是本书作者采集网络数据资料的重点来源；电视动画、数字电影与数字电视剧资料来源于国家广播电视总局网站、电影网站和电影电视专业杂志；视听新媒体和动漫游戏资料主要来源于年度动漫产业发展报告、中国视听新媒体发展报告与中国创意产业发展报告等各类皮书；中国互联网络信息中心（http://www.cnnic.cn/）、中国互联网络信息平台（http://www.cnidp.cn/）、百度网络数据研究中心（http://data.baidu.com/）、中国文化产业网（http://www.cnci.gov.cn/）、国家动漫产业网（http://www.dongman.gov.cn/）等核心网站也为本专题研究提供了大量关键数据。

3. 官方统计数据及各类皮书报告

本书研究的部分数据资料来源于中国统计年鉴、各省（区、市）统计年鉴、文化创新蓝皮书——中国文化创新报告、文化蓝皮书——中国文化产业发展报告、视听新媒体蓝皮书——中国视听新媒体发展报告、中国创意产业发展报告、民族发展蓝皮书——中国民族发展报告、中国区域发展蓝皮书——中国区域经济发展报告与中国知识产权蓝皮书等书籍与报告。

具体到产业内容所涉及数据资料，课题组对数字电视剧的资料分析以国家广电总局的生产发行数据为依据；对数字动画片播出情况分析则依据中央电视台和地方电视频道的动画片播出时间推算；对数字电影生产的分析只是统计备案、生产、发行的电影部数（因为票房数据要依赖于从各大院线公司报送的数据汇总，因而，大部分已生产的电影不能在影院放映的事实，则可能被发行证的统计数据所掩盖）；因我国游戏类的官方与行业统计自2010年才逐渐开始，因此对数字游戏的分析主要以定性分析为主，定量分析为辅；对新媒体的统计则因其文化分类、技术分类和业态分类的标准并未确定而无法准确进行，只能通过大量收集零散的网络资料进行分类统计，因此不便于进行精确定量分析，只能在广泛采用网络数据、新闻报道、研究报告与论文等资料的基础上进行综合分析。

1.3.2 研究路径

产业发展研究的核心是寻找适合产业特性的发展模式并提供相应发展政策支持。产业是动态概念，产业发展有阶段性，产业发展中存在的问题随着产业发展而不断产生和变化；同一问题的影响程度或重要性随着产业的发展也在不断发生变化。因此产业发展研究重点是运用产业学和产业发展学知识，在符合产业发展阶段性要求的情况下，发现和解决产业发展所在阶段的关键性问题，并预见产业发展中即将面临的阶段性问题。随着我国文化产业的快速发展，文化产业发展研究全面跟进，现阶段文化产业发展研究的重点不再是宏观层面的学科构建和上层宏观制度设计，而是攻坚性的中观和微观层面的、区域或行业发展的系统性、结构性或关键性问题。

整个"十一五"及"十二五"规划期间（2006—2015年），中国数字创意产业整体呈现出"高产低质"、民族文化资源丰富而数字创意产业产品却异常稀缺的状况。当前，全国范围内对发展前景高度共识、产业迅猛发展，而产能过剩、精品稀少；在西南区域，西南民族文化数字创意产业呈现出以丰富多彩的民族文化资源为内容的产品少、市场接纳程度差，政府推动而民间资金不跟进的局面。在产业发展处于转换阶段，西南少数民族省（区、市）经济发展水平不高、经济规模较小的条件下，能否有效解决西南少数民族文化数字创意产业发展存在的问题，在现有产业格局下发展资源禀赋结构整体处于劣势的数字创意产业，发展战略如何才能达到战略性与经济性平衡？如何在兼顾传统文化产业条件下发展？如何在与东部、中部激烈的产业竞争中发展？这些既是本书着重深入研究的核心，也是研究路径的具体方向。

从发展现状来看，西南少数民族文化数字创意产业存在的问题具有多层次、多维度嵌套、民族文化创意结构性困难和因果累积结果不明等特征。存在于不同层次、不同维度、不同结构和不同阶段的不同问题，在循环累积中共同对产业发展产生制约与影响。这样交错嵌套和循环累积的结果，极易让人产生因果关系倒置的错觉。对关键性问题的认识和解决，提示了课题研究的途径——运用最新产业理论，分阶段、分层次、多维度重新认识西南少数民族文化数字创意产业发展状况，力争找出民族文化价值与文化创意价值在数字创意产业价值链中向上传递和放大过程中受阻的主要原因，并通过具有适应性和前瞻性的发展战略路径，以及具有可操作性的对策措施解决产业整体的发展问题。

第2章　西南少数民族文化特性简述

西南地区是我国少数民族分布的主要区域之一，民族风情多姿多彩，各少数民族文化独具特色而又相互交融，为数字创意产业发展提供了丰富的创意源泉。西南少数民族文化作为少数民族文化数字创意产品的内容要素，决定着产品的品质、文化价值及特色。产业发展中只有将文化原生态资源提炼成文化创意资源，深入挖掘和正确运用民族文化资源，才能实现"后发先至"；也唯有如此，西南少数民族文化数字创意产品才能"独树一帜"，在竞争激烈的数字创意产业领域争取自己的目标市场。但由于数字创意产业人员对西南少数民族文化特性不甚了解，西南地区瑰丽多彩的少数民族文化并没有在产业发展过程中得到很好的开发，针对西南少数民族文化的创意也没有明确方向。本章将通过对西南地区少数民族文化与西北少数民族文化，以及汉文化之间的比较研究，分析西南地区少数民族文化特性，在少数民族文化数字创意产业中能够更好地运用，以期能够更好地将民族文化资源优势转化为产业优势。

2.1　西南少数民族文化与西北少数民族文化特性比较

西北与西南地区同属西部，也是我国少数民族集中分布的区域，近年来西北部分地区数字创意产业取得长足发展，特色少数民族文化不断在诸多创意产品，尤其是影视剧产品中得到体现与运用；汉文化作为中华传统文化的主流，更是数字创意产业的基础内容。因此，无论是西北少数民族文化还是汉文化，均有重大的对比研究价值。通过对比，可以更好地概括西南少数民族文化特性，为促进少数民族文化在西南少数民族文化数字创意产业中开发运用打好基础。

2.1.1 西南及西北地区少数民族分布状况 ❶

西南区域各省（区、市）少数民族众多，其中云南省是我国少数民族数目最多的省份，境内人口在 5000 人以上的少数民族共 25 个，而特有少数民族 ❷ 也有 15 个，分别是白族、哈尼族、傣族、傈僳族、拉祜族、佤族、纳西族、景颇族、布朗族、普米族、阿昌族、怒族、基诺族、德昂族与独龙族 ❸；广西壮族自治区是我国 5 个少数民族自治区之一，共有壮族、瑶族、苗族、侗族、仫佬族、毛南族、回族、京族、彝族、水族和仡佬族 11 个世居少数民族，另 40 余个少数民族有人口在广西，境内人口最多的是壮族 ❹；贵州省世居少数民族共有 17 个，包括苗族、布依族、侗族、土家族、彝族、仡佬族、水族、回族、白族、瑶族、壮族、畲族、毛南族、满族、蒙古族、仫佬族、羌族，但其他少数民族也均有人口分布在贵州 ❺；四川省有 55 个少数民族，其中 14 个民族人口超过 5000 人，分别是彝族、藏族、羌族、苗族、回族、蒙古族、土家族、傈僳族、满族、纳西族、布依族、白族、壮族与傣族 ❻；第六次人口普查显示，重庆直辖市全部 56 个民族均有人口分布，少数民族中土家族人口数量最多，其次为苗族 ❼，二者构成了重庆直辖市少数民族人口的主体 ❽。

根据国务院发展研究中心 2005 年提出的"四大板块八大经济区"区域划分方案，"西北"即指"大西北综合经济区"，其包括新疆、西藏、宁夏、青海、甘肃五省（区），亦是自古以来众多少数民族聚居的地方。其中新疆维吾尔自治区原有 12 个主要少数民族在此聚居，分别是维吾尔族、哈萨克族、回族、柯尔克孜族、蒙古族、锡伯族、塔吉克族、乌孜别克族、满族、达斡尔族、俄罗斯族与塔塔尔族，现在包括汉族在内的 55 个民族在新疆境内均有分布；西藏自治区是一个以藏族为主体的民族自治地区，同时该地区还居住有回族、门巴族、珞巴

---

❶ 各种资料对西南及西北各省份的少数民族分布状况的表述差异较大，作者经信息甄别后进行概述。
❷ 作者注：本书所指特有少数民族是该民族 80% 以上的人口在云南省境内分布的民族。
❸ 云南少数民族概况［EB/OL］.［2015-11-19］.http：//yn.zwbk.org/lemma/261.
❹ 广西少数民族概况［EB/OL］.［2015-11-19］.http：//www.zwbk.org/guangxi_race.aspx.
❺ 贵州少数民族概况［EB/OL］.［2015-11-19］.http：//gz.zwbk.org/MyLemmaShow.aspx?lid=2540.
❻ 四川少数民族概况［EB/OL］.［2015-11-19］.http：//sc.zwbk.org/MyLemmaShow.aspx?lid=3614.
❼ 重庆有全部 56 个民族 少数民族土家族人口最多［EB/OL］.［2015-11-19］.http：//cq.qq.com/a/20141112/047609.htm.
❽ 重庆市民族分布及人口比例［EB/OL］.［2015-11-19］.http：//www.360doc.com/content/13/0813/17/9090133_306885974.shtml.

族等少数民族❶；宁夏回族自治区最主要少数民族为回族，另有其他30余个少数民族在宁夏境内也有分布，但其人口所占比重很小❷；青海主要有5个世居少数民族，分别为藏族、回族、土族、撒拉族和蒙古族；甘肃省境内现分布有全部的55个少数民族，其中回族、藏族、东乡族、保安族、裕固族、蒙古族、哈萨克族、土族、撒拉族、满族10个少数民族世居于此❸。

总体而言，包括西南和西北在内的整个西部地区，被视为我国少数民族数目、人口数量最多，民族成分最复杂的地区，是名副其实的"民族大观园"，少数民族文化资源自然也极为丰富。

2.1.2 西南少数民族文化与西北少数民族文化的共性

西南与西北少数民族文化的共同特性可概括为以下几方面。

1. 体现了民族文化稳定性与变迁性的辩证统一

在绵延五千年历史中，整个中华文明都是在较为稳定地保持着本民族文化特色的基础上，不断进行着文化变迁以顺应时势流转，中华文明因此也保持着恒久而活跃的生命力。西南、西北少数民族文化作为整个中华文化不可或缺的部分，就很好地体现了中华文明这一特点。

在西南地区，诸多广为传唱的歌谣史诗、口耳相传的神话故事及神秘古拙的祭祀仪式等都蕴含着一个个民族的族源记忆、变迁历史与古代制度等文化元素，这种传承使得西南诸少数民族文化历经沧海桑田流变而未失其特色；在西北地区，各少数民族群众广泛信仰的伊斯兰教及藏传佛教对异质文化元素"有一种自然的抗拒力"❹。有学者在研究西北少数民族政治文化时，发现该区域由于地域封闭而产生了"较强的自我复制能力"，在与外部进行交流时，亦能保持适度张力以确保本民族特色留存❺，这也是西北少数民族文化稳定性的一大表现。

从历史纵向发展来看，西南、西北少数民族文化历经变迁而一直保持旺盛活

---

❶ 杨昉，李克建，肖琼．中国西南少数民族文化要略［M］．成都：四川人民出版社，2011：9.
❷ 宁夏人口与民族［EB/OL］．[2016-01-20].http://www.nxtv.com.cn/article/nxgknews/20130424303278.html.
❸ 甘肃省少数民族概况［EB/OL］．[2016-1-20].http://www.360doc.com/content/13/0823/13/9090133_309327536.shtml.
❹ 周伟洲．西北少数民族多元文化的历史与现状［M］//周伟洲．西北民族论丛（第3辑）．北京：中国社会科学出版社，2004：28.
❺ 丁志刚，韩作珍．我国西北少数民族现代化进程中的政治文化转型［J］．西北师范大学学报，2003（6）：121.

力。在西南地区,傣族吸收了周围兄弟民族和东南亚信仰佛教民族的词汇,又融摄了大量汉语借词及古借词和同源语,历经演化变迁,方形成了今日词汇量异常丰富的傣语❶;而壮族师公戏也经历从一人唱故事———人饰多角唱故事及面具舞——到分角色演故事的流变❷,方形成了今天生动的形态;西北地区少数民族多元文化,更是在伊斯兰文化、佛教文化、北方游牧文化与汉文化的交会影响下历经"两次重大变异",经过千余年发展,才基本定型。随着西部大开发战略不断推进,西南、西北少数民族地区将更加深入参与到市场经济发展中,原有的经济社会结构也会发生相应变化,在此基础上少数民族文化也必然随之发生变迁与演化。

在西部地区,西南、西北少数民族文化的稳定性使得少数民族文化绵延至今而未失民族性,同时少数民族文化的变迁性使得民族文化历久而弥新。稳定性与变迁性的辩证统一,既是西南、西北少数民族文化发展的基本规律,也是民族文化存续的一大前提。

2. 具有文化多元性

西南、西北地区属于不同族系、多元文明交会的区域,各民族之间存在着普遍性文化交流,各主要少数民族内部都有着持续性文化整合的历史。西南、西北地处边疆,区域少数民族文化易于与外部文化交流。这些既是西部少数民族文化具有高度融合性特征的体现,也是文化具有显著多元性特征的表现。无论是不同种类文明、不同族系文化的交融,还是族际文化间的融合;无论是少数民族族内文化的整合,还是各少数民族文化与外部文化的交流,在实现区域少数民族文化融合的同时,也在事实上实现了异质性文化元素以相互适应方式的留存。

但西南、西北少数民族文化多元性特征绝不仅限于以上内容,还体现在以下几方面。

(1) 具有历史多元性特点。

西南地区的贵州、西北地区的新疆在这方面体现尤为明显。神秘奇谲的古夜郎文化是多元共生的贵州少数民族文化中最古老、最为人所神往的标志性文化符号,古代"西南夷文化"中的"南夷"文化板块,就是与周边的滇文化、巴蜀文

---

❶ 杨昳,李克建,肖琼. 中国西南少数民族文化要略 [M]. 成都:四川人民出版社,2011:45.
❷ 百度百科.壮族师公戏 [EB/OL].[2016-01-20].http://baike.baidu.com/link?url=an14M6WhAeK_fszHUbRkpWJJ-hGMDAGw_xxVns_p0qHzLyPHbez5FqI2nOZ3JPXHwPLCQl8518QlUWWnxqMOs_.

化、楚文化以及南越文化等多元古文化共同构筑的。❶在西北新疆，季羡林先生在《敦煌学、吐鲁番学在中国文化史上的地位和作用》一文中曾如此评断："世界上历史悠久、地域广阔、自成体系、影响深远的文化体系只有四个：中国、印度、希腊、伊斯兰，再没有第五个；而这四个文化体系汇流的地方只有一个，就是中国的敦煌和新疆地区，再没有第二个。"❷

（2）民族文化表现形式具有多元性。

西南、西北地区各少数民族文化表现形式极具多样性。一个民族的历史、语言、服饰、音乐、舞蹈、节日、民俗、文学作品，以及器具、建筑等都是一个民族的文化符号与表现形式，多元的文化符号以多种形式展现出一个民族积淀深厚的文化。

（3）存在文化分化。

西南、西北少数民族地区均有文化分化现象，这也进一步加强了文化多元化特征。文化分化主要表现在两个层面，一是宗教文化分化，二是族群分化。在宗教文化分化层面，西南少数民族地区盛行的傩文化分化流派极多，其中包括玉皇教、茅山教、麻阳教、河南教、元皇教、湖南教与梅山教等诸多派别❸；各派在傩祭仪式、面具绘制和傩戏演出等方面形色各异、各具特色。在西北地区，伊斯兰教传入后，与当地原有少数民族文化融合发展，分化出"突厥——伊斯兰文化"和"汉——伊斯兰文化"这两种亚型宗教文化❹；在族群分化层面，如西南地区的苗族就分化出了黑苗、白苗、青苗、红苗等主要支系，瑶族按照语言与民俗可以分为勉瑶、布努瑶、拉珈瑶，以及平地瑶四个支系❺。

3. 具有文化融合性

（1）西南及西北在历史与现实中都是不同族系、不同种类文明交会融合区域。

在历史上，氐羌族群文化、百越族群文化、苗蛮族群文化和云南濮人族群文化共存于西南地区，该地区"民族文化处于多种文化交会叠合的边缘地

---

❶ 白明政.试论贵州少数民族文化产业的开发与保护［J］.贵州民族研究，2008（6）：73.
❷ 华锦木.论维吾尔族传统文化特征［J］.中南民族大学学报，2014（6）：39.
❸ 张泽洪.中国西南少数民族傩文化与道教关系略论［J］.民族文学研究，2010（2）：163.
❹ 周伟洲.西北少数民族多元文化的历史与现状［M］//周伟洲.西北民族论丛（第3辑）.北京：中国社会科学出版社，2004.
❺ 瑶族历史 瑶族的支系究竟是怎样划分的［EB/OL］.（2016-03-13）［2016-04-16］.http：//www.qulishi.com/news/201603/91394.html.

带"❶,这一点在贵州体现得尤为明显。作为古代苗瑶族系、氐羌族系、百濮族系及百越族系族际分布的交会点,各族系文化不断交流融通,从而形成诸多少数民族异源同流的文化历史发展过程。贵州民族的分布特点是"大杂居,小聚居",在许多民族"又杂居,又聚居"的情况下,文化交融现象异常复杂,发生若干变异,而且往往在几个文化圈边缘的接触点上出现"融而未合,分而未化"的现象❷;而北方游牧文化南下、藏传佛教北上、汉文化西进、伊斯兰文化东传,也使得整个西北地区成为凝练、融合不同种类文化的文明大熔炉,传自中亚、西亚乃至欧洲的其他人类文明元素(包括基督教文化),更是不断地融入其中。

(2)世居于西南和西北各民族之间有着深刻而普遍的族际文化整合。

在西北地区,几乎每个少数民族文化都受到周边民族文化的影响,并与之交融。❸西南、西北各少数民族文化普遍深受汉文化影响,都在不同程度上以不同形式融合了汉文化元素。细考西南地区少数民族文化,这一点体现得更为明显。比如,作为汉文化中本土传统宗教的道教,对盛行于西南少数民族地区的傩文化产生了深远影响,西南少数民族傩坛上常供诸道家神祇❹,傩祭中"法师"所念的咒诀、所掐指诀、所踏步罡,无不在神秘巫风中体现着浓重道教色彩;又如苗族服饰,如果说许多民族都以某种服饰为其标志的话,苗族却很难确认某种服饰为标准型。苗族服饰究竟有多少种,说法不一,杨正文的《苗族服饰文化》记述有70多种,吴世忠的《中国苗族服饰图志》则记述有170多种。这背后其实反映的是一个民族在长期的历史进程中不断地接纳外民族文化融入自己的过程。

西南、西北各少数民族之间文化融合现象也十分明显。如坐落于贵州乌蒙山的彝族村寨裸戛,在每年正月初三至十五演出的傩戏"撮泰吉"中,除了有"阿布摩""阿达姆"这对彝族老夫妇角色和一个名为"嘿布"的汉族老人角色外,还有一个据说1200岁的苗族老人角色,名为"麻洪摩",这就体现了彝族文化

---

❶ 杨昳,李克建,肖琼.中国西南少数民族文化要略[M].成都:四川人民出版社,2011:21.
❷ 李发耀.贵州民族文化知识产权保护问题研究[J].贵阳师范高等专科学校学报,2005(3):7.
❸ 周伟洲,王曙明.西部大开发与现代西北少数民族多元文化的构建[J].陕西师范大学学报,2009(4):96.
❹ 张泽洪.中国西南少数民族傩文化与道教关系略论[J].贵州民族研究,2012(2):163.

对苗族文化元素的融合❶；而在历史上藏传佛教萨迦派宗师八思巴，曾被元世祖忽必烈尊为帝师，迁入青海地区的蒙古族部落更是逐渐成为藏传佛教的忠实信徒；西北地区甘、青一带以藏传佛教为特色的少数民族多元文化，就是从藏族、蒙古族等少数民族的原有文化融合演变而来的❷。

西南、西北各少数民族形成后，均进行着持续的族内文化整合。西南、西北各少数民族在漫长历史中创造了各种形式的文化载体，集中承载着高度整合的本民族文化元素。如充满着浪漫主义与理想主义色彩，体现着西南地区苗、彝先民丰富想象力和极高创造力的《苗族古歌》、彝族创世史诗《梅葛》，融合了苗族和彝族的音乐、语言、礼仪、信仰、民俗等文化元素；而西北地区维吾尔族服饰及回族清真寺，除展现了独具特色的民族服饰文化与建筑文化外，更融合着宗教信仰和民族品格等民族文化要素。

（3）少数民族文化与外部文化元素融合。

西南、西北地处边疆，该区域少数民族文化极易接触外部文化元素，并与之融合。西南诸多地区属于"中国边缘文化交会区"，周边多国文化与区域里众多少数民族文化相互深入交融❸；在西北地区拥有众多少数民族信众的"本土化"伊斯兰教、藏传佛教，也都是外来宗教文化与当地民族文化融合后所形成的宗教文化形态。

可以预见的是，在当今时代随着科技发展，尤其是信息技术的发展，时空限制不断打破，西南、西北各少数民族多元文化相互融合的频率将越来越高，速度也会越来越快，程度越来越深，整个西部地区少数民族文化的融合性特征将更加明显。

4. 具有与汉文化的互补性

（1）民族文化与汉文化长期交融互化。

儒家思想作为汉民族传统文化中的主流思想，对西南、西北少数民族文化均产生了重要影响。中国历代封建王朝统治者都注重在少数民族地区推行，以儒家思想为指导的经济、政治与文化政策。从秦汉至明清，儒家文化传播范围不断扩展，影响不断深入，在贵州各少数民族文化演进史上铸就了深刻的儒家文化印

---

❶ 杨义. 中华民族文化发展与西南少数民族[J]. 民族文学研究, 2012（1）: 20.
❷ 周伟洲. 古代西北少数民族多元文化的发展与变异[J]. 中国历史地理论丛, 2003（3）: 11.
❸ 杨昳, 李克建, 肖琼. 中国西南少数民族文化要略[M]. 成都: 四川人民出版社, 2011: 18.

痕。尤其是封建统治者在民族地区开科取士，极大地激发了当地少数民族子弟研读儒家经典的热情。史载明清时期布依族、侗族"男子耕凿读书，与汉民无异"，"仡佬族亦有读书学艺者"，苗族"近亦多薙发，读书应试"，水族亦"有读书经商者"。儒家思想对贵州少数民族文化的影响是对整个西南地区少数民族文化影响的缩影[1]。

汉文化也汲取了西南、西北少数民族诸多优秀文化元素，如盘古神话便始源于西南少数民族地区，夏曾佑、闻一多、顾颉刚等著名学者认为盘古出于"南蛮"的族源传说，而近代学者经广泛考察证明，广西来宾就是盘古传说的发祥地，由壮族先民始创。汉文化吸纳了这一神话传说，盘古也成了汉文化中备受推崇的始祖神之一[2]。

（2）少数民族与汉族在共居共荣历史中有着族群融合现象。

西南、西北部分少数民族群体在漫长历史中逐渐汉化的现象不胜枚举，而相当规模的汉族群体也曾融入西南、西北少数民族群体中。如在西南地区，唐代进入南诏的大部分汉族移民就由于当时特殊的政治和文化背景而被"夷化"[3]；在西北地区，回族在形成过程中也吸收了汉族群体成分[4]。由此可知，在历史上西南、西北少数民族与汉族的族群融合现象是双向的。

（3）少数民族文化与汉文化个性互补、优势互补。

在文化个性上，无论是西北少数民族的勇武彪悍、奔放豪爽，西南少数民族的边民血勇、爽直率真，还是西南、西北交界地带拥有着"原始野性"和"强悍的血液"的"江河源文明"[5]，在历史上都曾经对尚文崇礼、人伦理性"早熟"的汉文化形成过巨大的挑战。但少数民族文化与汉文化更是形成了近乎天然、完美的互补关系，这也是整个中华文明的极大幸运。

西南、西北少数民族文化与汉文化在文化上形成了优势互补关系，在上文中已经阐述过汉文化对于整个西部地区的文化熏陶及影响，另外，从整个中华文明角度来看，西南、西北少数民族文化中的诸多优势元素，也最大程度上补充了汉文化中某些不足。如相对于希腊文明、印度文明等古文明，单从汉文化角度考

---

[1] 韦启光.儒家文化对贵州少数民族文化的影响［J］.贵州社会科学，1996（3）：63-64.
[2] 杨义.中华民族文化发展与西南少数民族［J］.民族文学研究，2012（1）：15.
[3] 蓝勇.西南历史文化地理［M］.重庆：西南师范大学出版社，1997：37.
[4] 马启成，高占福，丁宏.回族［M］.北京：民族出版社，1996：3.
[5] 杨义.中华民族文化发展与西南少数民族［J］.民族文学研究，2012（1）：15.

察，中华文明的史诗文化似乎并不发达，但如果仔细考察一下西南地区苗族的《苗族古歌》、彝族的《梅葛》，西北地区藏族的《格萨尔》、蒙古族的《江格尔》、柯尔克孜族的《玛纳斯》，就会发现汉文化中史诗创作相对薄弱已经由西南、西北少数民族发达的史诗文化补足了，故而整个中华文明也成为史诗文化资源最丰富的古文明之一。

西南、西北少数民族文化，连同其他地区少数民族文化，与汉文化互补共生，多元一体，共同构筑了伟大的中华文明。一方面，汉文化作为中华传统文化的主导，使整个中华文明具有强大而稳定的文化内核；另一方面，西南、西北等地区少数民族文化中的异质性文化因素，以及通过诸多少数民族传导而来的外部异质性文化因素，与汉文化碰撞、融合，不断对中华文明整体形成"文化刺激"，并由此迸发出绚烂的"文化火花"，这亦是中华文明能够成为人类历史上唯一的既有恒久生命力，又能保持其长期发展的古文明的最重要原因。

5. 民族文化中均蕴含朴素生态自然观

西南、西北诸少数民族的生态自然观最集中体现在民族宗教文化中，又通过宗教信仰得以贯彻和强化。云南纳西族原始宗教东巴教神话《休曲署埃》中的"鹏龙争斗"故事，讲述的是大鹏鸟与署神之间的争斗，寓意着人与以龙为象征的大自然之间的关系。人与自然间的关系是动态变化的，也是对立统一的，二者之间有"斗"亦有"和"。为了处理这种关系，纳西族先民进行了相对完整的"法思考"，通过重构人与自然共处的"法秩序"，确立二者之间相互依存的公平法则，将人与自然的关系最终落脚于"和"。在这种关系中，人们既向自然理直气壮地索取，又顺应、保护自然，建立了"水边树木不能砍，石上青蛙不能杀"等一系列自然法则，将纳西族东巴教经义中所蕴含的这种朴素的生态自然观体现得淋漓尽致[1]。在西北地区，推崇万物有灵论的原始宗教信仰，宣扬不杀生、因果报应等观念的佛教，以及经义中蕴含着"天人合一观、和谐观、均衡观"的伊斯兰教，在维吾尔族文化中产生了一种深刻的生态伦理思想。维吾尔族遵从生态伦理道德，有极强的环境保护意识，这种朴素的生态自然观甚至强化成了每一个维吾尔族人的行为规范和道德约束[2]。

---

[1] 郭大烈. 东巴文化论[M]. 昆明：云南人民出版社，1991：398-406.
[2] 华锦木. 论维吾尔族传统文化特征[J]. 中南民族大学学报，2014（6）：39.

6. 具有漫长的少数民族文化发展史

（1）西南、西北地区均有悠久文明史。

西南、西北地区人类文明史均可追溯至远古时期，西南地区云南元谋人遗址是目前中国发现最早的人类文明遗址；贵州省黔西观音洞也是我国南方最典型的旧石器时代早期文化遗址，"北有周口店，南有观音洞"，这是人们在谈论我国旧石器时代早期文化遗址时常说的一句话。西北地区甘肃天水大地湾文化是中国黄河中游最早，也是延续时间最长的旧石器时代文化和新石器时代文化，同时也是西北地区产生最早的史前农业文化，其先民率先使用彩陶；新疆哈密七角井遗址亦是西域细石器文化的典型代表。从某种意义上说，在远古时期，西南、西北少数民族的某些文化元素已经随着先民们对人类早期文明的创造而开始萌发。

（2）有漫长的民族发展变迁史。

少数民族先民在西南地区安居生息的历史可追溯至秦汉以前，西汉时期《史记·西南夷列传》中，司马迁最早用"西南夷"这一名称来统括西南诸少数民族[1]；在西北地区，"周人、秦人及诸羌戎、北狄诸族"先后长居的周秦文化区，氐、羌、匈奴等混居的甘青文化区，大月氏、乌孙、匈奴等混居的新疆北部天山文化区，以及有诸多少数民族聚集的新疆南部绿洲文化区也在先秦时期便已经形成了[2]。在漫长历史中，整个西部地区各民族有分化、有融合、有冲突、有交流，其间也不断有新的民族及民族文化在这一区域崛起，也不断有民族与其文化消亡，历经千年沧桑，才形成了今天所呈现的民族分布格局。

（3）存在漫长的民族文化发展史。

西南、西北少数民族文化发展史漫长曲折而又精彩奇绝，其中诸多传说、故事或浪漫，或神奇，或悲壮，或美好，或慷慨，或婉约；整个西部少数民族文化发展史，构成了辉煌灿烂的中华文明发展史中极为瑰丽多彩的一章。

7. 西部少数民族文化均面临传承危机

历史上西部的各少数民族文化，或是建立于一种游牧经济基础之上，或是存在于一种渔猎经济基础之上，或是建立于一种农耕经济基础之上，支撑存续发展的经济基础是一种自给自足的原始自然经济形态。

中华人民共和国成立以来，国家大力发展民族地区经济，少数民族地区的经

---

[1] 杨昳，李克建，肖琼.中国西南少数民族文化要略[M].成都：四川人民出版社，2011：20.
[2] 周伟洲.古代西北少数民族多元文化的发展与变异[J].中国历史地理论丛，2003（3）：6.

济发展状况也发生了翻天覆地的变化，但是与东部发达地区相比还是存在较大差距，民族地区产业结构仍然是以农业生产为主。分析 2013 年西南地区五省（区、市）的统计年鉴数据得知，该地区当年从业人员总计为 14059.39 万人，其中第一、二、三产业从业人员所占比例分别为 48.4%、20.5%、31.0%。❶ 西南地区五省（区、市）除重庆市以外，2008—2010 年，农业人口比例一直高于全国平均水平，云南省农业从业人员比例甚至一直处于 60% 以上。❷ 从总体来看，西南地区近一半人口生活在农村，从事农业生产。

在国家开发西部的战略进程中，西部经济发展速度加快，也促进了民族地区城镇化进程快速推进。根据云、贵、川三省统计局官网 2016 年发布的统计数据，分析近五年城乡人口变化得出数据如下：云南、贵州、四川三省城镇人口分别增加 20.58%、23.94% 与 16.20%，三省的乡村人口分别减少 8.19%、9.28% 与 8.36%。❸

由于城镇化发展迅速，只有能够迅速具备现代社会所要求的各项技能的人才才能迅速融入经济社会中，而部分民族传统文化不具有直接与经济发展相挂钩的特性，往往缺乏传承下去的动力与积极性。如在部分少数民族地区存在着这样一种现象，即父母不再重视教授孩子本民族语言，而更愿意让孩子说一口流利的汉语❹，少数民族语言文化传承由此面临巨大危机；某些少数民族文化已面临着后继无人的困境，如西北地区维吾尔族民间娱乐活动"麦西来甫"已很少见，刀郎文化更是濒临灭绝，有关部门及民间团体虽采取诸多保护措施，但由于新一代艺人严重匮乏，此类文化的传继仍面临极大的困境。❺

2.1.3　西南少数民族文化与西北少数民族文化的不同

西南少数民族文化与西北少数民族文化有诸多相同点，同时也具有很多不同特性。可概括为以下几个方面。

---

❶ 2013 年贵州、四川、重庆及广西统计年鉴资料。
❷ 本书作者整理分析 2008—2010 年云南、贵州、四川、重庆及广西统计年鉴中农业人口数量得出。
❸ 本书作者整理分析 2016 年云南、贵州、四川省统计局官网发布数据资料得出。
❹ 白明政．试论贵州少数民族文化产业的开发与保护［J］．贵州民族研究，2008（6）：74.
❺ 马合木提·阿不都外力．现代化进程中维吾尔族文化转型刍议［J］．新疆社会科学，2006（6）：61.

1. 民族文化表现形式各具特色

西南、西北少数民族文化各自有着丰富多样、千差万别的表现形式。

（1）少数民族饮食文化特色各具。

在食风方面，西南少数民族地区讲求取材自然，食材的保存与制作适应自然地理环境与气候的要求；而西北少数民族地区的饮食则将古朴粗犷、厚实自然的食风展现得淋漓尽致。

在口味上，西南少数民族地区普遍爱酸嗜辣，对复合味极为偏爱，讲求的是味道多而广、厚而浓，鱼香味、家常味等复合味为地区饮食常见味型；西北少数民族地区亦嗜酸辛，但更重鲜咸，讲求酥烂香浓，更注重区分不同味道，强调生熟不混、冷热不混、甜咸不混，避免不同味道之间相互干扰，同时西北菜肴烹饪极重视突出主料，这就是所谓的"吃肉要见肉，吃鱼要见鱼"。

在食材方面，西南少数民族地区比较重视大米和糯米，少数民族群众多以米饭为主食，同时也兼食小麦、玉米、红薯等，对野生植物利用尤为擅长；有些地方的少数民族用野生植物根茎制成的食物营养丰富，美而不奢，极富特色；另外西南区域一年四季菜蔬丰富，鲜炒、腌制俱佳，而牛、羊、猪、鱼均为少数民族群众所食用的主要肉类，腊肉和腌熏肉为区域特色肉食。

西南、西北少数民族地区均有深厚的茶文化，但具体而言，各民族茶食都特色独有、别具一格，如西南地区的苗族打油茶、白族三道茶与西北地区的藏族酥油茶等，其配料、制作方法与饮食礼仪等均有所差异。

（2）民族服饰文化千差万别。

总体而言，西南、西北少数民族服饰均与当地自然地理环境与生产生活方式相适应。西南地区少数民族服饰轻巧利落，多薄裙、短裤、短衣；而西北少数民族服饰保暖实用、宽松肥大，多袍式服装，并配以靴、袜、帽、头巾等。❶

在服饰材料方面，西南少数民族服饰多采用布、麻材质，民族同胞为适应多雨气候也会穿戴一些诸如羊皮毡、皮褂之类的防潮衣物；而西北少数民族服饰多以动物皮毛及经过加工的毛织品为制衣材料。❷

在服饰结构方面，西南少数民族服饰大多是上衣下裙，有着清晰结构，讲求合身、突出形体，十分轻巧灵活；西北少数民族服饰多为"宽袖大袍"的款式，

---

❶ 王宏付，许莉莉.西南西北少数民族传统服饰文化的差异剖析[J].装饰，2007（10）：74.
❷ 同上。

形式自然而无明显结构,讲求在款式上装饰穿衣者,但在结构上并不重视突出人的形体。❶

在服饰图案方面,西南、西北少数民族适应、生活的自然地理环境不同,信仰不同,所经历的民族发展历史也不同,这些因素使得西南、西北少数民族服饰上的图案从结构形式到内容含义均大有差异。❷

(3) 民族建筑文化各有千秋。

西南少数民族地区比较有特色的建筑形式包括干栏式、邛笼式建筑以及体现着巴蜀文化意蕴的合院式建筑,其中干栏式建筑在整个西南地区都极为常见❸;而体现西北少数民族文化特色的建筑形式主要包括压橐式建筑、"阿以旺式"民居、藏族碉房式建筑,以及明显受汉族传统四合院影响的回族民居。

西南、西北少数民族地区的建筑装饰也各具特色,如西南少数民族民居的木雕、彩绘与西北少数民族民居的门头装饰、砖雕等相比,风格迥异,装饰内容也大相径庭。

但最能体现西南、西北建筑文化差异的还是两区域的宗教建筑,西南地区诸多原始巫风色彩浓重的祭坛、祠庙及彰显着南传佛教文化色彩的佛塔、寺院,与西北地区的清真寺、喇嘛庙相比不仅仅是建筑风格不同,所蕴含的宗教信仰文化更是大不相同。

(4) 民族语言文化差异极大。

西南、西北各少数民族几乎每一个民族都有自己的语言,有些少数民族还有自己的传统文字。在西南、西北地区,不同少数民族语言,即使属于同一语系也差异极大,如同属汉藏语系藏缅语族的羌语、土家语便大为不同;不同地域群体,即使归属同一民族也各持不同方言,如彝族便有六种方言。❹ 各个少数民族语言之间甚至是同一民族的不同方言之间尚且差异巨大,整个西南地区与西北地区少数民族语言相比,差异也更明显、复杂。

(5) 民族音乐、舞蹈文化异彩纷呈。

西南、西北各少数民族能歌善舞,西部地区异彩纷呈的少数民族乐舞文化,使整个中华民族艺术宝库更加多彩绚丽。

---

❶ 王宏付,许莉莉.西南西北少数民族传统服饰文化的差异剖析[J].装饰,2007(10):75.
❷ 同上.
❸ 杨昌鸣.东南亚与中国西南少数民族建筑文化探析[M].天津:天津大学出版社,2004:32-36.
❹ 杨昳,李克建,肖琼.中国西南少数民族文化要略[M].成都:四川人民出版社,2011:38-39.

不同的区域自然地理环境、不同的民族发展历程等因素，造就了西南、西北少数民族不同的民族性格，这种差异投映到乐舞文化中，便形成了各少数民族音乐、舞蹈文化的不同风格。

民族乐舞文化的源头，产生于生产劳动、宗教信仰与社会习俗等各个方面。西南、西北少数民族音乐、舞蹈从形式到内容都存在不同的表现形式。在音乐和舞蹈方面，从歌曲旋律到歌词内容、从乐器到舞蹈、从表演形式到表演内容都存在较为直观的差异。例如，西南地区的壮族山歌、侗族大歌、苗族飞歌与西北地区的维吾尔族木卡姆；西南地区的傣族孔雀舞、瑶族长鼓舞、壮族凤凰舞与西北地区的藏族锅庄舞；西南地区的苗剧、白戏、傩戏与西北地区的藏剧、维吾尔歌剧等，都是少数民族歌舞的典型代表，民族色彩浓郁，表现形式多种多样。

此外，西南、西北各少数民族还有本民族独特的乐器，如西南地区苗族的芦笙、侗族的牛腿琴、彝族的口弦、羌族的羌笛、傣族的葫芦笙，以及西北地区哈萨克族的冬不拉、塔吉克族的鹰笛、维吾尔族的热瓦甫等，都极具民族特色。

（6）民族民俗文化特色各异。

以礼俗文化和节日文化为例，就可以看出西南、西北少数民族地区民族民俗文化的特色各异。

西南、西北少数民族地区在礼俗文化上差异表现明显。以婚俗为例，在西南地区某些少数民族中盛行的"阿柱婚"（走婚）、不落夫家等婚姻习俗，具有人类早期母系氏族社会时期的遗迹，这在西北地区伊斯兰教色彩浓重的民族礼俗文化中是难以想象的；西北地区婚俗中浓郁的游牧风情主要以渔猎、农耕经济为基础，这在西南少数民族礼俗文化中也是很难以出现的。[1]

西南、西北少数民族地区节庆文化方面，也存在较大差异。节庆文化具有地域性，西南与西北区域自然地理环境不同，分属于西南、西北区域的少数民族生产生活方式及宗教信仰也有区别，使得不同区域的少数民族节日差异较大。如藏族的沐浴节不可能产生于热带地区的西双版纳，泼水节也不可能出现在荒漠广布、水资源较为宝贵的新疆地区。节庆文化也具有综合性，各民族节庆文化是本

---

[1] 徐万邦. 中国少数民族节日与风情 [M]. 北京：中央民族大学出版社，2000：133-146.

民族宗教信仰、饮食、服饰、建筑、语言、乐舞、礼俗等文化元素的综合展现。上述文化元素差异在很大程度上也决定了西南、西北区域少数民族节庆文化的不同。因此，节庆文化具有浓厚的民族性。在我国，没有一个民族没有自己独具特点的节日，也没有一个民族节日不具有民族文化特色。总之，西南地区少数民族节庆文化总体上与西北地区相比差异巨大，而且整个西部地区任何一个少数民族的节庆文化都是独具特色、与众不同的。❶

以上几方面是西南、西北少数民族文化差异性最直观的表现形式，但各少数民族文化特色并不仅仅呈现于上述方面，少数民族的文学、工艺品、绘画等同样彰显着不同区域少数民族文化的独特性。

2. 西南少数民族文化与西北相比宗教影响力较弱

西北少数民族传统文化是在宗教影响下形成两次根本性变迁而最终定型的。西北少数民族文化在先秦至北宋这1000余年间，主要受佛教文化影响发生了第一次变迁；而后在15—16世纪，区域多元化的民族文化在伊斯兰教影响下再次发生本质性变迁，并最终基本定型。这种由于宗教传播影响变迁形成的民族文化，必然内含根深蒂固的宗教基因。❷西南少数民族传统文化则主要是区域内各民族在漫长历史进程中（尤其是在苗、彝等少数民族的迁徙历程中），相互融合、发展形成的区域民族文化，宗教因素在西南少数民族传统文化的发展过程中显现不明显。

西北各少数民族与宗教的关系可划分为以下两类：第一类，在民族形成初始阶段宗教并未产生决定性影响，随后宗教渗透到民族统治政治势力之中，民族心理、意识及性格才深受宗教观念影响，蒙古族、维吾尔族与宗教关系即属此类；第二类，宗教在民族形成历程中发挥重大作用，民族共同性一开始便以宗教凝聚力为基础，回族、东乡族与宗教关系便属于此类。❸无论是在哪种关系影响下形成的民族文化，其宗教性特征都较为明显。反观西南少数民族与宗教之间关系就没有如此紧密，民族心理、意识及性格等民族文化元素虽然也受到宗教信仰的一定影响，但并没有因为宗教影响而发生本质性变化，民族共同性的基础是少数民族群众在长期共同生产、生活过程中自发形成的民族凝聚力和认同感。这在很大

---

❶ 徐万邦.中国少数民族节日与风情［M］.北京：中央民族大学出版社，2000：13-19.
❷ 周伟洲.古代西北少数民族多元文化的发展与变异［J］.中国历史地理论丛，2003（3）：5.
❸ 高新才，马文龙.西北少数民族传统文化的现代化思考［J］.兰州大学学报，1999（4）：77.

程度上决定了西南少数民族文化相对于西北少数民族文化而言，与宗教的联系不密切，受宗教的影响也较小。

西北少数民族地区盛行的宗教主要是伊斯兰教和藏传佛教，其教义规范体系、系统且较为严格，教义内容涉及衣、食、住、行等各个方面。西南少数民族宗教信仰主要来源于原始巫祝和自然崇拜，教义较零散，体系化程度不高，系统性不强，而且规范化与规制性也较弱。西南各少数民族成文的宗教经典也比较少，即便是仅有的文字性的宗教经文也大多不为普通的少数民族群众所掌握。如纳西族信奉的东巴教，其经典《东巴经》便只有经过专门训练的经文讲师"东巴"方可理解讲授；又如彝族由"毕摩"负责本民族宗教信仰的解释。此外，在道教诸宗师"道化四夷"思想影响下，道教元素逐渐渗透到西南各少数民族的宗教信仰之中，并成为西南区域少数民族文化主导性宗教元素之一。

西北少数民族地区有着多元化的宗教文化，除藏传佛教和伊斯兰教外，道教、基督教、萨满教等也有着一定的影响力❶，但总体上藏传佛教和伊斯兰教是西北地区少数民族宗教信仰主体。宗教性不仅仅是西北少数民族文化的一大特征，更是一种标志、一种符号，有些学者甚至认为"全民信仰某种宗教"就是西北少数民族的首要特征❷。宗教元素已然内蕴于民族性格、民族心理与民族意识之中，并影响到少数民族群众生产、生活的方方面面。西南少数民族地区虽然有多种宗教信仰并存，道教、南传佛教、藏传佛教、基督教均有相当数量的信众，但西南地区少数民族信仰主体与基础依然是原始巫祝与自然崇拜❸，总体上宗教信仰在西南少数民族文化形成、发展中并未形成对民族文化彻底的、本质性的影响。

3. 西南少数民族文化趋向性相比西北地区不显著

一般认为，文化趋向性主要包括四个方面：性格趋向、组织趋向、观念趋向与目标趋向。

西北少数民族文化的一致趋向性主要体现在观念趋向和目标趋向两个方面。在观念趋向上，西北各少数民族群体认同的宗教文化理念与主旨即为民族群体行为与意识最明确的方向；在传统文化目标趋向方面，西北各少数民族群体最明确趋向是对民族宗教信仰的追求，心灵的"仰止"就是他们信仰的宗教。而西南各

---

❶ 高新才，马文龙. 西北少数民族传统文化的现代化思考［J］. 兰州大学学报，1999（4）：79.
❷ 丁志刚，韩作珍. 我国西北少数民族现代化进程中的政治转型［J］. 西北师范大学学报，2003（6）：121.
❸ 杨渭滨，等. 中国少数民族概观［M］. 天津：天津古籍出版社，1998：403-405.

少数民族文化由于宗教影响力相对较弱，因而尚未形成类似典型的文化观念趋向性及目标趋向性。

4. 西南少数民族文化更具开放性

相较于西北少数民族文化而言，西南少数民族文化更具开放性。这是由于西南少数民族文化受宗教信仰影响程度不大，文化趋向一致性也没有西北地区那么强，才形成较强的民族文化开放特性。

（1）西北少数民族传统文化比西南地区受到宗教信仰的影响更大。

作为西北少数民族主要宗教信仰的伊斯兰教和藏传佛教，宗教教义规制全面系统且比较严格，对西北民族文化影响程度很深。除藏传佛教和伊斯兰教以外，道教、基督教等也在西北地区有一定影响。有些宗教又分化为不同派别，在客观上形成了大大小小的诸多宗教藩篱，对西北各少数民族之间的文化交流客观上形成了一定障碍。而西南各少数民族传统文化的宗教影响力较弱，对各少数民族与外部文化的交流基本上形不成阻碍，因此西南少数民族文化更具开放性。

（2）地理环境、民族迁徙等因素造成民族文化开放性差异。

西北地区地域辽阔，地理环境十分复杂，自然条件较为严峻，山高沟阔、荒漠广布，许多少数民族群落都分布在被戈壁包围的绿洲中。虽然西北地处边疆，并不乏与外部进行文化交流的机会，而且在历史上西北地区也确实是多文化、多文明交会融合的区域，该地区少数民族文化具有明显的多元融合性特征，但封闭偏僻的地理环境确实在客观上对西北少数民族与外部文化的接触造成了一定的障碍；对外交流时信息传播困难，也一定程度上形成了区域内少数民族文化长于自我复制，而少于交流求变的总体状况；虽然西南地区自然地理状况的复杂封闭并不啻于西北地区，但区域少数民族文化却相对更开放。其原因在于，西南诸多少数民族文化发展史也是民族迁徙史，文化发展历程并不仅限于西南一隅，而是纵跨了大半个华夏大地。在西南少数民族文化中，苗、彝两族文化在整个民族文化中占有极为重要地位，这两个少数民族都是由北到南迁徙而来，苗族先民走东线，彝族先民走西线，最后于滇黔一带交会，形成"剪刀形"迁徙路线。[1]以苗、彝为代表的诸多西南少数民族在长期的迁徙过程中，为了族群的存续对在迁徙中经历的异质性文化元素抱以开放、包容的态度，并将其中优秀成分吸纳进本民族

---

❶ 杨义. 中华民族文化发展与西南少数民族[J]. 民族文学研究，2012（1）：12-14.

文化之中，成为少数民族迁徙中所携带的优质"人文行李"。正是由于对其他文化的开放吸收，西南地区少数民族文化才能相互交融，使西南少数民族文化即便在较为复杂、封闭的自然地理环境中仍具有对外包容性与开放性。

5. 西南少数民族文化与汉文化融合度更高

（1）文化开放程度与宗教影响力差异造成民族文化与汉文化融合度不同。

由于宗教影响力较强，西北少数民族文化对异质性文化元素有一定的抗拒力，当然也包括汉文化相关元素。伊斯兰教文化、佛教文化与汉文化并存博弈的局面在西北地区曾长期存在；而在宗教性影响力较弱的西南少数民族地区，少数民族文化对汉文化便没有这种抗拒。因此，西南少数民族文化更具开放性，相应地更易于与汉文化交流并相互融合。

（2）汉族人口曾大规模南迁。

在历史上，我国曾发生过三次超大规模的人口南迁，分别是西晋永嘉之乱导致的人口南迁、唐朝安史之乱导致的人口南迁，以及北宋靖康之耻导致的人口南迁；三次人口迁流不仅是三次大规模的汉族群体南徙，更是三次大规模的"衣冠南渡"。包括西南区域在内的广大南方地区的少数民族群体，在与南迁汉族群体融合交流过程中，不仅学习到相对先进的生产技术，更实现了文化上的交互融摄。

（3）西南少数民族地区汉族人口比例更高。

在西南地区，各省（区、市）汉族人口占总人口的比重均达六成以上。其中，云南省汉族人口占总人口比重为66.63%[1]，贵州省汉族人口占总人口比重为63.89%[2]，四川省汉族人口占总人口比重则达到93.90%[3]，重庆直辖市汉族人口占总人口比重也达到约93.3%，广西壮族自治区汉族人口占总人口比重为62.82%[4]。而在西北地区，汉族人口占总人口的比重达六成以上的省级行政区只有甘肃省和宁夏回族自治区，其中甘肃省汉族人口占总人口比重为90.57%[5]，宁

---

[1] 云南省2010年第六次全国人口普查主要数据公报［EB/OL］.（2012-02-28）［2016-01-30］. http：//www.stats.gov.cn/tjsj/tjgb/rkpcgb/dfrkpcgb/201202/t20120228_30408.html.

[2] 贵州省2010年第六次全国人口普查主要数据公报［EB/OL］.（2012-02-28）［2016-01-30］. http：//www.stats.gov.cn/tjsj/tjgb/rkpcgb/dfrkpcgb/201202/t20120228_30386.html.

[3] 四川省2010年第六次全国人口普查主要数据公报［EB/OL］.（2012-02-28）［2016-01-30］. http：//www.stats.gov.cn/tjsj/tjgb/rkpcgb/dfrkpcgb/201202/t20120228_30404.html.

[4] 广西壮族自治区2010年第六次全国人口普查主要数据公报［EB/OL］.（2012-02-28）［2016-01-30］. http：//www.stats.gov.cn/tjsj/tjgb/rkpcgb/dfrkpcgb/201202/t20120228_30385.html.

[5] 甘肃省2010年第六次全国人口普查主要数据公报［EB/OL］.（2012-02-28）［2016-01-30］. http：//www.stats.gov.cn/tjsj/tjgb/rkpcgb/dfrkpcgb/201202/t20120228_30383.html.

夏回族自治区汉族人口占总人口比重为64.58%[1]。其余三个省级行政区中，青海省汉族人口占总人口比重为53.02%，[2]新疆维吾尔自治区汉族人口占总人口比重为40.1%[3]，而西藏自治区的这一数据仅为8.17%。相对于西北地区，西南地区少数民族"大杂居，小聚居"的分布特点，使少数民族与汉民族的接触更多、更广，也更易于少数民族文化吸纳与融入汉文化元素。

（4）西南少数民族地区汉文化"学风"更浓厚。

在历史上西南各少数民族群体对作为汉文化正统的儒学学习热情极高，诸多地区少数民族子弟都以耕读为务，"与汉民无异"，儒家的宗法伦理思想也成为西南少数民族的重要文化元素；而西北各少数民族虽然不乏对汉文化的主动学习、适应，甚至有一批穆斯林学者发起"以儒诠经""用儒释教"的文化活动，但总体而言，传统文化内核始终深受宗教性影响与制约，虽说与汉文化能够形成良性互补，但很难像西南少数民族文化那样达成较高程度融合。

2.2 西南少数民族文化与汉文化特性比较

2.2.1 西南少数民族文化与汉文化的共性

西南少数民族文化与汉文化的共同特性可概括为以下几方面。

1. 同样是稳定性与变迁性的辩证统一体

汉文化的稳定性表现在三个方面。

（1）对异质性文化元素具有极强的同化作用。

异质性文化元素进入汉文化区域后不但难以对汉文化产生异化作用，反而大部分会被同化为汉文化的一部分。如佛教在汉文化区域传播的结果不但没有将汉文化佛教化，反而被中国化为极具汉文化特性的中国式佛教——禅宗；而北方游

---

[1] 宁夏回族自治区2010年第六次全国人口普查主要数据公报［EB/OL］.（2012-02-28）［2016-01-30］.http：//www.stats.gov.cn/tjsj/tjgb/rkpcgb/dfrkpcgb/201202/t20120228_30398.html.

[2] 青海省2010年第六次人口普查主要数据公报［EB/OL］.（2012-02-28）［2016-01-30］.http：//www.stats.gov.cn/tjsj/tjgb/rkpcgb/dfrkpcgb/201202/t20120228_30399.html.

[3] 新疆维吾尔自治区2010年第六次全国人口普查主要数据公报［EB/OL］.（2012-02-28）［2016-01-30］.http：//www.stats.gov.cn/tjsj/tjgb/rkpcgb/dfrkpcgb/201202/t20120228_30407.html.

牧民族虽然在历史上也多次"入主中原",但最后的结果无一不是被汉文化稳定地同化了,作为征服者的他们反而成了文化的被征服者。

(2)具有举世罕见的统一性。

虽然汉文化分布区域极广,文化区域性特征明显,但汉文化的伦理道德标准和宗法等级秩序,却是极为统一且为汉族群体共同遵循。汉文化这种统一性最明显地体现在政治文化的统一性上,英国著名历史学家阿·汤因比在与日本著名学者、作家、社会活动家池田大作对话时曾论断道:"就中国人来说,几千年来,比世界任何民族都成功地把几亿民众,从政治文化上团结起来。他们显示出这种在政治、文化上统一的本领,具有无与伦比的成功经验。"[1]毫无疑问,汤因比所说的"政治文化",所指的主要就是汉文化中的政治文化。这种文化上的统一性使得汉文化在面对异域文化侵袭时具有更强的文化反弹力,也易于文化统一地传承,从而极大增强汉文化稳定性。

(3)具有巨大凝聚力。

大中华范围内的汉文化广泛受众,在文化心理上有着深刻的自我文化认同感和跨越地域、国界的文化群体归属感。美籍华人、著名的诺贝尔奖得主杨振宁教授就曾说:"我觉得中国传统的社会制度、礼教观念、人生观,都对我们有极大的束缚的力量。"[2]这种巨大的凝聚力使得汉文化受众即便是在异域文化氛围中长期生活,也会稳固、坚韧地保持着思想观念与行为方式的汉文化特性,并将这种汉文化"基因"比较稳定完整地传承下去。

汉文化的变迁性主要表现在具有恒常的自我更新能力。

作为汉文化正统的儒家文化,自孔子始创至战国时期,孟子、荀子结合时代内容进一步发展;在汉武帝时,儒家思想吸收融合了道家、法家、阴阳五行家等文化流派思想,在当时成为符合时代潮流的思想文化体系,董仲舒又力荐"罢黜百家,独尊儒术"之策,儒家文化至此成为汉文化乃至整个中华文化正统;到北宋时期,"三教合流",理学被建构发展成为中国后期封建社会最为精致、最为完备的思想文化伦理体系;而宋明以来,阳明心学兴起,儒学又萌发出新的学术脉络,直至明末清初,黄宗羲、顾炎武、王夫之这三大思想家都敏感地察觉到了

---

[1] 池田大作,阿·汤因比.展望21世纪:汤因比与池田大作对话录[M].荀春生,朱继征,陈国梁,译.北京:国际文化出版公司,1997:283.

[2] 张岱年,方克立.中国文化概论[M].北京:北京师范大学出版社,2004:270.

"天崩地解"的气机,关注到了社会经济发展中的资本主义萌芽新因素,对宋明理学进行有力批判,并提出"经世致用""工商皆本"等新思想;近代以来,整个中华民族经逢千年变局,儒学在被大加挞伐并经历衰微后,反而"其命维新",重现活力,取得了新的发展。儒学的变迁发展史就是整个汉文化体系恒久自我更新能力的集中表现。

汉文化的稳定性是其无与伦比的生命延续力的内在基础,而发展变迁性则是汉文化磅礴生命力恒常涌现的内在机理,稳定性与变迁性的辩证统一使得汉文化不但经久不衰,而且历久弥新。而西南少数民族文化与汉文化同样具有稳定性与变迁性辩证统一的共性。

2. 同样具有文化包容性

在前文所介绍的西南少数民族地区彝族裸戛村寨的傩戏"撮泰吉",是村寨中极为重要的祭祀性活动,傩戏中出现两位别族的祖先神,这不仅表现了民族文化的融合性,更体现了西南少数民族群体对他族文化的包容态度。同样汉文化也具有极强的文化包容性,对于异质性文化中的优秀元素抱有"见贤思齐"式的认同并予以融合吸收。面对别种文化,无论是和谐交流还是剧烈冲突,汉文化确保自身长盛不衰并生机恒现的特性就是文化包容性。

3. 同样具有多元融合性

汉文化的形成发展历史是自我发展与多元融合的有机统一。自春秋战国始,百家并起,各流派在学术、政治上都独具己见、争芳斗艳,在百家争鸣文化繁荣局面下各派互融、互摄,形成中华文化思想史上最活跃的时代。这一时期多元文化的交融逐步确立汉文化轴心时代。至汉武帝时,虽"罢黜百家,独尊儒术",但多元文化格局却一直客观存在,所谓"外儒内法,济之以道",儒家、法家、道家等多元文化一同交融结合在封建王朝的治国理政与思想文化统治之中。再至魏晋南北朝,玄学勃兴、道教清整、佛教日盛,"儒、玄、佛、道相与激荡"。直到盛唐时节,在内部意识形态上唐王朝统治者推行"三教"并行政策,毫无文化偏执,对外域文化更是近乎既无畏惧又无顾忌地兼收并蓄。至北宋时,汉文化"三教合流"大势已成,理学大行其道,但宋明以降,心学兴昌,又与正统理学颉颃交融。直至明末及近代西学东渐,作为中华文化主体的汉文化吸收、融合了诸多西方先进科学技术知识及文化思想。

与西南诸多少数民族一样,作为汉文化主要族群基础的汉民族也是多元融合的。在历史上，匈奴、乌桓、鲜卑、突厥、高车、靺鞨、月氏等古代少数民族，都曾部分甚至是全部融入汉族。有研究表明，到唐代时，自东汉至南北朝生活在中原地区的诸多古代少数民族群体已完全融入汉族，唐代著名诗人白居易便是少数民族后裔。伴随着对古代少数民族群体汉化、整合的同时，汉文化对诸古代少数民族文化也大力融合、吸收。

4. 同样蕴含着生态自然观

汉文化中有这样一种自然理念，即天为父，地为母，万物为友朋，人的精神本性可勾动天地气机，人的"德性"出于天地自然，人应该而且可以与天地自然"合其德"。❶ 总体而言，汉文化在人与自然的关系上，注重追求二者之间的和谐统一，这与西南少数民族文化自然观中追求人与自然"和"的理念殊途同归。

5. 同样具有漫长的发展史 ❷

汉族族源可追溯至上古时代散布于仰韶文化区域及龙山文化区域的华夏诸部。一般认为，华夏文化集团、东夷文化集团与苗蛮文化集团为整个中华民族的三大远祖。在中华民族步入文明时代的前夕，以炎帝与黄帝部落为主体的华夏文化集团取得了对东夷、苗蛮的战争胜利，从而确立了华夏部族在中华民族起源中的主体地位，以及华夏上古文明在整个中华文化多元发生中的重要地位，这对中国以汉族为主体的民族构成格局，以及以汉文化为主体的文化发展格局的最终形成产生了深远影响。而后在夏、商、周三代时期，文化逐渐由"神本"转化为"人本"。至春秋战国时期，中华文化出现了百家争鸣的活跃局面，汉文化轴心时代开始确立并有力地推动了"华夏民族"的最终形成。在秦汉时期，封建统治者在建立统一帝国的同时，为稳固其封建专制统治，不遗余力地寻求文化大一统，最终，在汉武帝时期，"罢黜百家，独尊儒术"的政治文化政策被采纳，儒家文化成为以汉文化为主体的中华文化正宗。而至魏晋、南北朝时期，儒、玄、佛、道相争相融，乱世中的汉文化再次出现了多元走向。直到隋唐时期，中国封建社会进入隆盛时代，汉文化也呈现出前所未有的宏伟文化气派，也是在这一时期，以汉族为主体的汉文化受众创造了风采绝代的文化艺术成就。时至宋代，汉文化中儒、道、佛三教合流大势已成，理学大昌；而在底层民间社会，勾栏瓦肆之内的中国式"市民文化"也开始勃兴。至于明清时期，可以说是汉文化的沉暮

---

❶ 张岱年，方克立. 中国文化概论[M]. 北京：北京师范大学出版社，2004：266.
❷ 张岱年，方克立. 中国文化概论[M]. 北京：北京师范大学出版社，2004：57-85.

时代，同时也是汉文化彻底"开新"的前夜。由此可见，与西南少数民族一样，汉文化也经历了漫长曲折的发展历程。

2.2.2　西南少数民族文化与汉文化的不同

作为华夏文化主体的汉文化与中华文明重要组成部分的西南少数民族文化，在存在诸多内在一致性的同时也存在明显的差异。

1. 文化表现形式各具特色

汉族群体分布地域极广，在不同区域间表现形式也各不相同，但作为一个整体，汉文化与西南少数民族文化差异还是十分明显的。从饮食、服饰、建筑、民俗、语言，到歌舞、文学、艺术等方面，西南少数民族文化与汉文化均有"直观可见"的差异。例如，在服饰文化上，注重"衣冠威仪"的汉服与色彩明丽、突出形体、轻巧灵活的西南诸少数民族服饰便大为不同；在语言文化上，汉语特点与西南少数民族的两大语系四大语族——汉藏语系藏缅语族、壮侗语族、苗瑶语族以及南亚语系的孟高棉语族❶——也多有区别；而在乐舞文化方面，虽然汉文化中的乐舞文化极为博大精深，但与能歌善舞的西南各少数民族相比还是差别明显。

2. 民族文化心态不同

汉族具有好"久"求"稳"的文化心态，这种心态就是一种典型的农耕文明心态。在自给自足的小农经济社会，社会生产关系简单，社会再生产扩大能力受限，社会运行发展平稳、缓慢。在这种社会经济环境下，"恒久"的文化意识较容易产生，整个自然世界和人文世界直观展现在人们眼中的是其静止性而非运动性。这种"恒久"的意识反映在汉文化中便是近乎执着的求"久"心态，汉文化经典《易传》中的"可久可大"、《中庸》中的"悠久成物"，以及民间祈求家族传承的"延绵久远"、追求用具的"经久耐用"，都是这种好"久"文化心态的表现；作为一个农业民族，汉族群体有一种"安土乐天"的生活情趣，理想的自然经济社会是一种与外部世界相对隔绝的小农社会，汉族先民"所追求的是在自己的故土从事周而复始的、自产自销的农业经济所必需的安宁与稳定"，因此求"稳"与好"久"是汉文化的一种典型文化心态。❷

---

❶ 杨昳，李克建，肖琼.中国西南少数民族文化要略[M].成都：四川人民出版社，2011：20.
❷ 张岱年，方克立.中国文化概论[M].北京：北京师范大学出版社，2004：271–273.

西南少数民族的文化心态则较为开拓外向。西南少数民族由于自然地理条件所限，不可能发展精耕细作的农业经济，主要经济生产方式是收获不稳定的渔猎和游耕。而且西南诸多少数民族长期受到封建中央统治王朝的政治打压甚至军事镇压，基本上整个民族史就是一部迁徙史和战争史。在这种情况下，西南少数民族没有求"稳"的自然条件、社会经济条件和政治条件，更没有求"久"的"奢望"，只能通过与自然相斗、与封建压迫者相斗，以勇气与鲜血开拓前路，往前进取以确保族群存续，由此形成了西南少数民族开拓求变的文化心态。

3. 与汉文化相比西南少数民族文化的文化体系性不强

（1）汉文化具有完善的宗法体系。

汉族群体在进入封建社会时，血缘纽带关系尚未完全解体，这为形成独特而完备的宗法体系提供了前提条件。西南少数民族文化虽也讲究宗法尊卑，但却未像汉文化一样将血亲、宗法观念发展成社会意识的轴心，并使整个宗法关系不断地被精密细化，最终发展成一套完整的伦理道德与礼法体系。

（2）汉文化有较为完整的宗教体系。

汉文化传承中的宗教信仰主要是佛教和本土宗教道教。佛教和道教都有独立完整的体系、系统的流派传承、相对完备的教义经典、共同的信仰特征和基本教义。西南少数民族文化中的宗教信仰主要还是原始巫祝和自然崇拜，不但缺乏系统教义、规制不明，有时甚至会出现信仰错乱的现象，尚未达到宗教信仰的体系化与精致化。

4. 西南少数民族文化伦理趋向性相对不明显

汉文化具有极强的伦理道德趋向性。首先，汉文化属于人伦理性精神早熟的文化，在生活信念上早已摆脱了宗教神学独断。自西周始，汉文化中"敬德保民"的思想观念便消弭了意识形态上"尊天事鬼"的特点，由宗法制度中产生的伦理道德成为"维系整个社会的根本纽带"。其次，汉文化在学术上有重人伦轻自然的倾向，如作为儒家正统理学，诸多学者虽然也会发表一些关于自然科学知识的见解，但主要目的并非求科学知识之真，而在于求人伦道德之善。再次，汉文化中经学优先并统摄一切文化领域，汉文化以"经"为"常道"，这个道就是处处彰显宗法、伦理道德的儒家思想。最后，汉文化在某种意义上就是"以家族为本位的宗法集体主义文化"，建立在一种"家国一体"的社会结构之上，有明显的重家国轻个人、重群体轻个体的价值导向。西南少数民族文化虽然深受汉文化尤其是儒家文化思想影响，但始终未能形成这样一种统一、彻底、强烈的宗法伦理道德趋向性。

2.3 西南少数民族文化特性简析

通过与西北少数民族文化及汉文化的对比，本书认为西南少数民族文化具有以下特性。

1. 民族文化独特性

与西北少数民族文化及汉文化相比，西南少数民族文化既有中华文化的共性，同时文化样态又极具独特性。西南少数民族文化从族群的形成与迁徙历史、文化的表现形式与所表征的文化内核，都具有强烈的独特区域性特征。

2. 民族文化多样性

西南与西北少数民族文化及汉文化同样具有多元融合性。文化多元性意味着西南少数民族文化从内容到表现形式都呈现多样化形态，而文化的融合性使得不同质的文化元素，可以有机结合成为新文化元素或相互碰撞产生极为活跃的"文化火花"，进一步增强民族文化多样性。西南少数民族文化相比西北显现出更强的开放性，相比汉文化展现出开拓求变的文化心态。这使得西南少数民族文化既可以开放、容纳别的民族文化的有益成分，又可以在脆弱文化生态环境中开拓、萃取出优质的文化新元素，使西南少数民族文化朝着更加多元化方向发展。

3. 民族文化包容性

西南少数民族文化与西北文化对比显现文化具有较强的开放性，同时由于民族独特的形成历史，宗教对民族文化的影响与控制较少。文化开放性使西南少数民族文化在面对别族文化时表现出宽容、容纳的姿态；而宗教影响的非控制性，减弱了西南少数民族文化对别族文化的宗教偏见与壁垒。无论是与汉文化还是与西北少数民族文化比较，西南少数民族文化都无明显的趋向性特征，这就使得西南少数民族文化较少与不同质文化产生趋向性冲突，具有较强的包容性。

4. 与汉文化具有互补性

相比西北少数民族文化，西南少数民族文化与汉文化的融合度更高、契合性更强。西南少数民族文化与汉文化之间既有相互契合的内在一致性，又有相得益彰的文化差异性。总体来看，西南少数民族文化具有明显的与汉文化互补性特征。

5. 民族文化历史厚重性

西南少数民族与西北少数民族和汉民族都有着悠久的文化、文明发展史，文化在稳定性与变迁性的辩证统一中经历了漫长曲折的发展历程，具有漫长的民族发展史与深厚的文化积淀。

总之，西南少数民族文化具有以下文化特性：独特性、多样性、包容性、与汉文化互补性、与自然生态环境天然的融合性，以及历史厚重性。对西南少数民族文化六种文化特性的正确运用，将对西南少数民族文化数字创意产业发展产生积极有效的推动作用。

第3章　西南少数民族文化数字创意产业发展现状

在以往相关研究中尚未发现专门针对西南区域数字创意产业内容进行的数据资料统计整理，本研究报告中采用的相关数字创意产业内容数据，均是本书作者根据权威资料自行收集、分类、整理与统计而来。

本章根据第1章对西南少数民族文化数字创意产业主要产业内容的分析，主要就数字电视剧、数字游戏、数字动画、数字电影和新媒体五个方面的内容，展开现状分析。因我国数字创意产业的高速发展，选择研究的这五个方面内容或所涉细分内容，不再区分行业、业态或业种层次。

3.1　数字电视剧

权威数据表明，早在2012年有线数字电视用户便超过了模拟网用户❶；在2013年不但中央人民广播电台、中央电视台全面实现了数字化、网络化，国际广播电台也基本实现数字化与网络化，各地卫视高清同播频道、高标清同播率更达到了100%❷；到2015年，已有有线数字电视用户2.02亿户，占全国2.4亿有线电视总用户量的84.52%❸。更重要的是我国广电系统的新媒体传播体系已初成规模，早在"2012年中国移动多媒体广播电视（CMMB）的覆盖率便已居全球

---

❶ 崔保国.2013年中国传媒发展报告[M].北京：社会科学文献出版社，2013：35.
❷ 崔保国.2014年中国传媒发展报告[M].北京：社会科学文献出版社，2014：62.
❸ 科讯广电网.广电总局：截至2015年底有线电视用户2.39亿[EB/OL].（2016-04-27）[2012-08-15].http://bc.tech-ex.com/technology/digitv/2016/71458.html.

首"❶。近年来,"互联网+广电"更深刻影响了人们对影视产品的消费习惯,并对广电行业内在结构调整具有直接作用,整个广电行业正向数字化、智能化和智慧化转变。❷ 在这种背景下,即使在传统的电视剧行业中也利用先进数字信息技术将电视作品打造为现代文化数字创意产品,才能在数字化、网络化以及未来的智能化、智慧化广电系统内实现广泛、有效的传播。

3.1.1 西南区域数字电视剧生产状况

1. 2006年西南地区生产发行电视剧占全国电视剧总部数、总集数的比例为7.60%和8.24%

2006年全国共计生产完成并获准发行国产电视剧500部13847集。❸西南地区生产发行电视剧38部1141集,分别占全国的比例为7.60%和8.24%。西南地区分省(区、市)电视剧生产发行情况如下。

云南省生产发行11部246集:云南高原影视文化中心《商贾将军》29集、云南广播电影电视制作发行中心《跨国新娘》20集、云南电视台《像风一样离去》20集、云南电视台《滇西往事》20集、云南电视台电视剧部《逃亡香格里拉》28集、云南千溪影视公司《聂耳》25集、云南千溪影视公司《迷局》25集、云南电视台电视剧部《别忘了爱自己》20集、云南千溪影视公司《爱上朱大海》3集、云南电视台电视剧部《最后的子弹》26集、昆明电视台《沉默与谎言》30集。

贵州省生产发行2部44集:贵州巨日影视公司《夜郎王》24集、贵州东方音像出版社《第七座墓志铭》20集。

四川省生产发行13部293集:成都电视台电视剧制作中心《寂寞英雄》21集、成都电视台《蜀人茶坊》30集、四川昊天影视有限责任公司《茉莉花》34集、四川今世影视传播有限公司《喋血1941》23集、四川音像出版社《嘉陵江边这座城》20集、四川电视台电视剧制作中心《芙蓉花开》23集、峨眉电影制

---

❶ 崔保国.2013年中国传媒发展报告[M].北京:社会科学文献出版社,2013:35.
❷ 科讯广电网.广电总局:截至2015年底有线电视用户2.39亿[EB/OL].(2016-04-27)[2012-08-15].http://bc.tech-ex.com/technology/digitv/2016/71458.html.
❸ 国家广播电影电视总局.广电总局关于印发《农村数字电影发行放映实施细则》的通告[EB/OL].(2007-06-01)[2012-03-16].http://www.sarft.gov.cn/catalog.do?catalogId=200708311554185505776&pageIndex=3.

片厂《搬家》20 集、成都天音文化传播有限公司《我在天堂等你》26 集、成都电视台电视剧制作中心《蜀人茶坊（第二季）》35 集、四川电视台电视剧制作中心《我的未来不是梦》12 集、四川飞马西南影视艺术发展中心《海诗行动》21 集、四川昊天影视有限责任公司《A3 计划》4 集、四川昊天影视有限责任公司《极限追捕》24 集。

重庆直辖市生产发行 7 部 456 集：重庆电视台《农家乐》120 集、重庆电视台《女儿街》120 集、重庆广播电视总台《乡里人家》122 集、重庆重视传媒有限责任公司《欢喜冤家（第二部）》19 集、重庆原典文化公司《挣扎》23 集、重庆重视传媒有限责任公司《今夜不设防（第一部）》50 集、重庆中新传媒有限公司《山乡溢彩》2 集。

广西壮族自治区生产发行 5 部 102 集：广西电视台电视剧制作中心《女人、洋孩儿、东北虎》30 集、广西满地乐影视文化有限公司《心戒》22 集、广西电视台电视剧制作中心《寒秋》24 集、广西电影制片厂《大爱无声》2 集、广西电影制片厂《高考时光》24 集。

2. 2007 年西南地区生产发行电视剧占全国电视剧总部数、总集数的比例为 5.86% 和 6.16%

2007 年度全国生产完成并获准《国产电视剧发行许可证》的剧目共计 529 部 14670 集。[1] 西南地区生产发行电视剧 31 部 903 集，分别占全国的比例为 5.86% 和 6.16%。西南地区分省（区、市）电视剧生产发行情况如下。

云南省共生产发行 9 部 243 集：云南电视台《烈日炎炎》32 集、云南千溪影视有限公司《红蝎子》20 集、云南电视台《大院子女》25 集、云南电视台《末路天堂》23 集、云南影视制作发行有限公司《金夏奇缘》2 集、昆明电视台《东寺街西寺巷新传》63 集、云南民族电影制片厂《跨国阴谋》23 集、云南省民族艺术研究所影视艺术中心《世纪不了情》30 集、昆明电视台《鹰与枭》25 集。

贵州省共生产发行 3 部 55 集：贵州电视剧制作中心《这方水土这方人》6 集、贵州东方音像出版社《紧急链接》27 集、贵州电视剧制作中心《猎捕》22 集。

四川省生产发行 4 部 97 集：四川省有线电视实业开发公司《A 计划》36 集、

---

[1] 国家广播电影电视总局. 广电总局关于 2007 年度全国国产电视剧发行许可证颁发统计情况的通告［EB/OL］.（2008-01-20）［2012-03-16］.http://dsj.sarft.gov.cn/tims/site/views/applications/announce/view.shanty?appName=announce&id=011fda79f39d0082402881a01fda31b9.

四川环球影业有限责任公司《我将真情给你》20集、四川音像出版社《背爱一生》20集、成都电视台电视剧制作中心《原罪》21集。

重庆直辖市共生产发行7部284集：重庆音像出版社《家事无理》30集、重庆音像出版社《谜证》24集、重庆润视影视传播有限公司《英雄之城》38集、重庆广播电视总台《儿大女成人》120集、重庆重视文华传媒有限公司《有你就有戏》20集、重庆广播电视总台《山城棒棒军Ⅱ》32集、重庆重视文华传媒有限公司《有你就有戏（第二单元）》20集。

广西壮族自治区共生产发行8部224集：广西电影制片厂《给我一个爱的理由》23集、广西金鑫文化传媒有限公司《丈夫》20集、广西电影制片厂《青春坐标》20集、广西电视台电视剧制作中心《拯救》28集、广西电视台电视剧制作中心《笑笑茶楼（第二部）》50集、广西电视台电视剧制作中心《圣水湖畔（第二部）》23集、广西电视台电视剧制作中心《浣花洗剑录》40集、广西满地乐影视文化有限公司《没有语言的生活》20集。

3. 2008年西南地区生产发行电视剧占全国电视剧总部数、总集数的比例为为9.56%和9.64%

2008年度全国生产完成并获准《国产电视剧发行许可证》的剧目共计502部14498集。[1]西南地区生产发行电视剧48部1398集，分别占全国的比例为9.56%和9.64%。西南地区分省（区、市）电视剧生产发行情况如下。

云南省生产发行5部128集：楚雄电视台《油菜花开》2集、迪庆电视台《家园》21集、云南电视台《错爱2》26集、云南电视台《滇西1944》36集、云南电视台《我的团长我的团》43集。

贵州省生产发行3部72集：贵州电视剧制作中心《远山晴朗》10集、贵州电视剧制作中心《杀出绝地》30集、贵州电视台《舞者》32集。

四川省生产发行18部630集：四川领航影视文化制作传播有限公司《乱世红粉》22集、成都天音文化传播有限公司《月亮背后》24集、四川昊天影视有限责任公司《第二面》22集、四川文艺音像出版社文化电视制作中心《表妹》30集、峨眉电影制片厂《戴着面具跳舞》21集、四川电视台电视剧制作中心《纯

---

[1] 国家广播电影电视总局. 广电总局关于2008年度全国国产电视剧发行许可证颁发统计情况的通告［EB/OL］.（2009-02-19）［2012-03-16］.http://dsj.sarft.gov.cn/tims/site/views/applications/announce/view.shanty?appName=announce&id=011fda7f4ba800a8402881a01fda31b9.

真岁月》39集、成都电视台电视剧制作中心《死水微澜》25集、四川电视台电视剧制作中心《仁者黄飞鸿》33集、成都天音文化传播有限公司《新邻居时代》100集、四川电视台电视剧制作中心《长江一号》34集、绵阳吴因易影视文化传媒有限责任公司《衣食父母》26集、四川省亮竹影视文化传播有限公司《兄弟姐妹》40集、四川电视台电视剧制作中心《十大奇冤》36集、四川电视台电视剧制作中心《生死桥》40集、四川电视台电视剧制作中心《四川好人》100集、峨眉电影制片厂《寻找》1集、四川领航影视文化制作传播有限公司《我们是一家人》3集、峨眉电影制片厂《祸福相依》34集。

重庆直辖市生产发行13部326集：重庆重视传媒有限责任公司《灯火黄昏》20集、重庆广播电视总台《世界一家亲》24集、重庆音像出版社《罪域》38集、重庆文化影视艺术中心《三峡纤夫》26集、重庆重视文华传媒有限公司《有你就有戏（第三单元）》20集、重庆广播电视总台《防火墙5788》30集、重庆原典文化传播有限责任公司《海狼行动》34集、重庆重视文华传媒有限公司《有你就有戏（第四单元）》20集、重庆赤道影业有限公司《幽默的傻东》20集、重庆重视传媒有限责任公司《欢喜冤家2》18集、重庆重视文华传媒有限公司《有你就有戏（第五单元）》20集、重庆广播电视总台《山城棒棒军Ⅱ》32集、重庆重视传媒有限责任公司《莲花闹海棠》24集。

广西壮族自治区生产发行9部242集：广西电视台电视剧制作中心《清凌凌的水蓝莹莹的天》28集、广西电视台电视剧制作中心《浓情一生》30集、桂林电视台《校园牡丹红》3集、广西明星影视文化传播有限责任公司《情系母女心》19集、广西电视台电视剧制作中心《中国古代爱情故事新编》60集、广西电视台电视剧制作中心《血色迷雾》42集、广西电影制片厂《孔雀蓝》20集、广西电视台电视剧制作中心《美丽的南方》20集、南宁城投东盟商务投资有限责任公司《北海风云》20集。

4. 2009年西南地区生产发行电视剧占全国电视剧总部数、总集数的比例为5.72%和5.17%

2009年度全国生产完成并获得《国产电视剧发行许可证》的剧目共计402部12910集。❶西南地区生产发行电视剧23部667集，分别占全国的比例为5.72%

---

❶ 国家广播电影电视总局.广电总局关于2009年度全国国产电视剧发行许可证颁发统计情况的通告［EB/OL］.（2010-02-03）［2012-03-16］.http://www.gov.cn/gzdt/2010-02/03/content_1527422.htm.

和5.17%。西南地区分省（区、市）电视剧生产发行情况如下。

云南省生产发行7部174集：云南电视台《最后的99天》32集、云南千溪影视有限公司《婚姻诊断》22集、云南民族电影制片厂《朱家花园》24集、云南云视影视文化有限公司《有一个美丽的地方》25集、云南电视台《明星危情》26集、昆明电视台《恋人》21集、云南电视台《国歌》24集。

2009年贵州省无电视剧生产发行。

四川省生产发行4部102集：四川峨眉电影音像有限公司《挪个地方要得不》32集、成都音像出版社《别哭，我的爱人》22集、绵阳市广播电视台《黄颜色绿颜色》12集、四川电视台《同龄子》36集。

重庆直辖市生产发行8部239集：重庆广播电视总台《三峡移民故事2》8集、重庆广电影视传媒有限公司《雾都魅影》33集、重庆鼎盛影业公司《长漂壮歌》40集、重庆润视影视传播有限公司《潮起两江》32集、重庆广播电视总台《花篮的花儿香》25集、重庆笛女阿瑞斯广告文化传播有限公司《许茂和他的女儿们》43集、重庆音像出版社《非亲姐妹》34集、重庆广播电视总台《美丽进行曲》24集。

广西壮族自治区生产发行4部152集：广西电视台电视剧制作中心《清凌凌的水蓝莹莹的天Ⅱ》40集、广西电影制片厂《绝密1950》30集、广西宗源影视文化传播有限公司《阿芳和她的兄弟们》22集、广西电视台《爱在月亮酒吧》60集。

5. 2010年西南地区生产发行电视剧占全国电视剧总部数、总集数的比例为7.11%和7.20%

2010年度全国生产完成并获得《国产电视剧发行许可证》的剧目共计436部14685集。❶西南地区生产发行电视剧31部1058集，分别占全国的比例为7.11%和7.20%。西南地区分省（区、市）电视剧生产发行情况如下。

云南省生产发行8部264集：云南电视台《复婚》30集、云南电视台《山间铃响马帮来》34集、云南电视台《妈妈，我爱你》26集、麒麟国际影视文化传媒有限公司《义薄南天》40集、云南电视台《囧人集结号之情义无价》36集、云南民族电影制片厂《一个好汉两个帮》32集、云南电视台《侦察记》34集、

---

❶ 国家广播电影电视总局.广电总局关于2010年第四季度和年度全国国产电视剧发行许可证颁发统计情况的通告［EB/OL］.（2011-01-21）［2012-03-16］.http：//xn—79qy5jwte2pa03geqdl6n7lzw6fb55g.xn—fiqs8s/sapprft/govpublic/6952/291151.shtml.

云南电视台《拯救女兵司徒慧》32集。

贵州省生产发行4部141集：贵州电视台《真情错爱》36集、贵州电视剧制作中心《国球》30集、贵州电视台《铁梨花》43集、贵州蓝涯影视文化传播有限公司《边城汉子》32集。

四川省生产发行6部175集：成都电视台电视剧制作中心《爱情就像吃芒果》22集、四川电视台电视剧制作中心《梦想光荣1942》31集、四川电视台电视剧制作中心《搞笑一家人》40集、四川星空影视文化传媒有限公司《兵临城下》34集、四川峨眉电影音像有限公司《董古董奇遇记》20集、成都传媒集团先锋影视有限公司《疼痛的幸福》28集。

重庆直辖市生产发行8部282集：重庆广电影视传媒有限责任公司《敢死队》32集、重庆广电影视传媒有限责任公司《雾都猎狐》22集、重庆重视传媒有限责任公司《闹春莲萧舞起来》28集、重庆银龙影视有限公司《大侦探》40集、重庆笛女阿瑞斯传媒有限公司《好大一棵树》24集、重庆音像出版社有限责任公司《可能不见的背后》36集、重庆广播电视总台《人生有戏》60集、重庆银龙影视有限公司《一世牵挂》40集。

广西壮族自治区生产发行5部196集：广西电视台《X特工》25集、广西东视东盟国际影视文化传播有限公司《利益》29集、广西接力世纪传媒有限公司《校园少年先锋》80集、南宁电视台《忘掉我是谁》30集、广西电影制片厂《毒刺》32集。

6. 2011年西南地区生产发行电视剧占全国总部数、总集数的比例为5.97%和5.72%

2011年度全国生产完成并获得《国产电视剧发行许可证》的剧目共计469部14942集。❶西南地区生产发行电视剧28部854集，分别占全国的比例为5.97%和5.72%。西南地区分省（区、市）电视剧生产发行情况如下。

云南省生产发行6部175集：云南电视台《中国远征军》45集、云南电视台《护国大将军》31集、云南电视台《为爱放手》26集、云南映象影业有限责任公司《在那桃花盛开的地方》22集、云南云视影视文化有限公司《爱在云滇》20集、云南千溪影视公司《中国式虎妈》31集。

---

❶ 国家广播电影电视总局.关于2011年度全国国产电视剧发行许可证颁发情况统计结果的通告[EB/OL].（2012-02-11）[2012-03-16].http://www.sv336.com/plyj.aspx?tid=5112.

贵州省生产发行 3 部 92 集：贵州电视剧制作中心《生死正名》32 集、贵州电视台《铁血使命》36 集、贵州电视剧制作中心《青山绿水红日子》24 集。

四川省生产发行 8 部 268 集：四川电视台电视剧制作中心《汶川故事》30 集、四川飞马西南影视艺术发展中心《间谍迷城》24 集、四川电视台电视剧制作中心《菩提树下》53 集、四川星空影视文化传媒有限公司《金沙》30 集、成都电视台电视剧制作中心《川军团血战到底》33 集、四川电视台电视剧制作中心《魔法乐天树》18 集、成都电视台电视剧制作中心《肉中刺》36 集、峨眉电影制片厂《川西剿匪记》44 集。

重庆直辖市生产发行 9 部 263 集：重庆鼎盛影业公司《浪漫手牵手》16 集、重庆重视传媒有限责任公司《母爱无悔》27 集、重庆重视传媒有限责任公司《年年有余》30 集、重庆大恒广告文化传播有限公司《黎明追剿》32 集、重庆银龙影视有限公司《不要离开我》36 集、重庆鼎盛影业公司《幸福就在原点》25 集、重庆润视影视传播有限公司《盗火线》39 集、重庆重视传媒有限责任公司《幻影》28 集、重庆广播电视总台《川东游击队》30 集。

广西壮族自治区生产发行 2 部 56 集：南宁电视台《追查》22 集、广西电影制片厂《瑶山大剿匪》34 集。

7. 2012 年西南地区生产发行电视剧占全国电视剧总部数、总集数的比例为 4.15% 和 3.71%

2012 年全国共计生产完成并获准发行国产电视剧 506 部 17703 集。❶西南地区生产发行电视剧 21 部 656 集，分别占全国的比例为 4.15% 和 3.71%。西南地区分省（区、市）电视剧生产发行情况如下。

云南省生产发行 8 部 254 集：云南千溪影视有限公司《军人荣誉之铁血》27 集、云南慈怀文化传播有限公司《归宿》30 集、云南电视台《极品男女日记》28 集、云南电视台《专列一号》34 集、红河电视台《美丽重生》42 集、云南电视台《杨善洲》23 集、云南电视台《富滇风云》30 集、云南电视台《快乐正流行》40 集。

贵州省生产发行 2 部 80 集：贵州电视台《英雄使命》42 集、贵阳电视台《王阳明》38 集。

---

❶ 国家广播电影电视总局. 广电总局关于 2012 年第四季度暨年度全国国产电视剧发行许可证颁发统计情况的通告 [EB/OL]. (2013-05-02) [2016-07-11]. http://www.sv336.com/plyj.aspx?tid=7539.

四川省生产发行5部159集：峨眉电影制片厂《e时代天使》25集、成都传媒集团先锋影视有限公司《边城破晓》30集、四川星空影视文化传媒有限公司《俘房兵》35集、四川星空影视文化传媒有限公司《像小朵一样》35集、成都电视台电视剧制作中心《1977年的爱情》34集。

重庆直辖市生产发行5部128集：重庆笛女阿瑞斯影视传媒有限公司《母亲，母亲》36集、重庆重视传媒有限责任公司《家有喜事》12集、重庆银龙影视有限公司《天底良知》34集、重庆广播电视总台《刘伯承元帅》33集、重庆重视传媒有限责任公司《他们的城市》13集。

广西壮族自治区生产发行1部35集：广西电影制片厂《绝战》35集。

8. 2013年西南地区生产发行电视剧占全国电视剧总部数、总集数的比例为2.27%和1.94%

2013年度全国生产完成并获准《国产电视剧发行许可证》的剧目共计441部15770集。[1]西南地区生产发行电视剧10部306集，分别占全国的比例为2.27%和1.94%。西南地区分省（区、市）电视剧生产发行情况如下。

云南省生产发行3部105集：云南电视台《刀影》31集、云南电视台《舞乐传奇》42集、云南电视台《边城》32集。

2013年贵州省无电视剧生产发行。

四川省生产发行4部97集：成都巴蜀艺田文化传媒有限公司《远村》6集、四川星空影视文化传媒有限公司《鲜花盛开的村庄》30集、四川星空影视文化传媒有限公司《壮士出川》35集、四川电视台电视剧制作中心《亮仔的幸福奇缘》26集。

重庆直辖市生产发行1部52集：重庆视美动画艺术有限责任公司《彩虹小镇》52集。

广西壮族自治区生产发行2部52集：广西电视台《女主播风云》32集、广西南宁科环文化传播有限公司《光明底线》20集。

---

[1] 国家广播电影电视总局.关于2013年第四季度暨年度全国国产电视剧发行许可证颁发统计情况的通告［EB/OL］.（2014-02-28）［2016-07-11］.http://news.163.com/14/0228/18/9M6KJ8P800014JB5.html.

9. 2014年西南地区生产发行电视剧占全国总部数、总集数的比例为6.76%和5.95%

2014年全年全国生产完成并获得《国产电视剧发行许可证》的剧目共计429部15983集。❶西南地区生产发行电视剧29部951集，分别占全国的比例为6.76%和5.95%。西南地区分省（区、市）电视剧生产发行情况如下。

云南省生产发行3部110集：红河电视台《火线姐妹》36集、云南广播电视台《因为爱》38集、昆明广播电视台《使命1915》36集。

贵州省生产发行2部75集：贵州电视台《枪火》39集、贵州广播电视台《第一伞兵队》36集。

四川省生产发行10部364集：四川星空影视文化传媒有限公司《新京华烟云》43集、四川星空影视文化传媒有限公司《风云天地》40集、四川星空影视文化传媒有限公司《剿匪英雄》38集、四川荷塘月色影视文化传媒有限公司《遍地阳光》36集、成都广播电视台电视剧制作中心《热闹城管队》20集、成都广播电视台电视剧制作中心《家族荣誉》44集、四川星空影视文化传媒有限公司《刺刀英雄》44集、四川省江山风月影视制作有限责任公司《乱世烟雨》34集、成都威利文化传播有限公司《城管局长》30集、四川星空影视文化传媒有限公司《壮丁也是兵》35集。

重庆直辖市生产发行10部279集：重庆重视传媒有限责任公司《永逝我爱》4集、重庆笛女阿瑞斯影视传媒有限公司《兄弟兄弟》50集、重庆重视传媒有限责任公司《魔戒》7集、荣昌县万灵影视文化传媒有限公司《填四川》32集、重庆银海圣通影视文化传播有限责任公司《婆媳的战国时代》40集、重庆重视传媒有限责任公司《昨日今夜》5集、重庆广播电视总台《傻儿传奇》45集、重庆必然传媒有限公司《谜道》20集、重庆剧龙广电影视传媒有限公司《侯天明的梦》40集、重庆笛女阿瑞斯广告文化传播有限公司《突围突围》36集。

广西壮族自治区生产发行4部123集：广西文脉传承文化传播有限公司《清秀之恋》16集、广西广电影视传媒发展有限责任公司《幸福请你等等我》36集、

---

❶ 国家广播电影电视总局. 关于2014年第四季度暨年度全国国产电视剧发行许可证颁发统计情况的通告［EB/OL］.（2015-02-04）［2016-07-11］.http://www.chinadaily.com.cn/hqpl/yssp/2015-02-04/content_13174789.html.

南宁电视台《兵变1929》35集、广西广电影视传媒发展有限责任公司《冲出月亮岛》35集。

10. 2015年西南地区生产发行电视剧占全国电视剧总部数、总集数的比例为7.61%和6.77%

2015年度全国生产完成并获得《国产电视剧发行许可证》的剧目共计394部16540集。❶西南地区生产发行电视剧30部1119集，分别占全国的比例为7.61%和6.77%。西南地区分省（区、市）电视剧生产发行情况如下。

云南省生产发行4部135集：昆明五房世纪影视投资有限公司《我是你的眼睛》22集、云南广播电视台《生死翻盘》43集、云南金彩视界影业有限公司《我叫刘传说》40集、云南民族电影制片厂《青春拼图》30集。

贵州省生产发行4部141集：贵州天马传媒有限公司《赤焰》30集、贵州黔北记忆旅游文化股份有限公司《二十四道拐》32集、贵州电视文化传媒有限公司《野山鹰》39集、贵州电影电视制作有限公司《赤水河国酿》40集。

四川省生产发行11部402集：成都威利文化传播有限公司《为青春点赞》32集、成都市广播电视台电视剧制作中心《私房钱》36集、四川星空影视文化传媒有限公司《游击英雄》36集、四川电视台电视剧制作中心《第一纵队》32集、四川星空影视文化传媒有限公司《踏破硝烟》34集、四川星空影视文化传媒有限公司《殊死七日》34集、四川星空影视文化传媒有限公司《永远一家人》32集、成都市广播电视台电视剧制作中心《重组家庭》32集、四川星空影视文化传媒有限公司《手枪队》46集、成都市广播电视台电视剧制作中心《双刺》42集、峨眉电影集团有限公司《田姐辣妹》46集。

重庆直辖市生产发行9部361集：重庆萌梓影视传媒有限公司《铁核桃》41集、重庆艺真影视文化传播有限公司《人来客往》36集、重庆广播电视总台《夺宝传奇》46集、重庆笛女阿瑞斯影视传媒有限公司《我是你的百搭》36集、重庆萌梓影视传媒有限公司《玉海棠》40集、重庆广播电视总台《我和她的传奇情仇》44集、重庆银海圣通影视文化传播有限责任公司《风云年代》36集、重庆笛女阿瑞斯广告文化传播有限公司《护宝风云》36集、重庆银龙影视有限公

---

❶ 国家广播电影电视总局. 广电总局关于2009年度全国国产电视剧发行许可证颁发统计情况的通告[EB/OL].（2010-02-03）[2012-03-16].http://www.sarft.gov.cn/articles/2010/02/03/20100203144637230582.html.

司《傻儿传奇之抗战到底》46集。

广西壮族自治区生产发行2部80集：广西广电影视传媒发展有限责任公司《天伦》40集、广西广电影视传媒发展有限责任公司《同谋者》40集。

"十一五""十二五"期间全国和西南分省电视剧生产发行状况的数据统计和对比如表3.1、表3.2、图3.1至图3.4。

表3.1 2006—2010年（"十一五"期间）全国和西南分省电视剧生产发行情况

单位：部（集/年）

地区	年份					年平均
	2006	2007	2008	2009	2010	
云南	11（246）	9（243）	5（128）	7（174）	8（264）	8（211）
贵州	2（44）	3（55）	3（72）	0（0）	4（141）	2.4（62.4）
四川	13（193）	4（97）	18（630）	4（102）	6（175）	9（239.4）
重庆	7（456）	7（284）	13（326）	8（239）	8（282）	8.6（317.4）
广西	5（102）	8（224）	9（242）	4（152）	5（196）	6.2（183.2）
西南分省平均	7.6（208）	6.2（181）	9.6（280）	4.6（133）	6.2（212）	6.84（206.68）
全国分省平均	16.13（446.68）	17.06（473.23）	16.19（467.68）	12.94（416.45）	14.06（473.71）	15.28（455.55）

（西南五省"十一五"期间共产电视剧171部，平均每年34.2部；共5167集，平均每年1033.4集。全国"十一五"期间共产电视剧2369部，平均每年473.8部；共70610集，平均每年14122集）

表3.2 2011—2015年（"十二五"期间）全国和西南分省电视剧生产发行情况

单位：部（集/年）

地区	年份					年平均
	2011	2012	2013	2014	2015	
云南	6（175）	8（254）	3（105）	3（110）	4（135）	4.8（155.8）

续表

地区	2011	2012	2013	2014	2015	年平均
贵州	3（92）	2（80）	0（0）	2（75）	4（141）	2.2（77.6）
四川	8（268）	5（159）	4（97）	10（364）	11（402）	7.6（258）
重庆	9（263）	5（128）	1（52）	10（279）	9（361）	6.8（216.6）
广西	2（56）	1（35）	2（52）	4（123）	2（80）	2.2（69.2）
西南分省平均	5.6（171）	4.2（131.2）	2（61.2）	5.8（190.2）	6（223.8）	4.72（155.44）
全国分省平均	15.13（482）	16.32（571.06）	14.23（508.71）	13.84（515.58）	12.71（533.55）	14.45（522.18）

（西南五省"十二五"期间共产电视剧118部，平均每年23.6部；共3886集，平均每年777.2集。全国"十二五"期间共产电视剧2239部，平均每年447.8部；共80938集，平均每年16187.6集）

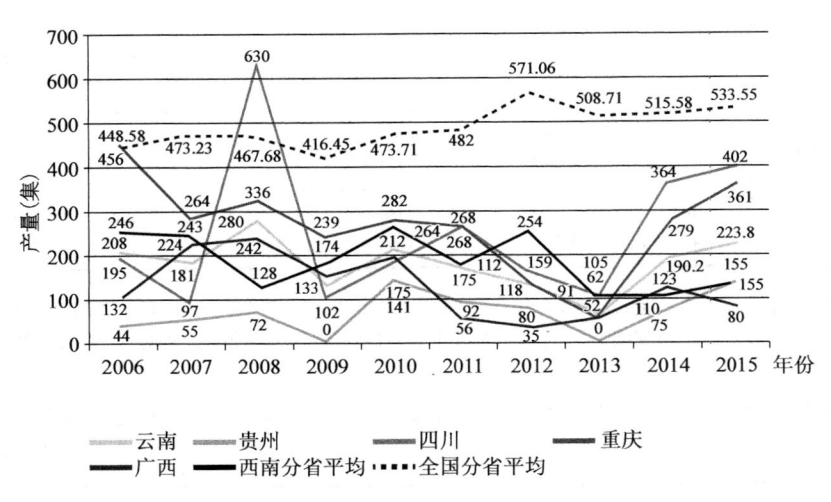

图 3.1 西南分省电视剧生产发行情况比较（一）

图 3.2 西南分省电视剧生产发行情况比较（二）

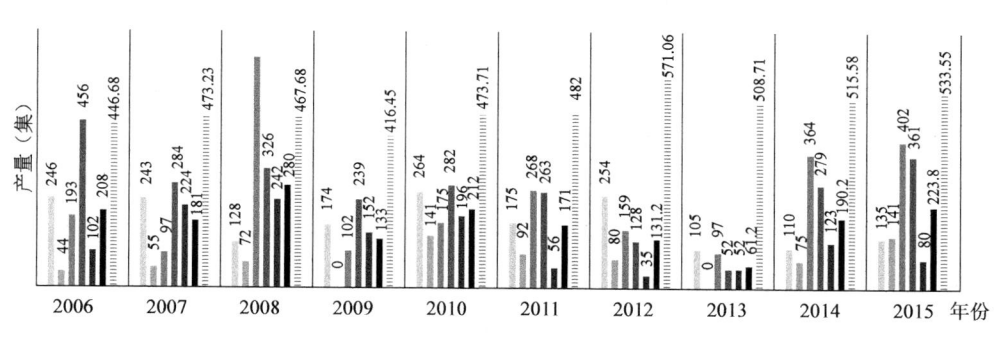

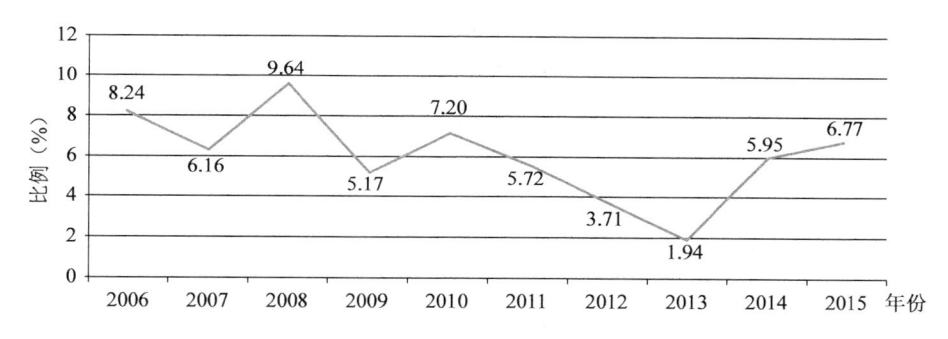

图 3.3 西南区域电视剧集数占全国产量集数比例

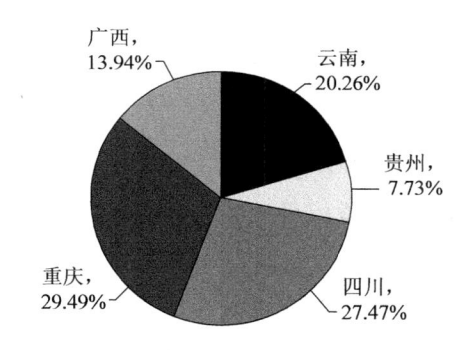

图 3.4 2006—2015 年西南分省电视剧生产发行集数比例

根据表 3.1、表 3.2，图 3.1 至图 3.4 统计分析，在"十一五"期间，西南各省（区、市）电视剧生产发行年平均部数和集数为全国分省平均的 44.86% 和 45.37%；而在"十二五"期间，这两项数据分别下滑至 32.66% 和 29.77%。在全国电视剧产量总体平稳增长的背景下，西南电视剧产量却出现了大幅下

· 61 ·

跌，其中产量占西南电视剧总体产量将近三成的重庆市，电视剧发行部数和集数相对于"十一五"期间分别下降了20.93%和31.76%；产能下滑最严重的广西壮族自治区，电视剧发行部数和集数相对于"十一五"期间分别下降了64.52%和62.23%。这反映出西南数字电视剧产业在发展过程中遭遇了重大困难。

在经历了2006—2013年的整体下滑后，尤其是在经历了2010—2013年的连续快速下滑后，西南电视剧总体产量及所占全国电视剧总产量比例在"十二五"期间的最后两年间又实现了增长，电视剧产量略少于重庆市的四川省和原本在西南五省中产量最低的贵州省，凭借2014年和2015年电视产量的连续增长，保证了两省在"十二五"期间电视剧总产量相较于"十一五"期间有一定增长。西南地区数字电视剧的这种发展势头是否可持续还有待进一步观察，因为从西南单个省（区、市）的数字电视剧发展情况来看，这种产量的增长还是不稳定的。

3.1.2 西南区域少数民族文化数字电视剧生产概况

西南是我国少数民族最集中的区域，与丰富多彩的少数民族文化相比，各省（区、市）有关少数民族文化的电视剧所占比例却相当小，显示出与丰富内容资源的巨大反差。

2006—2015年西南各省（区、市），以少数民族文化题材为内容的典型少数民族文化电视剧情况如下。❶

1. 云南省生产发行的较典型少数民族电视剧基本情况

2006年生产发行的《逃亡香格里拉》（云南电视台电视剧部），是一部以香格里拉为背景的侦探片。

2008年生产发行的大型民族题材电视连续剧《金凤花开》（云南电视台电视剧部），叙述了一个少数民族白族女孩李金凤成长、发展的人生故事，在描述李金凤从马帮赶马人的女儿，通过加入中央访问团参加少数民族工作，最终成为第一代少数民族工作者的人生成长过程，同时也展现了一幅中华人民共和国成立

---

❶ 作者注：在此部分情况分析中，由于重庆直辖市基本没有生产发行较典型的少数民族电视剧，故未对重庆直辖市进行介绍与分析。

初期大理与云南边疆地区少数人民群众建设国家的宏伟画面。❶电视剧《金凤花开》"于 2009 年 12 月 2 日至 12 月 14 日在中央电视台一套晚间黄金时段首播",创造了平均 4.66% 的高收视率,这是"央视一套黄金时段向中华人民共和国成立 60 周年献礼剧目中最高收视率",同时这部电视剧也跻身于当年"央视黄金时段电视剧收视率前 10 强"❷,并获得中宣部第十二届精神文明建设"五个一工程"奖❸。

2010 年生产发行的《山间铃响马帮来》(云南电视台),剧情是解放初期,党和政府为了解决云南边境地区少数民族人民群众生活困难和物资短缺,组织了民族工作队并由解放军护送进民族地区,而国民党残余部队经常跨边界骚扰并派敌特进入山寨……经过解放军和当地百姓的不懈努力,肃清敌人,迎来和平安宁的生活,马帮终于看到,各少数民族同胞络绎不绝、接踵而至来购买马帮的货物,苗族村寨一年四季都像在过节了。这部电视剧给观众描述了解放初期云南少数民族地区的生活场景。

2011 年生产发行的《茶颂》(云南省普洱市委市政府、大理州委州政府及普洱市锦辉集团公司联合摄制),讲述的是 100 多年前的西南茶马御史——云南大理白族世家子孙段子苴的故事。在段子苴主持西南地区茶政时期,团结少数民族群众,联合内地各大茶商,励精图治建设云南大理与普洱六大茶山基地,开发、打造以普洱茶为主的中国名茶,最终打破英国东印度公司对茶叶垄断的故事。剧中通过对主人公父子命运起落的描写,展现了西南少数民族的聪明才智与不屈不挠的民族气节,描绘了一幅源远流长、恢宏博大的茶文化历史画卷。❹

2013 年生产发行的大型民族史诗剧——《舞乐传奇》(云南电视台),讲述了在大唐贞元年间,骠国王子舒难受国王雍羌之命,带领骠国乐团远涉万里,自王都卑谬城赴大唐献乐的故事,该剧反映出当时的西南周边国家都深受中原文

---

❶ 中国民族音像出版社.大型民族题材电视剧《金凤花开》[EB/OL].(2009-08-07)[2012-10-30].http://www.zgmzyx.com/html/report/101164-1.htm.
❷ 中国民族报.从《五朵金花》到《金凤花开》[EB/OL].(2010-01-22)[2012-10-30].http://www.mzb.com.cn/zgmzb/html/2010-01/22/content_65901.htm.
❸ 中国民族宗教网.《金凤花开》获中宣部精神文明建设"五个一工程"奖[EB/OL].(2012-09-29)[2012-10-30].http://www.mzb.com.cn/html/Home/report/334193-1.htm.
❹ 云南网.茶颂[EB/OL].(2014-09-18)[2015-10-22].http://special.yunnan.cn/feature11/html/2014-09/18/content_3372951.htm.

化影响，愿与中原政权同气连枝，成就文化相依、平等交流的盛世气象。该剧是 2012 年云南省代表团访问大湄公河次区域 5 国期间，重磅推出的影视文化合作项目，也是我国与缅甸联邦共和国首次合作拍摄的第一部大型电视连续剧。2013 年 10 月 29 日，云南将此电视剧播映权赠予缅甸影视管理局，以此表达中方合作的诚意与对缅甸人民的真挚友谊，2013 年 12 月 31 日该剧在央视八套播出。电视剧《舞乐传奇》根据真实历史文化事件改编而成，诸多类型戏剧元素糅杂其中，故事情节悬念迭生，在取材、立项、拍摄和制作等方面，都跳出了中国电视剧此前的固有思维，而且该剧通过国际合作取长补短，成为我国近年来难得一见的、真正具有国际范儿的少数民族文化电视剧。

2. 贵州省生产发行的较典型少数民族电视剧基本情况

2006 年由贵州巨日影视公司生产发行的《夜郎王》，首次全景展示了一代中国历史神话英雄人物——夜郎王的传奇生涯。剧情以鲜明厚重的历史、曲折动人的传奇，赞颂了夜郎古国归汉的历程。

2011 年生产发行的《奢香夫人》是由贵州省委宣传部、八一电影制片厂、毕节地委、行署，坤华投资管理有限责任公司与贵州日报报业集团·黔森影视文化工作室等一起联合拍摄。以宏大的明星演员阵容和跌宕起伏的剧情，讲述了贵州默部水西彝族首领奢香夫人致力于各民族团结，发展彝族经济、开辟龙场九驿，使川、滇、黔驿道连成一体的传奇故事。

3. 四川省生产发行的较典型少数民族电视剧基本情况

2011 年生产发行的《古蜀大帝》（四川腾龙影业有限公司），讲述了古蜀国望帝治理水患、巩固王权，使古蜀重新走上正轨，使人民安居乐业，积极进取，铸成"天府之国"基础的故事，运用民族神话传说与历史故事讲述了富庶天府之地的渊源。

4. 广西壮族自治区生产发行的较典型少数民族电视剧基本情况

2008 年生产发行的《美丽的南方》（广西电视台电视剧制作中心），是根据壮族作家陆地的同名小说改编而成的电视剧。该剧是广西电视台为庆祝广西壮族自治区成立 50 周年而拍摄。长篇小说《美丽的南方》是反映广西少数民族地区在中华人民共和国成立初期农村土地改革中的现实主义小说，也是壮族少数民族文学史中开山之作，在我国当代文学史上也占有一席之地，"作者陆地是广西当代作家群中最具代表性的人物，他的这部作品影响了 20 世纪五六十年代人的成长"。此剧的制作与播出,对观众了解少数民族地区在中华人民共和国成立初期的发展历史有着重要意义。

总体来看,近十年来少数民族文化题材的电视剧占西南区域电视剧总产量的比例极小,而且主要是在"十一五"期间生产发行的,"十二五"期间仅有云南省发行了一部较为典型的少数民族电视剧。西南各省(区、市)中,四川和重庆的少数民族电视剧中,有关少数民族文化的内容基本不是置于主线展示,而是用于故事背景;云南、贵州和广西典型的少数民族电视剧,主要以少数民族文化为核心内容,其中云南生产制作的电视剧,以少数民族文化为内容题材的居多。

3.2 数字游戏

2015年中国数字游戏用户同比增长3.3%,达到5.34亿人。中国数字游戏市场在客户端游戏、移动游戏、社交游戏以及网页游戏、单机游戏、电视游戏等方面的销售收入高达1407亿元人民币,与2014年相比增幅达22.9%,而在2006年,中国游戏市场实际销售收入仅为66.1亿元;在中国自主研发网络游戏市场,2015年实际销售收入增幅为35.8%,达到986.7亿元人民币,而在2006年这一销售额仅为65.4亿元;2015年中国在海外市场中,自主研发的网络游戏销售收入增幅达72.4%,共53.1亿美元,这一数字在2007年仅为0.55亿美元(见图3.5至图3.7)。❶由以上数据对比发现,中国游戏产业在近10年间出现了迅猛发展。

以下介绍2015年中国游戏市场的销售情况,分析游戏生产、销售分布特点。

2015年中国游戏细分市场销售收入情况如下。

(1)年度客户端游戏市场实际销售收入同比增长0.4%,达到611.6亿元人民币。

(2)年度中国网页游戏市场实际销售收入达到219.6亿元人民币,增幅为8.3%。

---

❶ 搜狐公众平台.2015年中国游戏产业报告:游戏总收入1407亿元[EB/OL].(2015-12-15)[2016-07-10].http://mt.sohu.com/20151215/n431336948.shtml.

（3）中国移动游戏市场实际销售收入在本年度增幅达到87.2%，共514.6亿元人民币。

（4）该年度中国单机游戏市场实际销售收入达到1.4亿元人民币，同比增长180%。

（5）中国电视游戏市场实际销售收入达到2.2亿元人民币。[1]

由上述数据可见，游戏市场实际销售收入增长最快的为单机游戏领域，但主力增长点则在移动游戏领域。

2015年约750款游戏被原国家新闻出版广电总局批准出版上线，其中"移动游戏占49.7%"，"网页游戏占32.8%"，"客户端游戏占11.2%"，"电视游戏占6.3%"。[2]由以上数据可见，移动游戏是我国当前游戏生产的主要款类，也是我国游戏产业的主要竞争领域。在这750款游戏中有51.2%在上海生产，16.2%在北京生产，9.0%在广东生产，其他地区出版、制作的游戏数量仅占总量的23.6%。上述三个省级行政区是整个中国游戏产业的"增长极"，其中上海是中国游戏产业的第一"增长极"，2015年上海出版、制作的游戏占我国游戏出版总量的一半以上。

截至2015年年末，中国上市游戏企业171家，总市值达47605.84亿元人民币，其中A股上市游戏企业占上市游戏企业总数的79.6%，其市值占上市游戏企业总市值的65.2%；港股上市游戏企业占上市游戏企业总数的9.9%，企业市值占上市游戏企业总市值的32.3%；美股上市游戏企业占上市游戏企业总数的10.5%，其市值占上市游戏企业总市值的2.5%。[3]由以上数据可见，中国上市游戏企业主要融资市场仍是A股市场，但港股上市的游戏企业平均市值是最高的。

---

[1] 搜狐公众平台.2015年中国游戏产业报告：游戏总收入1407亿元［EB/OL］.（2015-12-15）［2016-07-10］.http://mt.sohu.com/20151215/n431336948.shtml.

[2] 同上。

[3] 同上。

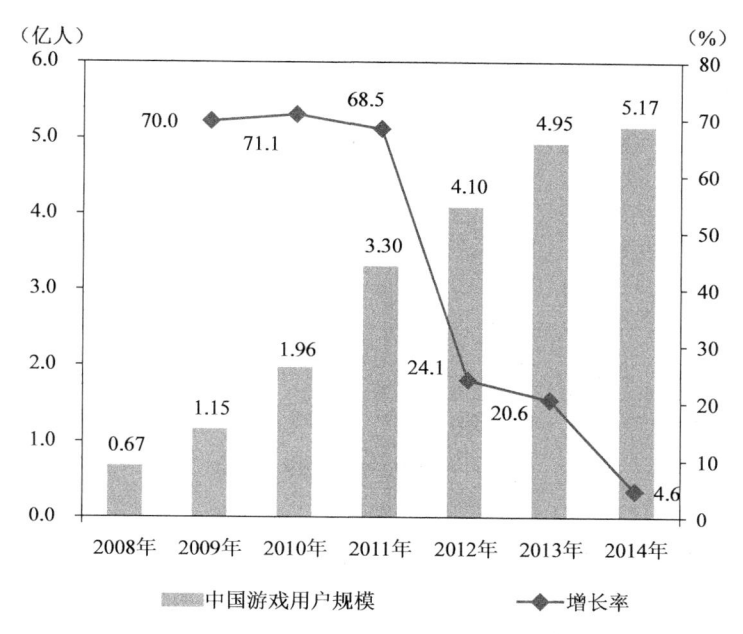

图 3.5 中国数字游戏用户规模及增长率

图 3.6 中国游戏市场实际销售收入

有关西南各省（区、市）游戏产业的资料主要是文字描述，统计年鉴等尚未对此类数据进行分类统计，数据资料较少，而且散布于各类报告、文章和新闻报道中，只能反映大致状况。

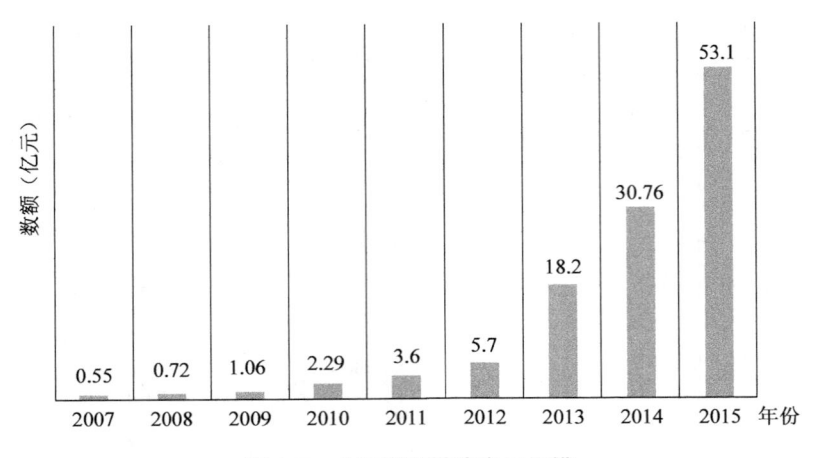

图 3.7 中国网络游戏出口规模

3.2.1 云南省数字游戏产业发展状况

2010年5月，云南天游科技投资4000万元建设的云南省第一个以网络游戏开发为主的电子信息产品基地将竣工投产；云南省信息港也正在推广一款自主研发的游戏平台"至尊棋牌"❶；云南天游科技制作的《出发 Online》是一款"全3D 玄幻国战网游"，2011年，在中国台湾、中国香港相继上线后深受当地玩家喜爱。

《出发 Online》是作为"云南十佳文化企业"的云南天游科技有限公司，历时5年打造的一款3D国产网游，于2011年6月迎来首次全国技术封测，这款游戏将中华传统民间鬼狐怪谈与云南神秘风光完美结合起来，充分展现了中华神秘文化的魅力，曾一度占据了各大游戏排行榜前十。

总的来看，云南省网络游戏公司较少，游戏人才可以选择平台不多，人才流动性相对较弱。

3.2.2 贵州省数字游戏产业发展状况

2006年6月，贵阳怪噜、遵义板子炮等本土特色的网络游戏在贵州信息港亮相，标志着贵州省结束无本土网络游戏的历史❷；贵阳市于2007年7月正式挂

---

❶ 陈韵.拥抱游戏业的"云南机遇"［N］.云南日报，2010-01-08.
❷ 王芳，刘钰银.本土网络游戏6月中旬登陆贵州信息港［EB/OL］.（2006-06-09）［2012-11-21］.http://gzsb.gog.com.cn/system/2006/06/09/000983470.shtml.

牌运营贵阳数字内容产业园，2008年产值达9550万元人民币；2009年6月在贵阳，贵州阿往数码科技有限公司与中国最大体育类垂直社区网络"虎扑中国"正式签订合约，双方合作分期投入1000万元开发网络游戏《虎扑篮球》，由贵州阿往公司拥有开发与营运权，这也是当时贵州省网络游戏行业获得的第一笔高额资金投入。[1]2009年7月贵阳朗玛信息技术股份有限公司的首款网络游戏《妖怪A梦》公开测试活动，结束了贵州地区没有本土网络游戏开发和运营企业的历史。

在近几年各游戏厂商重点竞争的手游领域，贵州省尚处于"沉寂"状态，目前贵州省没有任何一家有影响力的手游开发厂商，也未生产制作过任何一款有较高知名度的手游产品。贵州显然也不是手游玩家大省，根据"淘手游"大数据分析显示，贵州省手游注册用户仅占用户总数的3%左右，只有2.7%左右的用户有过交易行为，账号成交价也普遍偏低。但值得注意的是，一些提供客服及游戏推广服务的企业在贵州却得到了快速发展，如贵州指趣网络科技有限公司创立的"淘手游"，在成立后用了不到一年时间，手游账号交易量便跃居全国第一，年成交额超过两亿元。本书认为，手游发展状况给整个贵州省游戏产业发展提供了一个重要启示：在人才匮乏、信息滞后、技术短缺与市场发育不充分，基本处于起步阶段的状况下，贵州省游戏产业可以充分利用人力成本较低的优势，现阶段着重发展技术门槛较低的游戏客服和游戏推广产业，避免与已成为西南游戏产业增长极的四川，以及在西南地区游戏产业相对较发达的重庆市形成替代性竞争，争取贵州游戏产业在西南区域游戏产业中，承担在模块化、价值网络中的游戏推广与后期客户服务功能模块这一产业角色，这也是贵州省游戏产业在整个西南游戏产业中最有利的策略选择。

3.2.3　四川省数字游戏产业发展状况

四川省依托继上海、北京之后的第三大国内游戏开发基地、省内巨大的游戏市场，以及多家大型国际、国内数字游戏相关技术或营运公司的入驻，成为国内数字游戏产业排名前列的省份，并成为西南区域数字游戏产业最发达省份。

---

[1] 李丽. 贵州网游研发"花香"引来"及时雨"［EB/OL］.（2009-06-04）［2012-11-21］.http://gzrb.gog.com.cn/system/2009/06/04/010577191.shtml.

2006年12月成都正式挂牌建立"国家动漫游戏产业振兴基地",并先后被授予"国家网络游戏动漫产业发展基地""国家数字媒体技术产业化基地"等称号。基地企业主要涉及数字游戏、视频游戏、手机游戏和彩信、动画动漫等领域。到2008年入驻企业60余家,数字娱乐从业人员7000余人,产值近12亿元。基地引进了世界第二大游戏开发商UBI(育碧软件)公司、中国台湾最大的游戏开发商昱泉等重量级公司;微软(中国)有限公司和四川华创天府数字技术有限公司签署了"合作协议",在成都高新区共建微软游戏技术平台;在网络游戏领域,北京联众电脑技术有限责任公司开发的"斗地主"和"中国象棋",也将由韩国NHN集团在亚太、北美做发行;逸海情天、梦工厂、锦天科技、四川斯普科技、盛大(成都)、金山(成都)与欢乐数码等为代表的网络游戏企业,研发了以《三毛欢乐派》《山河》《问道》《海天英雄传》和《王者》等为代表的多款"成都造"网络游戏产品;在视频游戏方面,"微软游戏技术平台"引入上海灵禅信息技术有限公司开发团队开发的"疯狂老鼠"、北京豪峰数码娱乐科技有限公司团队开发的"农场海盗",由微软公司在2008年10月向全球发行。❶

到2009年,成都市数字游戏基地技术平台的聚集示范效益初步显现,吸引了国内外的视频游戏开发及创意策划、美术设计、动画制作、出版发行、市场推广与动漫制作等企业汇聚四川,形成较为完整的动漫游戏产业链。微软XBOX业务的合作伙伴法国UBI(育碧软件)公司、美国Epic和2K Games公司等因为游戏技术平台的良好发展环境和成效,于2009年先后相继入驻成都。❷

在国家动漫游戏产业(四川)振兴基地的支撑下,四川省游戏产业发展成果卓著。在第七届中国游戏产业年会上,四川省5款网络游戏及相关研发、出版、运营企业,获得了多项代表中国游戏产业最高荣誉的"金凤凰"奖——2009年度大奖。其中两款游戏《问道》《风云》获得当年的"十大最受欢迎的网络游戏奖";获得这一年"最受欢迎的民族网络游戏奖"的游戏则有三款,分别是《问道》《风云》和《倚天剑与屠龙刀》;而《西游记》和《飞天西游》分别荣获了2009年度的"十大最受期待的网络游戏奖"和"十佳网页游戏奖";在获奖企业

---

❶ 四川省文化厅.2008年国家动漫游戏产业(四川)振兴基地年度报[EB/OL].(2010-12-01)[2012-05-06]. http://www.sccnt.gov.cn/whtj/ndtjbg/201104/t20110410_3295.html.

❷ 同上。

中，2009年度"中国游戏企业新锐奖"的得主为成都星漫科技有限公司，成都汉森信息技术有限公司则独揽这一年度的两项大奖——"中国游戏产业年会特别奖"和"中国民族游戏海外拓展奖"。❶

在前几年数字游戏产业成果的鼓舞下，成都市进一步提高数字游戏产业发展目标。2010年4月成都市发布了《成都市数字新媒体产业发展规划（2010—2012）》，规划明确成都市将突出发展以数字游戏为核心的五大重点领域，到2012年成都将建成国际先进、国内领先、西部第一的游戏动漫内容原创基地、外包业务中心、核心技术平台和营运服务枢纽，实现销售收入突破100亿元。在2012年四川省成功实现规划目标，共有160家动漫游戏相关企业，行业从业人员近两万人。"四川省动漫游戏产业年销售收入突破100亿元，在网络游戏出口方面并保持了稳定的发展趋势"❷。2015年成都游戏产业的"成绩单"十分亮眼，仅成都高新区至2015年年底已聚集游戏企业400余家，全年度销售收入达82.4亿，同比增幅35.97%。

近年来四川省在手游领域确立了在西南区域的巨大优势，成都被誉为移动游戏"第四城"，是西南地区手游产业的绝对增长极。在全国范围内，成都手游在游戏产业中也占有举足轻重的地位。在成都市，仅高新区南部园区便聚集着数百个开发团队，每天都有无数的手游创意项目在这里孵化、成长。❸成都的游戏公司已经形成了梯队层级，既有数字天空、好玩一二三这样的300人以上规模的大型公司，也有风际游戏、余香信息这样百人以上中型规模公司，以及摩奇卡卡、成都卓航等50~100人规模的成熟公司，而50人以下的初创型公司更是不断涌现。❹成都市手游产业仅在2015年便推出了21款具有较大影响力的优质手游产品，其中"Invasion（入侵）"这款游戏被列入美国畅销总榜IOS TOP 100以及Google play top 50这两大榜单，"潮爆三国"总流水达2亿元；而云顶德州扑克也进入了游戏分类榜top50。❺但目前四川手游产业也面临着巨大挑战。以成都为

---

❶ 四川新闻出版局.2009年我省网络游戏产业发展成果显著[EB/OL].（2010-01-25）[2012-11-17]. http://www.scppa.gov.cn/hydj/hydt_yjbl/201001/t20100131_5196.html.

❷ 腾讯游戏.窦维平：2012年四川动漫游戏从业人员人员约1.8万人[EB/OL].（2013-03-26）[2016-07-10].http://games.qq.com/a/20130326/000300.htm.

❸ 赵雅儒，杨尚智.成都移动应用开发调查：半数手游团队消失[EB/OL].（2016-05-19）[2016-07-10].http://www.ce.cn/culture/gd/201605/19/t20160519_11774581.shtml.

❹ 搜狐公众平台：成都手游的2015（下）：新锐游戏公司的崛起[EB/OL].（2016-01-08）[2016-07-10].http://mt.sohu.com/20160108/n433905996.shtml.

❺ 同上。

例，资本降温和用户获取成本急剧上升，已使得简单追逐风口的手游开发和经营方式难以为继。自 2015 年年初以来，成都已有一半左右的手游公司消失了，四川手游产业现阶段面临全面转型升级。❶

3.2.4 重庆直辖市数字游戏产业发展状况

由于区域数字游戏产业基地的极化效应逐步显现，在四川省游戏产业基础和发展规模的压力下，经济基础良好的重庆直辖市数字游戏产业发展，则显得颇为艰难。相比云南、贵州和广西，重庆市数字游戏产业在与四川省竞争中发展的历程，显示出区域内增长极影响，同质竞争的低效，以及区域分工合作的必要性。

重庆直辖市在数字游戏产业发展中，遇到的首要问题是人才聚集成本过高，其次是民间风险投资资金对重庆产业环境的担忧，导致资金投资者持观望态度，投资不足。

要吸引北京、上海游戏创作人才团队来重庆，必须支付更高的薪酬、签订更长的用工协议。这就造成企业营运成本增加，而且因合作单位少造成企业自主承担过多的基础性研发流程，企业成本与经营风险无形增大很多。这种状况也使风险投资对企业前景不看好而不愿投资。从以下被寄予厚望的两款网络游戏的经历，可以看出这种困境。

在重庆网游公司佰步科技 2007 年进行开发之前，当时 2D 游戏《笑闹天宫》是重庆本地唯一一款上市网络游戏，而《帝王 OL》则是重庆地区 3D 网游的开篇之作，"给重庆网络游戏产业带来了曙光"，这款游戏已经与台湾代理商签约投放市场。❷ 时隔不久，已开发了 70% 的《帝王 OL》，在人才与资金的双重压力下被搁置起来，直到 2009 年《帝王 OL》卖给了成都哆可梦游戏公司，才于 2010 年重新由中国台湾代理商在中国台湾与东南亚地区投放运营。

宏信软件是一家有海外背景的软件公司，也是重庆首家合资网络游戏公司。CEO 陈宏刚从微软离职后，回到故乡重庆创业。2007 年宏信软件上马的 3D 科幻网游《星球计划》，被盛大、腾讯等大型游戏公司看好并有意收购。宏信软件

---

❶ 赵雅儒，杨尚智. 成都移动应用开发调查：半数手游团队消失［EB/OL］.（2016-05-19）［2016-07-10］. http://www.ce.cn/culture/gd/201605/19/t20160519_11774581.shtml.

❷ 重庆日报. 重庆网游［EB/OL］.（2010-06-29）［2011-07-21］.http://cqrbepaper.cqnews.net/cqrb/html/2010-06/29/content_1198402.htm.

第一批开发人员是从北京来重庆的网络游戏人才，而本地可用的技术成熟人才却大多在省外就业，因此高端人才很难配置。这款被媒体广泛看好的游戏直到2009年最终也没能完成。如今，宏信软件已不再涉足网游产业，原来的团队已经全部解散。❶

成都"热炒"手游产业的同时，重庆的手游产业也在悄然寻求突破。与成都拥有诸多专做研发的手游企业不同的是，重庆大部分手游产品均由几家老牌网页游戏公司开发。目前在重庆手游开发企业中，除了重庆祥维科技有限公司"一骑绝尘"外，其他如重庆话语科技有限公司、重庆漫想族科技有限公司和重庆热岛科技有限公司等游戏开发企业，也都生产出了一批质量不错的手游产品。❷在2015年举办的"重庆本土手游路演"活动中，来自谋达科技的《滴滴三国》、超线程科技的《少女剑王Z——悠远的挽歌》、恒源天游的《雷霆之刃》、话语科技的《疯狂跑兔》，以及轩进软件的《trick rabbit》系列等手游产品给人眼前一亮的感觉。❸重庆市手游产业的构建者、从业者信心满满，重庆游戏产业联盟秘书长杨兴义在面对媒体采访时，直接表示重庆不会变成北上广深的"手游代工厂"，他坚信重庆手游业只要做出足够优秀的产品，就能够走向全国，乃至走向世界。❹这种观点在整个重庆手游产业领域都是很有代表性的。但不可否认的是，目前重庆手游产业不但难以比肩"北上广深"，甚至难以摆脱成都的"阴影"。成都手游产业的火爆直接"导致了重庆被遗忘"，与作为当前西南区域手游产业绝对"增长极"的成都相临近，使得重庆手游产业在发展过程中面临着"灯下黑"的尴尬处境。而且最关键的是，在手游人才储备和人才培养方面，重庆相对于成都也处于绝对劣势。❺

尽管面临着诸多困难，但总体来说重庆市整个游戏产业近年来还是取得了长足发展。据相关媒体报道，2013年重庆游戏厂商已经达到90家的规模，而在2011年整个重庆仅有约30家；2013年重庆市游戏产业总体产能达到了全年研发

---

❶ 夏帆.重庆网游 登陆台湾［N］.重庆日报，2010-06-29.
❷ 游戏茶馆.灯下黑——重庆手机游戏产业深度调查［EB/OL］.（2013-12-03）［2016-06-21］. http：//www.sfw.cn/xinwen/433656.html.
❸ 凤凰网游戏.重庆本土手游路演 震撼来袭别处你看你不到［EB/OL］.（2015-05-19）［2016-06-21］. http：//games.ifeng.com/mobilegame/chanye/detail_2015_05/19/41053335_0.shtml.
❹ 新浪游戏.杨兴义：解密重庆游戏产业 并非"手游代工厂"［EB/OL］.（2014-04-29）［2016-06-21］.http：//games.sina.com.cn/y/n/2014-04-29/1551780775.shtml.
❺ 游戏茶馆.灯下黑——重庆手机游戏产业深度调查［EB/OL］.（2013-12-03）［2016-06-21］. http：//www.sfw.cn/xinwen/433656.html.

游戏产品 100 款以上；2014 年，隆讯科技等优秀游戏研发企业落户重庆。❶重庆本土游戏企业也超过百家，产值突破 10 亿元人民币，部分游戏还签约 360、腾讯等著名大公司，一些移动游戏产品已走出国门。至今重庆游戏企业中产品、媒体与平台兼具，重庆游戏产业体系已经基本完整。❷2015 年，像完美世界产业集团这样的综合性文化产业巨头进入重庆。2015 年 12 月 16 日完美世界（重庆）"游视界"项目在北部新区软件产业中心启动，这是完美世界正式在重庆建立游戏研发和内容孵化基地的标志。像完美世界这样以研发、运营一体化为核心的游戏企业，在当前游戏市场中具有极大的竞争优势，这类企业立足重庆，打造一站式的游戏产品服务平台，为游戏产业链条上各环节团队提供良好的生态温床，对重庆市培养游戏人才、培育游戏全产业链将有极大促进作用。

3.2.5 广西壮族自治区数字游戏产业发展状况

作为广西壮族自治区首家也是目前唯一一家从事数字游戏自主研发和运营的企业，桂林力港网络科技有限公司围绕《捕鱼达人》，先后开发了近 10 款网络游戏软件，如 2009 年"老 K 游戏"、2010 年捕鱼达人网络版《深海狩猎》等；2014 年游戏《捕鱼达人》以 100 万元人民币的价格被泰国一家公司代理，在泰国成功上线，并在当地游戏市场大受欢迎，这开创了广西原创动漫游戏产品出口海外市场的先河；同年有媒体报道桂林力港网络科技有限公司又以桂林旅游景点为内容，开发了一款名为《夺宝传说》的游戏。❸

3.3 数字动画

中国数字动画产业内容主要集中在电视动画、动画电影和新媒体动画这三个领域，其中占比最大的是电视动画。按一般习惯，本课题中不特指动画电影和新媒体动画时，所称动画、动画片即为电视动画片。

---

❶ 手游矩阵.游戏创业在重庆 重庆游戏产业现状［EB/OL］.（2014-12-10）［2016-07-21］. http：//shouyoujz.com/content/newgame/617787.

❷ 重庆商报.重庆本土游戏企业超过百家 欲集体抱团出海［EB/OL］.（2014-11-28）［2016-07-21］. http：//www.cq.xinhuanet.com/2014-11/28/c_1113440694.htm.

❸ 作者注：对于上述游戏直到 2016 年 7 月尚未找到上线的消息。

有关电视动画发展最权威、直接的数据资料,来自于国家广电总局关于电视动画许可证核发情况的统计,即关于生产部数和分钟数的统计。

3.3.1 1993—2005年西南区域电视动画片生产情况

1993—2005年,全国合计完成制作国产电视动画片共205部(不含木偶动画片),计111654分钟,其中每年的制作情况如表3.3所示。

表3.3 1993—2005年全国完成制作国产电视动画片

制作年份	制作部数	制作分钟数
1993	4	195
1995	5	1411
1996	1	572
1997	5	991
1998	11	2439
1999	13	8511
2000	14	4689
2001	13	8511
2002	13	11392
2003	14	12755
2004	29	21819
2005	83	42759

注:国家广播电影电视总局数据中1994年数据缺失。[1]

1993—2005年西南地区动画产量占全国的比例为1.6%,其中:云南省动画制作机构共完成动画2部,合计577分钟;广西壮族自治区动画制作机构共完成动画2部,合计1172分钟。[2]

---

[1] 国家广播电影电视总局.广电总局关于1993年至2005年度全国电视动画片发行许可证核发情况的通告[EB/OL].(2012-02-17)[2012-03-16].http://www.sarft.gov.cn/articles/2006/11/02/20071107165346000098.html.
[2] 同上。

3.3.2　2006年西南区域电视动画片生产情况

2006年全国制作完成的国产电视动画片共124部82326分钟。

2006年度15个国家动画产业基地，自主制作完成国产动画片81部51030分钟❶，占全国总产量的比例为62.0%。

2006年度，国家广电总局共向全国电视播出机构推荐播出32部在剧本创作、构思创意、人物造型、制作技巧与产业开发等方面比较优秀的国产动画片。

2006年西南地区共生产3802分钟（主要集中在四川省与重庆直辖市），占全国总产量的比例为4.6%。

1. 重庆享弘电视艺术有限公司创作生产动画片《魔盒与歌声》（22集合计242分钟）

该动画片讲述了一个用智慧克服困难，善良终究战胜邪恶，小伙伴们与精灵鸟拯救"魔法王国"的故事。片中不仅传播了积极进取、勇敢善良的民族精神，而且，还能够寓教于乐，生动有趣地串联了56个民族的81首欢快动听的歌曲，全剧构思精巧、设计有新意，内容有内涵、画面优美、音乐动听，不失为一部弘扬民族文化的好片子。❷

2. 重庆原典文化传播有限责任公司与北京华奥七频文化发展公司合作联合创作生产的动画片《诗歌训练营》（共30集，合计780分钟）

该片每集教学两首唐诗，并配以悠扬的音乐，在卡通人物的带领下，在学校里，在课堂上，在郊野中，让小朋友在缤纷的卡通世界中学习领会唐诗深厚的意韵。❸ 该片制作精良，寓教于乐，适于儿童接受。

当年全国的动画优秀率为25.8%，西南地区的动画优秀率为40.0%。

3.3.3　2007年西南区域电视动画片生产情况

2007年，全国广播影视系统积极贯彻落实党中央关于促进我国文化产业发展繁荣的精神，以及国务院《关于推动我国动漫产业发展的若干意见》的要求，

---

❶ 搜狐动漫.全国动画片发行许可证核发情况［EB/OL］.（2007-08-14）［2012-03-21］.http://comic.chinaren.com/20070814/n251582373.shtml.

❷ 慧聪网.广电总局推荐2006年度第二批优秀国产动画片［EB/OL］.（2006-07-14）［2012-03-21］.http://info.broadcast.hc360.com/2006/07/14102692512.shtml.

❸ 国家广播电影电视总局.广电总局推荐2006年度第三批优秀国产动画的通知［EB/OL］.（2006-10-16）［2012-03-21］.http://news.cartoonb2b.com/news_info.aspx?id=3318.

国产动画片生产数量、艺术质量、制作技术、播映效果、市场环境、产业结构、教育教学等方面都取得了显著成绩。❶ 当年全国生产制作国产电视动画片整体总数为 186 部，共计 10900 分钟，在 2006 年基础上增长了 23%。全国共有 16 个省份，以及中央电视台生产制作了国产电视动画片。其中，全国动画片创作生产数量排在前五位的省份是湖南省、广东省、江苏省、上海市、浙江省。❷

依据国产动画片生产数量比较，我国原创动画片制作生产八大机构是：

（1）湖南宏梦卡通传播有限公司。
（2）三辰卡通集团有限公司。
（3）无锡电视台。
（4）中央电视台。
（5）广东原创动力文化传播有限公司。
（6）重庆视美动画艺术有限公司。
（7）浙江中南集团卡通影视有限公司。
（8）上海录像影视公司。❸

2007 年度，17 家国家动画产业基地自主制作完成国产动画片 132 部，80457 分钟，约占全国总产量的 79%，比 2006 年增长 58%。❹ 同时从 2007 年开始，对国产动画片年产量连续三年达不到 3000 分钟，或国产动画片质量低下、格调不高的国家动画产业基地，将分别被予以通报、警告直至被取消其基地资格。❺

2007 年国家广电总局向全国电视播出机构推荐播出 33 部在剧本创作、构思创意、人物造型、制作技巧、产业开发等方面比较优秀的国产动画片。❻

2007 年西南区域动画生产分钟数为 13 部 5479 分钟，占全国总产量的比例为 5.4%。其中：重庆直辖市 10 部 4699 分钟，广西壮族自治区 1 部 500 分钟，云南省 2 部 280 分钟。

云南省制作动画片《露露与猪猪》被国家广电总局推荐为优秀动画片播出。该片由云南千溪影视有限公司与北京新坐标文化传播有限公司联合创作生产，有

---

❶ 慧聪网.2007 年度全国电视动画片制作发行情况通告［EB/OL］.（2008-02-01）［2012-03-21］.http://info.broadcast.hc360.com/2008/02/011017107778.shtml.
❷ 同上。
❸ 同上。
❹ 同上。
❺ 同上。
❻ 同上。

18集共计216分钟。该片运用动画故事讲解音乐乐理知识，在动听、愉快的音乐与活泼有趣的故事中普及音乐知识，深受儿童喜爱，是一部适宜幼儿观看的优秀动画片。

重庆视美动画艺术有限公司制作动画作品7部合计3734分钟，在全国动画生产机构中排名第8；重庆直辖市增幅47%，在2007年国产动画片创作生产数量位居前列的10大城市中排名第6；2007年新批准成立的重庆市南岸区茶园新区动画产业基地生产数量排在全国国家动画产业基地中的第7位。

2007年全国动画优秀率为17.7%，西南动画优秀率为7.7%。

3.3.4　2008年西南区域电视动画片生产情况

2008年度全国制作完成的国产电视动画片共249部131042分钟，比2007年增长28%；由于国务院以及各地政府出台的国产动漫产业优惠扶持政策收效显著，一些主要城市动画片生产积极性持续增长：国家动画产业基地自主制作完成国产动画片184部，合计102047分钟，约占全国总产量的77%，比2007年增长26%。❶依据2008年的动画创作生产数量排序：位居前列的10大城市分别是：长沙、杭州、广州、无锡、北京、上海、南京、常州、西安和重庆。❷

2008年西南地区生产动画为12部5926分钟，占全国总产量的比例为4.5%。其中四川省5部2356分钟、重庆直辖市6部3510分钟、广西壮族自治区1部60分钟。除了重庆直辖市在国产动画片创作生产数量位居前列的10大城市中排名第10外，重庆的产业基地和生产机构的排名不在前列，重庆市南岸区茶园新区动画产业基地在2008年全国国家动画产业基地排名在12位。

在2008年度国家广电总局共向"全国电视播出机构推荐播出50部优秀国产动画片"❸中，四川省有1部优秀动画片入选推荐动画片：由成都中漫伟业文化产业开发有限公司创作制作的26集338分钟的动画片《大梦王小书包》。"该片以……风趣幽默的人物对话再现了《卖火柴的小女孩》《狼牙山五壮士》《丑小

---

❶ 新浪博客.广电总局关于2008年度全国电视动画片制作发行情况的通告[EB/OL].(2009-05-05)[2012-03-15].http://blog.sina.com.cn/s/blog_4705867f0100cxaj.html.
❷ 同上。
❸ 同上。

鸭》等优秀小学课文内容"❶，是一部寓教于乐，适宜中小学生观看的优秀作品。重庆有 2 部优秀动画片进入推荐：一部是由重庆视美动画艺术有限责任公司制作的 57 集，合计 570 分钟的动画片《缇可》；另一部是由重庆享弘数字影视有限公司生产的 100 集 110 分钟的动画片《乐乐熊奇游记》。

3.3.5　2009 年西南区域电视动画片生产情况

2009 年国产动画片制作完成数量比 2008 年增长 31%，共生产动画片 322 部合计 171816 分钟，国家动画产业基地自主制作完成国产动画片 221 部，132325 分钟，约占全国总产量的 77%，比 2008 年增长 30%。❷生产制作国产动画片的省份为 21 个（不含中央电视台）；其中，江苏、浙江、广东、湖南与辽宁省排在全国生产创作数量前列；与 2008 年相比，辽宁、广东、江苏、浙江、福建五省数量增加幅度较大；在全国城市中，国产动画片创作生产数量位居前列的 10 大城市分别是：杭州、无锡、广州、长沙、沈阳、苏州、北京、南京、深圳和重庆。❸

以国产动画创作生产数量进行比较：杭州漫奇妙动漫制作有限公司、央视动画有限公司、无锡亿唐动画设计有限公司、浙江中南集团卡通影视有限公司、湖南宏梦卡通传播有限公司、深圳华强数字动漫有限公司、沈阳非凡创意动画制作有限公司、宁波水木动画设计有限公司、北京卡酷动画卫星频道有限公司、湖南蓝猫卡通传媒有限公司为我国原创动画片制作生产十大机构。❹

2009 年西南地区生产动画片 13 部合计 5867 分钟，占全国总产量的比例为 3.4%。其中四川省 1 部 60 分钟、重庆直辖市 12 部 5267 分钟；重庆直辖市除继续在国产动画片创作生产数量位居前列的十大城市中排名第 10 外，重庆市南岸区茶园新区动画产业基地在全国国家动画产业基地中排在第 11 位。

在国家广电总局向全国电视播出机构推荐播出 52 部优秀国产动画片中，❺重庆视美动画艺术有限公司创作生产的 52 集 624 分钟的《缇可之春季篇》获得推荐。

2009 年全国的动画优秀率为 16.1%，西南动画优秀率为 7.7%。

---

❶ 和讯新闻. 广电总局下发通知推荐 2008 年度第一批优秀国产动画片［EB/OL］.（2008-04-08）［2012-03-15］.http://news.hexun.com/2008-04-08/105074044.html.
❷ 国家广播电影电视总局. 广电总局关于 2009 年度全国电视动画片制作发行情况的通告［EB/OL］.（2010-01-22）［2012-03-15］.http://www.sarft.gov.cn/art/2010/1/22/art_106_4358.html.
❸ 同上.
❹ 同上.
❺ 同上.

3.3.6 2010年西南区域电视动画片生产情况

2010年，我国国产原创电视动画片比上一年增长28%，共生产385部，计220530分钟。其中，国家动画产业基地自主制作完成国产动画片269部，合计172689分钟，约占全国总产量的78.3%。❶ 生产制作国产动画片的有20个省份及中央电视台，江苏省、浙江省、广东省、辽宁省与中央电视台所属机构生产数量排列全国前列；其中，内蒙古自治区、四川省、河南省、山东省与辽宁省增幅最大。❷

2010年西南地区生产动画为15部5803分钟，占全国总产量的比例为2.6%；其中云南省1部140分钟、四川省2部858分钟、重庆直辖市12部4805分钟。

2010年重庆直辖市动画产量排列在国产动画片创作生产数量位居前列的十大城市之外，重庆市南岸区茶园新区动画产业基地在全国国家动画产业基地中排在13位。

2010年度，全国的动画优秀率为21.0%，西南的动画优秀率为33.3%。

在国家广电总局"向全国电视播出机构推荐播出81部优秀国产动画片"❸，在推荐的优秀国产动画片中，西南地区共有5部作品入选。其中，有4部是重庆直辖市动画制作机构完成的，有1部是云南省动画制作机构完成的。

这5部优秀动画片分别是重庆视美动画艺术有限责任公司创作生产的36集432分钟动画片《缇可讲故事》❹、重庆视美动画艺术有限责任公司创作生产的50集600分钟动画片《夏桥街》❺、重庆享弘数字影视有限公司创作生产的26集572分钟动画片《乐乐熊之玩具王国》❻、重庆必然传媒有限公司创作生产的21集315分钟动画片《可儿历险记》❼，以及云南美瑾奇奥传媒有限公司创作生产的20集140分钟动画片《彩云南》。

---

❶ 国家广播电影电视总局．广电总局关于2010年度全国电视动画片制作发行情况的通告［EB/OL］．(2011-02-15)［2012-03-15］.http: //www.sarft.gov.cn/art/2011/2/15/art_34_947.html.
❷ 同上。
❸ 国家广播电影电视总局．广电总局关于2010年度全国电视动画片制作发行情况的通告［EB/OL］．(2011-02-15)［2012-03-15］.http: //www.sarft.gov.cn/art/2011/2/15/art_34_947.html.
❹ 新浪旅游．广电总局推荐2010年度第一批17部优秀国产动画片的通知［EB/OL］.(2010-04-26)［2012-03-15］.http: //travel.sina.com.cn/news/2010-04-26/1728134520.shtml.
❺ 国家广播电影电视总局．广电总局关于推荐2010年第四批优秀国产动画片的通知［EB/OL］．(2011-02-01)［2012-03-15］.http: //www.sarft.gov.cn/art/2011/2/1/art_106_4310.html.
❻ 同上。
❼ 同上。

3.3.7　2011年西南区域电视动画片生产情况

2011年我国国产原创电视动画片比上一年增长18%，生产动画片435部共计261224分钟。其中，国家动画产业基地自主制作完成国产动画片276部，190290分钟，约占全国总产量的72%，比2010年增长10%。❶ 参加国产原创动画片制作的有21个省份与中直单位。❷

2011年度西南地区生产动画共计8部3480分钟，占全国总产量的比例为1.8%。其中云南省1部140分钟、重庆直辖市7部3340分钟；2011重庆南岸区茶园新区动画产业基地在全国国家动画产业基地中排在第14位。

2011年度，国家广电总局共向全国电视播出机构推荐播出82部优秀国产动画片。❸ 在上述推荐播出优秀国产动画片中，西南地区没有产品入选。

全国的动画优秀率为18.9%，西南的动画优秀率为0。

3.3.8　2012年西南区域电视动画片生产情况

2012年我国创作生产国产原创动画片395部共计222938分钟，比2011年下降14.65%。❹ 其中国家动画产业基地自主制作完成国产动画片210部，123715分钟，约占全国总产量的55%❺。参加国产原创动画片制作的有24个省份与中直单位。广东省、江苏省、浙江省、福建省、安徽省动画片的制作数量排名全国前列。❻

2012年西南地区电视动画生产制作总量为4部2398分钟，占全国总产量的比例为1.08%，这4部动画均由重庆市生产。在国产动画片创作生产数量位居前列的十大城市中没有重庆市，重庆市南岸区茶园新区动画产业基地的动画产量在全国国家动画产业基地中排在第15位。

2012年度，国家广电总局共向全国电视播出机构推荐播出81部优秀国产动

---

❶　中央政府门户网站.广电总局关于2011年度全国电视动画片制作发行情况的通告［EB/OL］.（2012-02-14）［2016-07-10］.http://www.gov.cn/zwgk/2012-02/14/content_2066505.htm.
❷　同上。
❸　同上。
❹　国家广播电影电视总局.广电总局关于2012年度全国电视动画片制作发行情况的通告［EB/OL］.（2013-03-24）［2016-07-10］.http://wenku.baidu.com/link?url=JmWCKGUgA2F8yXrKOtElZkTxmgngDe_fJL7wZbCVXtrKUMrnVk07O-krUVYCbrEprt8LWBqJBHcTfvgOYu2KPKMM3qeHv6LnoZAJVwU5v6m.
❺　同上。
❻　同上。

画片。❶ 在上述推荐播出的优秀国产动画片中，西南区域有1部入选，这部动画片是由重庆动画制作机构生产的52集1040分钟的《东方少年》。片中描述4位少年在经历连番奇特遭遇后，实现心智成长和完成心灵洗礼，成长为珍惜自然、爱惜生活、重情义、有担当的东方少年的故事。该动画画面构图精美、色彩运用得当、人物形象设计特点鲜明，故事情节也比较有吸引力，是一部质量上乘的动画作品。

当年全国的动画优秀率为21.51%，西南的动画优秀率为25%。

3.3.9 2013年西南区域电视动画片生产情况 ❷

2013年度，我国全年共生产电视动画片199132分钟，较2012年下降约10.68%，获发国产电视动画片发行许可证的电视动画片共358部。

2013年四个季度共有49部优秀国产动画片，由国家广电总局向全国电视播出机构推荐播出。

2013年西南地区电视动画生产制作总量为6部1971分钟，占全国总产量的比例为0.99%，其中四川省1部676分钟、重庆市1部780分钟、广西壮族自治区4部515分钟。

在2013年广电总局向全国电视播出机构推荐播出的优秀国产动画片中，西南区域只有1部入选，该动画片是由广西广电影视传媒发展有限责任公司制作生产的《少数民族民间故事动画系列之寻找太阳》（1~11集，每集15分钟）。该动画改编自壮族颇负盛名的民间传说《妈勒访天边》，讲述了壮族少年阿勒和母亲不畏艰险、跋山涉水，寻访太阳的故事。该动画片在讲述民族民间故事的同时，在画面和情节中融入了大量壮族文化元素，是目前少有的典型、优质西南少数民族文化题材的动画作品。

当年全国的动画优秀率为13.69%，西南的动画优秀率为16.67%。

---

❶ 国家广播电影电视总局. 广电总局关于2012年度全国电视动画片制作发行情况的通告［EB/OL］. （2013-03-24）［2016-07-10］.http://wenku.baidu.com/link?url=JmWCKGUgA2F8yXrKOtElZkTxmgngDe_fJL7wZbCVXtrKUMrnVk07O-krUVYCbrEprt8LWBqJBHcTfvgOYu2KPKMM3qeHv6LnoZAJVwU5v6m.

❷ 作者注：本节相应数据均是课题组根据《中华人民共和国2013年国民经济和社会发展公报》《国家新闻出版广电总局关于2013年度全国电视动画片制作发行情况的通告》总结计算而来。

3.3.10　2014年西南区域电视动画片生产情况 ❶

2014年度，我国全年共生产电视动画片138496分钟，较2013年下降约30.45%，获发国产电视动画片发行许可证的电视动画片共278部。

2014年西南地区电视动画生产制作总量为5部1390分钟，占全国总产量的比例为1%左右，其中云南省2部1040分钟、广西壮族自治区3部350分钟。

2014年国家广电总局推荐播出52部优秀原创国产动画片❷。在上述推荐播出的优秀国产动画片中，西南区域有1部入选，这部动画片是由广西动画制作机构生产的。

优秀国产动画片：《少数民族民间故事动画系列之灯花儿》（1~6集，每集15分钟），由广西广电影视传媒发展有限责任公司制作。该动画讲述了勇敢勤劳的苗族青年与灯花中变出的百合花仙，在神鸟孔雀的帮助下，一起保卫山林，智斗怪石精的故事；动画故事的原型是广西作家肖甘牛采录的苗族民间故事集《龙牙颗颗钉满天》里所收录的《灯花儿》故事，是一部优质、典型的西南少数民族文化题材的动画作品。

当年全国的动画优秀率为18.71%，西南的动画优秀率为20%。

3.3.11　2015年西南区域电视动画片生产情况 ❸

2015年度，我国全年共生产电视动画片134011分钟，较2014年下降约3.24%，获发国产电视动画片发行许可证的电视动画片共275部。

2015年西南地区电视动画生产制作总量为12部4262分钟，占全国总产量的比例为3.18%左右，其中四川省3部1138分钟、重庆市3部1800分钟、广西壮族自治区6部1324分钟。

2015年四个季度共有60部优秀国产动画片由国家广电总局向全国电视播出机构推荐播出。在当年全国电视播出机构推荐播出优秀国产动画片中，西南区域

---

❶　作者注：本节相应数据均是课题组根据《中华人民共和国2014年国民经济和社会发展公报》《国家新闻出版广电总局关于2014年度全国电视动画片制作发行情况的通告》总结计算而来。
❷　中国出版网.2014年中国电视动画行业发展观察［EB/OL］.（2015-06-15）［2016-07-10］. http://www.chuban.cc/szcb/201506/t20150615_167805.html.
❸　作者注：本节相应数据均是课题组根据《中华人民共和国2015年国民经济和社会发展公报》《国家新闻出版广电总局关于2015年度全国电视动画片制作发行情况的通告》，以及国家广电总局各季度优秀国产动画片目录总结计算而来。

没有产品入选。

2015 年全国的动画优秀率为 21.82%，西南动画优秀率为 0。

3.3.12 西南区域电视动画发展状况简析

为方便研究与分析，笔者将西南区域电视动画发展相关统计数据制成图 3.8 至图 3.15。

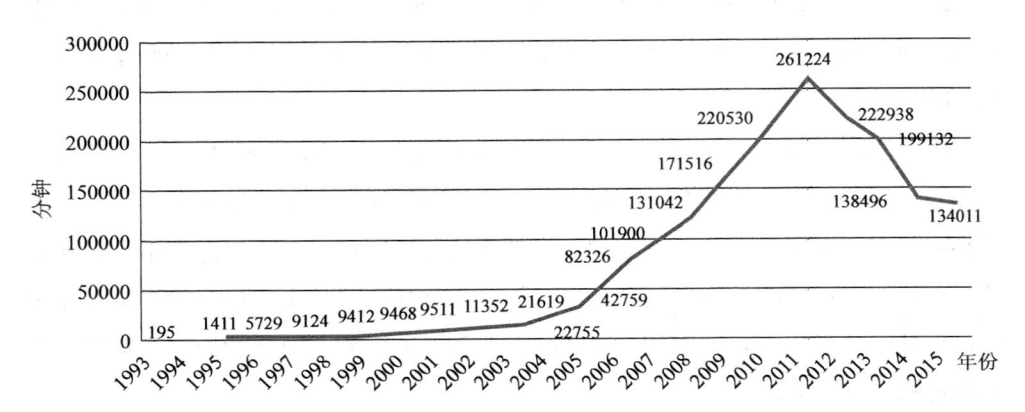

图 3.8　全国动画片发展总体趋势

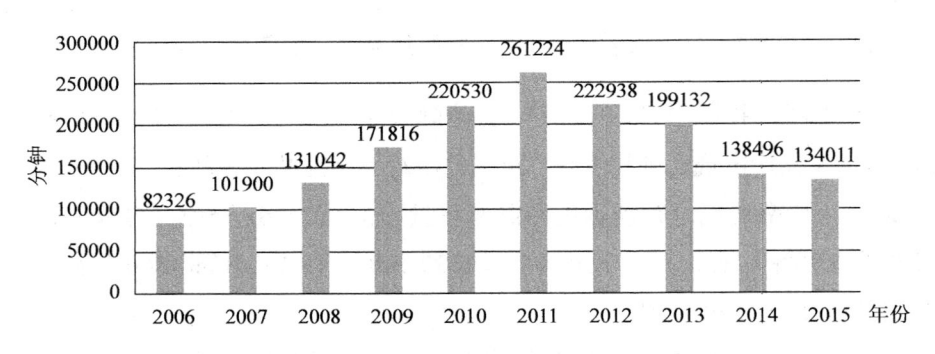

图 3.9　2006—2015 年全国动画片产量

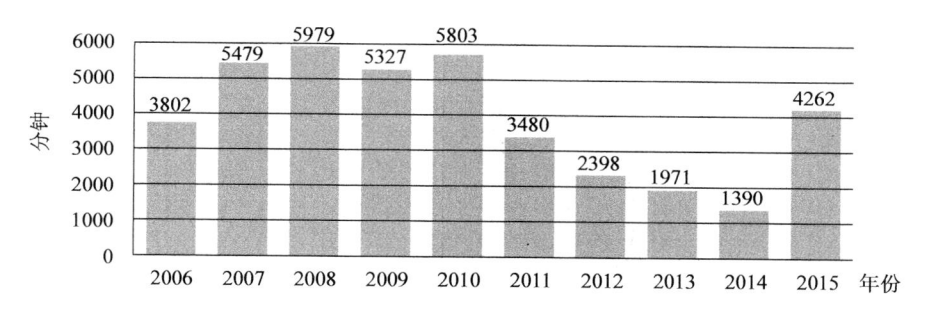

图 3.10 西南动画片发展情况

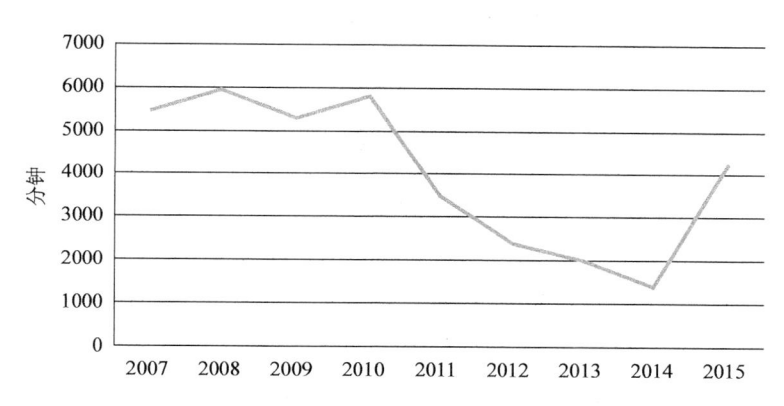

图 3.11 西南区域动画产量变化趋势

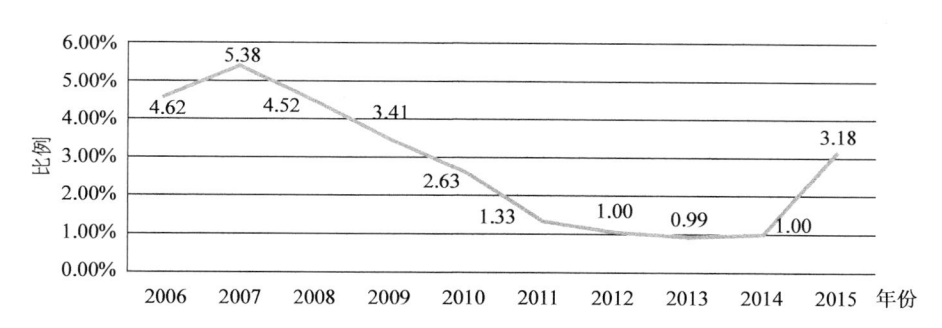

图 3.12 2006—2015 年西南电视动画片产量占全国比例变化

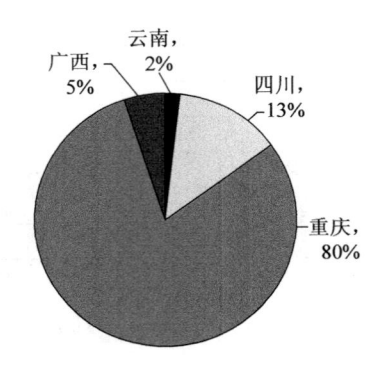

图 3.13　西南分省动画片生产量比例一

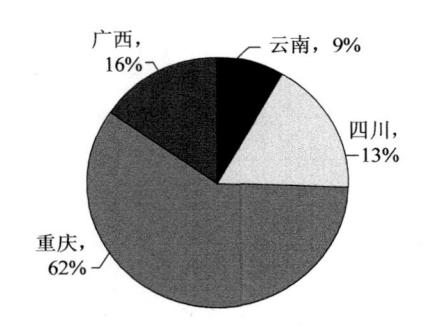

图 3.14　西南分省动画片生产量比例二

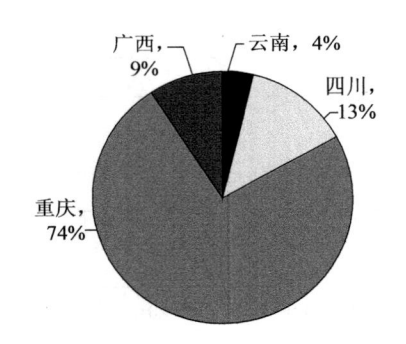

图 3.15　西南分省动画片生产量比例三

图 3.8 至图 3.15 中没有列举贵州省的数据，原因是来自国家广播电影电视总局的数据收集显示，至 2015 年为止贵州省没有生产发行过电视动画片（即未获得过生产发行许可证）。但 2008 年在贵州省信息产业厅的会议报告上则有提及相关动画产品（由于不能证实播出情况，因此本研究报告没有采用该数据资料），类似消息贵州当地媒体也有所报道：贵州熠动漫公司的《西岭雪》和贵州青年影

视文化中心的电视剧《年夜饭》在中央电视台黄金时段播出,并且《西岭雪》还获得"2007年度中国动漫游戏'金手指'奖等七项大奖"[1];熠动漫公司的动画片《沿着歌声走向贵州》和《探秘夜郎国》获得省委宣传部的订单,并获得300余万元资金支持;奇利动画影业公司的《苗王传》获得日本2008 TBS Digicon6中国赛区金奖、2008亚洲青年动漫大赛最佳视觉奖;贵州青年影视制作中心与丹麦正式签署合作协议,由丹麦方提供300万美元的资金,制作《森林小英雄》动画片,并享有50%的版权[2]。

1993—2011年,我国电视动画片生产呈现出加速增长的态势,最大的特点是电视动画生产能力集中在各大动漫基地内,全国基地产量占全国总产量的74.2%。但自2012年起,全国动画总产量呈现快速下降的局面。

西南区域数字动画发展情况呈现以下特点。

1. 西南区域动画产量在全国所占比例呈下行状态

西南电视动画产量占全国产量的比例,从2007年的5.38%下降到2014年的1%,呈快速下滑态势,直至2015年方有所回升。

2. 西南区域动画片优秀率低于全国动画片优秀率

西南区域电视动画片生产产量在2008年达到最高点就开始迅速下滑,一直到"十二五"收官之年即2015年方才有所回升,但2015年西南五省(区、市)没有一部动画被评为国产优秀动画片。

2006—2015年全国电视动画片平均优秀率为19.02%,西南区域平均优秀率为16.13%,这说明西南动画产业发展在近10年中总体处于一种"量少质差"的严峻状况中。西南区域优秀电视动画片超过八成是在"十一五"时期生产的,整个"十二五"期间西南五省一共才出产了3部优秀国产动画片,说明西南地区不仅动画总体产能在"十二五"时期下滑严重,而且优质动画生产能力也严重衰退。这一点在重庆市动画产业近10年的发展中体现得最为明显,作为西南区域动画产业的"增长极",重庆市近10年的电视动画片优秀率为17.24%,仅略高于西南区域的平均水准,但还是低于全国平均水平,在"十一五"及"十二五"时期共生产了10部优秀动画片,其中在"十二五"时期生产的优秀

---

[1] 贵阳日报.贵阳数字内容产业园和青年动漫大赛 引领动漫起飞[EB/OL].(2009-03-03)[2012-04-21].http://comic.people.cn/GB/122400/130238/8897298.html.

[2] 曹国民.贵州动漫产业发展情况[EB/OL].(2008-12-18)[2012-04-21].http://game.people.com.cn/GB/48647/139736/139740/8539696.html.

国产动画片仅有 1 部,重庆市电视动画产业优质动画生产能力的退化也极为明显。

3. 重庆直辖市电视动画生产能力在西南区域处于绝对领先位置

近 10 年来,重庆市电视动画片生产量为西南总量的 74%,优秀动画占西南总量的 67%。重庆市电视动画生产的产能主要来自国家级动画基地——重庆市南岸区茶园新区动画产业基地。值得我们注意的是,相对于"十一五"时期,重庆市电视动画生产能力在"十二五"时期严重衰退,动画片生产量在"十二五"时期所占西南总产量比例比在"十一五"时期所占的比例大幅下降,重庆在整个"十二五"时期的优秀国产动画片出产量也仅有 1 部(广西"十二五"期间出产两部优秀国产动画片),这与重庆作为整个西南区域动画产业"增长极"的地位极为不符。

相比全国生产能力,重庆直辖市整体的电视动画生产能力情况基本呈逐年下滑趋势,这一趋势直到 2015 年方有所改善。

4. 以西南少数民族文化为内容题材进行创意的动画片非常少

在"十一五"时期,西南电视动画片及西南优秀电视动画片中没有与西南少数民族文化内容有关的动画片。在"十二五"时期,也仅有两部典型的西南少数民族文化题材的电视动画片,分别是由广西广电影视传媒发展有限责任公司制作的《少数民族民间故事动画系列之寻找太阳》和《少数民族民间故事动画系列之灯花儿》。这说明西南电视动画产业尚未充分认识到少数民族文化资源对于动画创作的重要意义,也说明有关西南少数民族文化创意的阻碍很大。

3.3.13 西南区域动画电影及新媒体动画发展状况简介

1. 动画电影

2014 年,国产动画电影公映 34 部,总票房达 11 亿元,是 2013 年 6.6 亿票房的近两倍,有媒体因此撰文称国产动画电影的"最强年"就是 2014 年。❶ 而 2015 年上映的国产动画电影达 43 部,总票房达 20.54 亿元❷,无论是产量,还是票房总额,在国产动画电影领域,2015 年都远强于 2014 年,国产电影已正式跨

---

❶ 卢斌,郑玉明,牛兴侦.中国动漫产业发展报告(2015)[M].北京:社会科学文献出版社,2015:76-77.

❷ 搜狐公众平台.中国动画电影发展报告(2015)[EB/OL].(2016-04-28)[2016-07-15]. http://mt.sohu.com/20160428/n446642236.shtml.

进高速发展的快车道。仅就票房成绩而言，2014 年与 2015 年都是我国国产动画电影发展过程中里程碑式的年份，2014 年国产动画电影票房突破 10 亿元，2015 年则突破了 20 亿元大关，其中仅一部《西游记之大圣归来》就取得了 9.5 亿元的票房❶，国产动画电影票房的增长速度远高于中国电影票房的增长速度，预计在 2016 年，出品完成的国产动画电影将突破 70 部，其中会有超过 50 部电影进入市场，票房有望突破 30 亿元。❷ 相比较之下，2004 年我国还仅是全年上映了 4 部❸国产动画电影而获得了 30 万元❹的票房（见图 3.16）。

通过国产动画电影近年来的公映数与票房数整体对比发现，国产电影公映数的增幅远远低于其票房成绩增幅。这说明我国动画电影产业已经逐渐改变了原来粗放式的产量增长模式而更加注重产品的质量，从而在电影市场中"以质取胜"；同时其也说明国产动画观众群体的稳固化程度正在不断加强。

另外，动画电影投资已呈现出惊人的热度，在 2016 年 1 月 11 日到 20 日这 10 日间就备案了 35 部国产动画电影❺，而 2014 年全年仅仅上映了 34 部动画电影。

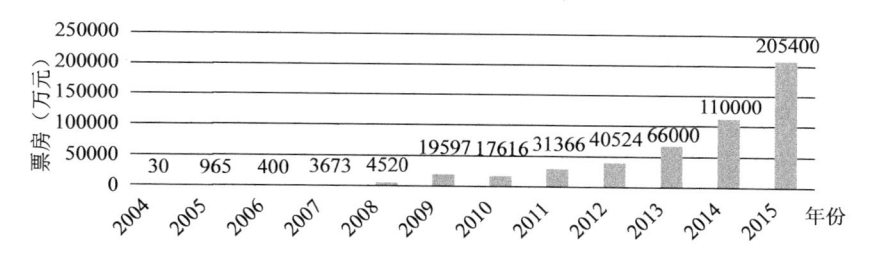

图 3.16 我国国产动画电影票房总额比较

根据贵州新闻联播报道，贵州省在 2013 年推出了本省的第一部动画电影《圣龙骑兵大冒险》。❻ 根据相关资料显示，该部动画电影主要由深圳的动漫企业

---

❶ 太平洋游戏网．2015 年中国动画电影票房成绩与未来展望［EB/OL］.（2015-12-21）［2016-07-15］. http：//news.duote.com/34/99156.html.

❷ 搜狐公众平台．中国动画电影发展报告（2015）［EB/OL］.（2016-04-28）［2016-07-15］. http：//mt.sohu.com/20160428/n446642236.shtml.

❸ 卢斌，郑玉明，牛兴侦．中国动漫产业发展报告（2015）［M］.北京：社会科学文献出版社，2015：77.

❹ 卢斌，郑玉明，牛兴侦．中国动漫产业发展报告（2013）［M］.北京：社会科学文献出版社，2015：56.

❺ 中国文化报．国产动画电影市场井喷 10 天备案 35 部［EB/OL］.（2016-02-22）［2016-07-15］. http：//www.askci.com/news/chanye/2016/02/22/1526517f01.shtml.

❻ 搜狐视频．贵州首部动漫电影公映 企业期盼人才支撑［EB/OL］.（2013-06-9）［2016-07-15］. http：//my.tv.sohu.com/us/63278007/56930465.shtml.

制作，贵州本土动漫公司最多算是"全程参与"，严格意义上说该部动画电影不能算作"贵州造"动漫产品。另外根据相关媒体报道，贵州将与新西兰联合摄制3D动画电影《魔像传说》。❶除此之外，再难搜寻到西南地区关于动画电影开发的公开信息。可以说在我国动画电影产业迅猛发展的背景下，西南地区在动画电影领域却仍旧处于"沉寂"状态，西南区域在该领域已经远远落后于动画产业先进地区。

2. 新媒体动画

新媒体动画就是以互联网、移动互联网、手机平台、IPTV、移动电视与电子杂志等媒体为传播媒介的数字动画。新媒体动画虽与新媒体关系紧密，却归属于数字动画产业。新媒体动画范围界定极广，目前统计部门尚未进行单独分类统计，进行完整的数据统计与分析难度极大，目前只能利用有限的数据信息对新媒体动画发展现状进行简述。

移动互联网快速发展对新媒体动画产业的发展具有极大的促进作用，我国新媒体动画产值在2013年就达到了71.85亿元。❷手机动画市场2011—2013年的增长率分别达到了33%、40%与32.9%，增长速度远远高于中国动漫产业的整体增长水平。❸新媒体动画中的"热搜作品"很多都可谓数字动画历史中的"开创性"作品，如《十万个冷笑话》就是新媒体动画获得巨大成功，并对整个数字动画产业业态变革起到极大促进作用的典型案例。

西南区域至今尚未制作发行具有影响力以少数民族文化为内容题材的新媒体动画作品，但已经做出了一些有益的尝试。如有的动漫制作机构尝试以云南纳西族东巴文字为题材，制作了在线Flash小动画。❹

---

❶ 贵州日报.贵州新西兰联合摄制3D动画电影《魔像传说》[EB/OL].(2015-12-4)[20160-7-15]. http://www.gywb.cn/content/2015-12/04/content_4264151.htm.

❷ 卢斌，郑玉明，牛兴侦.中国动漫产业发展报告（2015）[M].北京：社会科学文献出版社，2015：115.

❸ 同上。

❹ 搜狐视频.贵州首部动漫电影公映 企业期盼人才支撑[EB/OL].(2013-06-9)[2016-07-15]. http://my.tv.sohu.com/us/63278007/56930465.shtml.

3.4 数字电影

全国有 29 家地方电影制片厂，西南地区仅有三家，即峨眉电影制片厂、广西电影制片厂和云南民族电影制片厂。❶

3.4.1 云南省少数民族数字电影生产状况 ❷

云南民族电影制片厂 2006—2015 年共生产电影 14 部：

2007 年生产 2 部：《缉毒队》《花街节少女》；

2008 年生产 3 部：《遥远的诺邓》《轮椅上的奇迹》《长跑运动员》；

2009 年生产 3 部：《爱的延续》《花恋》《边检站》；

2010 年生产 4 部：《一线缉毒》《红土地画》《翻山》《村官普发兴》；

2012 年生产 1 部：《青春搏击》；

2015 年生产 1 部：《临沧的诱惑》。

在云南民族电影制片厂生产的 14 部电影中，以西南少数民族文化为内容的电影有 4 部，为《花街节少女》《遥远的诺邓》《花恋》和《翻山》。

其中影片《遥远的诺邓》在电影艺术上获得了巨大成功。该剧以云南少数民族村寨为背景，围绕一位乡村女教师的乡村教学生活，讲述了女教师如何面对艰苦的农村山村生活，在教学与生活中与民族小学的孩子们形成深厚的感情，并为传统文化的继承保护、文化资源开发与传播贡献了自己的一份力量的故事。❸

《遥远的诺邓》获华表奖最佳影片奖、金鸡奖最佳新人奖、中国电影表演艺术学会第十二届"学会奖"、大学生电影节评委会大奖、美国洛杉矶圣何塞国际电影节全球大奖等奖项，参赛、参展蒙特利尔国际电影节等多个著名国际电影节，并入选第一届北京民族电影展优秀影片。2006 年《遥远的诺邓》的剧本还荣获国家"夏衍杯"电影剧本优秀奖，并被中宣部确定为国庆六十周年献礼影片之一。❹

---

❶ 作者注：以上资料是根据时光网 http://www.mtime.com/2012 年 5 月 12 日资料整理而来。

❷ 作者注：以下资料是根据时光网 http://movie.mtime.com/company/15936/productioncompanies.html 2016 年 7 月 10 日资料整理而来。

❸ 搜狐娱乐.颜丹晨《遥远的诺邓》杀青 师生之情难舍难分［EB/OL］.（2008-10-17）［2012-8-15］.http://yule.sohu.com/20081017/n260094278.shtml.

❹ 秦蒙琳.大理传统文化为题材电影《遥远的诺邓》美国获奖［EB/OL］.（2010-04-08）［2012-11-16］.http://news.yninfo.com/yn/dzxw/201004/t20100408_1519544.htm.

3.4.2 四川省少数民族数字电影生产状况 ❶

峨眉电影制片厂 2006—2015 年共生产电影 20 部：

2006 年生产 5 部：《初恋备忘录》《功夫猴拳》《抬头是天》《天机》《痴情浪子》；

2007 年生产 4 部：《塔铺》《香巴拉信使》《雄风少年》《河西除霸》；

2009 年生产 3 部：《五月的声音》《鏖兵天府》《爱情狗》；

2010 年生产 2 部：《让子弹飞》《安》；

2011 年生产 5 部：《守望者》《羌笛悠悠》《密室之不可靠岸》《无价之宝》《昭化晓月》；

2012 年生产 1 部：《二次曝光》。

峨眉电影制片厂在 2012 年除生产了一部电影以外，还制作了一部名为《川西剿匪记》的电视剧。

在峨眉电影制片厂生产的 20 部电影中，以西南少数民族文化为内容的电影有两部：《香巴拉信使》和《羌笛悠悠》，这两部电影均入选北京国际电影节民族电影展。

3.4.3 广西壮族自治区少数民族数字电影生产状况

广西电影制片厂 2006—2015 年共生产电影 13 部：

2007 年生产 3 部：《桃花村》《海谣》《歌谣》；

2008 年生产 1 部：《清水的故事》；

2009 年生产 2 部：《寻找刘三姐》《喊过岭的故事》；

2010 年生产 4 部：《壮乡木棉红》《碧罗雪山》《大劫难》《胞波兄弟》；

2011 年生产 2 部：《山歌好比春江水》《夜惊魂》；

2014 年生产 1 部：《201413》。

在广西电影制片厂生产的 13 部电影中，西南少数民族文化题材电影有 4 部，而且都被推荐入选国庆献礼片，有《寻找刘三姐》《壮乡木棉红》《碧罗雪山》和《山歌好比春江水》。其中影片《碧罗雪山》创纪录地获得了国内外很多奖项。

---

❶ 作者注：以上资料是根据时光网 http://movie.mtime.com/company/140/productioncompanies.html2016 年 7 月 10 日资料整理而来。

《碧罗雪山》十分符合艺术片的叙事模式，由于影片跨文化的题旨、冷静呈现的手法，画面优美、人物纯朴，不少人将其定位为"原生态"民族电影。该片获得的荣誉创下了当代民族电影的一个奇迹：在 2010 年获上海电影节金爵奖、评审团大奖、最佳导演奖以及最佳音乐奖与特别嘉奖，2011 年第三届悉尼中国电影节最佳导演奖、最佳女主角奖，2011 年第二十九届伊朗 FAJR 国际电影节最佳导演奖，第十八届北京大学生电影节评委会大奖，第三届韩国首尔国际家庭电影节观众票选最佳电影奖，以及法国多维尔亚洲电影节最高奖等二十几项大奖；参赛、参展第五十九届柏林国际电影节"新世代"单元竞赛影片、第三届中国巴黎电影节闭幕影片、第十二届上海国际电影节参展影片、第十一届台北电影节入围影片、第二十五届洛杉矶亚太平洋地区电影节、第七届俄罗斯符拉迪沃斯托克亚太平洋地区电影节与第九届苏格兰青少年国际电影节、第四届"先锋光芒——青春万岁"影展影片；被全球权威刊物——英国《银幕》国际电影指南专刊评选为"2008 年中国电影 TOP5"之一，入选首届北京民族电影展优秀影片目录。❶

一般情况下，包括民族电影在内预期票房不理想的小投入电影，投资按以下方式收回：按票房分成的四六比例，片方可以先回收约四成成本；靠海外发行、网络视频与 DVD 版权等，再回收一部分。这样可以有效利用视听新媒体，既加强了民族文化的传播又能盈利，又有利于文化再生产。

3.4.4　西南区域少数民族文化数字电影发展状况简析

2006—2015 年，云南省、四川省、广西壮族自治区拍摄电影占西南区域电影生产总量的比例如图 3.17 所示。

2006—2015 年，以西南地区电影制作机构为产业主体，共拍摄电影 47 部；以西南少数民族文化为内容或题材的电影共 10 部，占拍摄电影总量的 23.3%。其中广西壮族自治区拍摄的民族电影主要是 4 部国庆献礼片，包括获奖最多的《碧罗雪山》。单从文化艺术角度审视，这些电影艺术价值很高，但从产业角度评价，这些电影的创意价值显然远未能获得市场观众大范围的接受或认同，"获奖很多，票房很少"这也是当前少数民族文化电影的真实写照。

---

❶ 北京民族电影展. 碧罗雪山（傈僳族）[EB/OL]. （2012-11-17）[2012-12-05]. http：//www.bjminzufilm.com/index.php?option=com_content&module=26&sortid=76&artid=443&menuid=37.

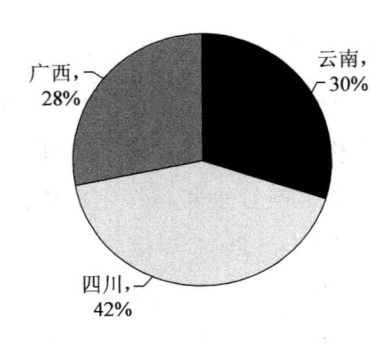

图 3.17　2006—2015 年云、川、桂电影数量占西南区域总量比例

3.5　新　媒　体

新媒体作为全新信息传播媒介，将信息时代的传播方式提高到了一个新层面。传统大众传媒固有的内容生成模式与信息传播方式被迅速崛起的新媒体所颠覆，因此新媒体被形象地称为第五媒体。如今，"新媒体"概念已不再只作为传播学的热点研究对象，而是广泛受到包括学界、产业界在内的各界人士关注。新媒体由于具有广泛性、多样性和交互性等特性，能实现强大的文化承载能力和信息传播能力。在我国文化产业总体由政策推动发展阶段向市场推动发展阶段转化的过程中，新媒体为数字创意产业发展带来了新机遇，也为西南少数民族文化数字创意产业带来了多渠道、低成本参与产业发展竞争的新机会。

3.5.1　新媒体定义

"新媒体"一词出现于 1967 年，美国哥伦比亚广播电视网技术研究所所长——戈尔德马克（P. Goldmark），在他的一份电子录像商品的开发计划书中首次使用了"新媒体"一词。后来这一概念在时任美国传播政策总统特别委员会主席 E. 罗斯托（E. Rostow）在 1969 年向尼克松总统提交的报告中又被多次提及。新媒体一词由此流行起来。进入 21 世纪后，真正符合新媒体实际意义的产业才迅速发展。

人们在关注新媒体发展动态的同时，也在试图给新媒体下一个准确的定义，为新媒体理论的全系统研究和细致、深入探索打下坚实基础。然而，由于新媒体技术的高速发展，概念外延的快速变化，以及新媒体内涵与其他媒体介质不断交叉与更新，导致国内外专家乃至各相关组织对新媒体的定义难以达成统一。概括而言，在国内比较有影响力的观点主要有以下几种。

教科文组织认为"新媒体就是网络媒体"，是"以数字为基础，以网络为载体进行信息传播的媒介"❶；在清华大学熊澄宇教授看来，"所谓新媒体，或称数字媒体、网络媒体，是建立在计算机信息处理技术和互联网基础之上，发挥传播功能的媒介总和"❷；中国人民大学新闻学院匡文波教授则认为"借助计算机（或具有计算机本质特征的数字设备）传播信息的载体"就是新媒体。❸

上述观点各有差异，亦各有偏重，都未能成为学界公认的通行观点。但上述各种定义都认为新媒体具有一个显著特征，便是运用现代信息技术，即新媒体的一个显著外在表现便是"应用新技术"。但技术的新颖性并非"新媒体"蕴含的核心意义，因此上述观点未体现出新媒体在理念上与传统媒体的本质区别与不同。

真正体现出新媒体本质特征的有以下两个观点。

一是美国《连线》杂志关于新媒体的定义："由所有人面向所有人进行的传播（Communications for all, by all）。"❹客观而言，该定义从形式逻辑学的角度来讲是有缺陷的，新媒体从本质上讲仍是一种传播信息的媒介，而非信息传播这一动态过程本身，但是该定义仍得到了包括匡文波教授在内的诸多学者支持。该定义揭示了新媒体与传统媒体的一个本质区别：新媒体打破了传统传媒对于信息传播者与信息接收者的划分，每个人在接收信息的同时都可以向外界传播信息；新媒体具有高度的"交互性"特征，每一个信息传播者都没有对信息的绝对掌控权。例如，我们从微信上获取一份资料，在合法合理的情况下便可以继续转发这份资料，并且对资料加以公开评论；此时我们作为新媒体用户既是信息的接收者，又是信息的传播者，某种程度上还是信息的创造者。

与上一观点相比，美国新媒体研究专家凡·克劳思贝（Vin Crosbie）对新媒体的定义更为全面、严谨，认为新媒体就是："能对大众同时提供个性化内容的媒体，是传播者和接收者融会成对等的交流者，而无数的交流者相互间可以同时

---

❶ 匡文波. 到底什么是新媒体[J]. 新闻与写作，2012（7）：24.
❷ 同上.
❸ 同上.
❹ 匡文波. 新媒体概念辨析[J]. 国际新闻界，2008（6）：68.

进行个性化交流的媒体。"❶此概念虽然仍需提炼，但是已揭示了新媒体区别于传统媒体的两大特点：其一，新媒体的传播模式包括三个层面：一对一传播、一对多传播与多对多传播；其二，新媒体可以实现对信息的"分众化"乃至"个性化"地传播与设置。

综合分析认为，新媒体有以下特征。

1. 具有即时交互性

新媒体这一特性首先打破了传统媒体的时空局限性，依靠传统媒体传播信息总会产生信息接收者接收信息时与信息产生时的"时差"，新媒体能够将这一"时差"大大缩短；而且传统媒体（即便是大众传媒）都只能在一定范围内传播信息，而新媒体在不施加人为限制的情况下，可以在全世界范围对信息进行快速传播、扩散。更重要的是，新媒体这一特性彻底打破了传统媒体对于信息传播者和信息接收者的分离，也打破了信息传播者对信息完全掌控的状态。在传统媒体掌控信息传播时代，信息接收者不能成为信息传播者，只能被动接收传播者给予的信息材料，对信息的内容和传播都无法控制。而在新媒体时代，每个人都是信息的传播者和受众，信息传播者和接收者是可以进行即时交流的平等"用户"。

2. 对于信息传播具有"分众化""个性化"特点

信息技术的发展，尤其是新媒体技术发展，使得信息数量呈几何级数增长，人们需在工作生活中筛除大量无用信息，选择有用信息，于是就有了信息"分众化"与"个性化"传播必要。也恰恰是现代信息技术产业化发展，尤其是新媒体的发展使得信息"分众化"与"个性化"传播成为可能。传统媒体只能进行"一对多"式的信息传播，无法完全满足不同人群尤其是个人层面的个性化信息需求。

3. 信息传播方式立体化

新媒体对于信息传播不是单一媒介工具、单一方式传播，而是多媒体方式传播；新媒体用户接收信息也非单一感官接收，而是视、听等多感官共同接收，所以新媒体时代的信息传播与接收都是多方位立体化的。随着数字技术与信息技术的发展，新媒体对于信息传播必然更加真实，能够使信息接收者有"身临其境"的感受，未来很可能会出现用户同时调动"形、声、闻、味、触"五感接收某一

---

❶ 景东，苏宝华.新媒体定义新论[J].新闻界，2008（3）：58.

信息的情况。信息传播方式立体化,既是新媒体的现时特点,也是未来传播的发展趋势。

4.信息的自生性

新媒体用户既是信息传播者,也是信息接收者,同时还可以是信息创造者。如少数民族文化数字创意产品生产者在作为新媒体用户的同时,还可以利用新媒体传播自己的创意产品。所以新媒体不但可以传播信息,还可以创造信息,使信息在自己的传播体系内部自生。

5.具有相对性、发展性

"新"总是相对的,今天的网络新闻客户端相对于报纸是"新"的,但总有一天,面对新的媒体形态,它总会变成旧的。新媒体也不会一成不变,它会永续发展,在某一时期也许某一媒体形态会成为主流,但新的、更先进的媒体形态早晚会取代它。

综合新媒体以上特征,借鉴上述对新媒体定义的各种观点,本书对新媒体作如下定义:新媒体是相对于报纸、杂志、广播、电视等传统媒体而言,新出现的、不断发展的、具有高度自主性的信息传播媒介形态,任意用户均可借助高度整合的信息网络及数字技术接收、传播、创造个性化与分众化信息,而且所有信息均可在传播体系内部实现立体化即时交互传递。

3.5.2 新媒体的内容

在探讨新媒体概念时,大部分学者进行细分内容列举式的界定,这也是当今学界比较通行的做法。比如有学者以媒介通道"光纤电缆通信网、有线电视网、图文电视、电子计算机通信网、大型电脑数据库通信系统、卫星直播电视系统、互联网、手机短信与多媒体信息的互动平台、多媒体技术广播网"等作为新媒体的产业内容界定❶;中国传媒大学的黄升民教授也一度把"IPTV、地面移动电视、手机电视"视为新媒体的三大部分❷;而中国社会科学院新闻与传播研究所、社会科学文献出版社自2010年以来,连续六年联合发布的《新媒体蓝皮书——中国新媒体发展报告》对新媒体外延并未进行明确界定,只是对新媒体中个别产业进行了列举式盘点,如2015年的新媒体蓝皮书中便对微信、微博、数字报纸、

---

❶ 蒋宏,徐剑.新媒体导论[M].上海:上海交通大学出版社,2006:14.
❷ 虢亚冰,黄升民,王兰柱.中国数字新媒体发展报告[M].北京:中国传媒大学出版社,2006:1.

移动阅读终端等热点新媒体类型单独进行了调查研究。

以新媒体形态进行类型化区分与界定的，以匡文波教授的分类较为全面和典型。匡文波教授（2012）对新媒体外延进行梳理后，类型化界定了新媒体范围，如图 3.18 所示 ❶。

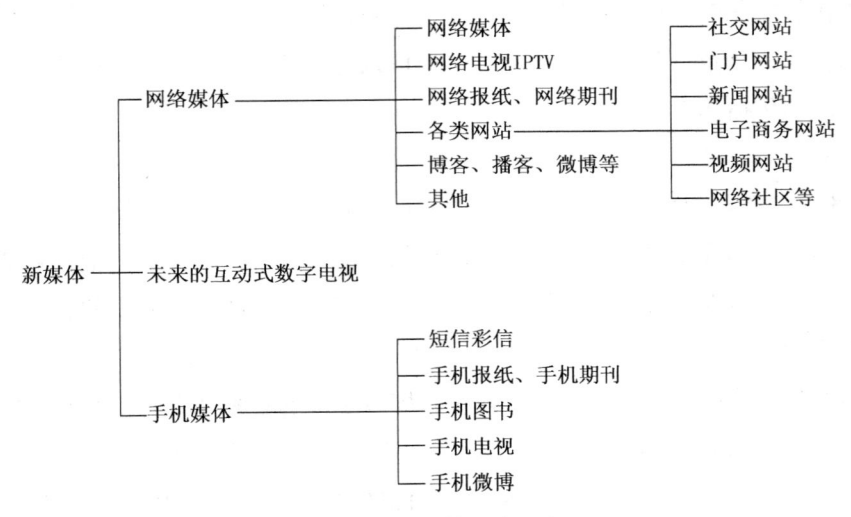

```
                    ┌─ 网络媒体           ┌─ 社交网站
                    ├─ 网络电视IPTV        ├─ 门户网站
         ┌─ 网络媒体 ─┼─ 网络报纸、网络期刊   ├─ 新闻网站
         │          ├─ 各类网站 ──────────┼─ 电子商务网站
         │          ├─ 博客、播客、微博等    ├─ 视频网站
         │          └─ 其他                └─ 网络社区等
新媒体 ───┼─ 未来的互动式数字电视
         │          ┌─ 短信彩信
         │          ├─ 手机报纸、手机期刊
         └─ 手机媒体 ┼─ 手机图书
                    ├─ 手机电视
                    └─ 手机微博
```

图 3.18　新媒体形态界定

当今新媒体技术高度整合，各新媒体形态所运用的核心技术相互贯通、相互交融。这种分类界定方法虽然注意到了新媒体外在的信息技术运用类型和新媒体具体形态，但没有关注到新媒体产生与发展理念中的高度创意内核，忽视了本质特征，也难以揭示新媒体的发展趋势。例如上图中所单独列出的手机媒体中的大部分内容，基本上均可划入网络媒体的范畴，都是依靠网络传播信息的；而网络媒体中的大部分新媒体形式均有手机客户端，也可以被视为手机媒体。

当然，在新媒体高速发展的今天，任何试图穷尽所有具体形态的分类都不现实。因此在区分新媒体类型时，从一开始便应该具有一个清晰认识，即新媒体分类不能贪大求全，不能角度单一；在新媒体本质特征的基础上以多种视角宏观地分析这一新型媒介形态，只要找出在各种视角下新媒体的最主要类型，能反映出新媒体发展的主要动态与趋势，对新媒体进行类型区分的目的便达到了。

---

❶　匡文波. 到底什么是新媒体［J］. 新闻与写作，2012（7）：27.

3.5.3 新媒体发展方向

传播学奠基人之一哈罗德·拉斯韦尔（Harold Lasswell）曾说："任何（社会）过程都可以从功能和结构两个框架去检验。"[1]因此，忽视对新媒体所带来传播模式方面结构性变化的重视而进行的新媒体研究必然是不完整、不全面的，传媒功能的提高仅仅意味着技术的进步，而信息传播模式结构性的变革才是真正揭示与代表了传媒的发展方向。

从传媒传播模式的结构性发展方向来看，新媒体主要有以下两个发展方向。

1. 新媒体向自媒体发展

学界对于自媒体的概念界定还未有定论，我国学者对于自媒体这一概念也有多种定义，但较为严谨也最为人们所广泛接受的，是美国新闻学会媒体中心于2003年7月公开发布的，由肖恩·鲍曼（Shayne Bowman）和克里斯·威尔斯（Chris Wills）撰写的全球首份自媒体报告——《自媒体：大众将如何塑造未来的新闻和信息》中对自媒体的定义："自媒体是大众借助数字化、信息化技术，与全球信息及知识系统连接后，所展现出来的大众如何提供、分享他们自身的信息、新闻的渠道和方式。"[2]随后出现的其他定义多是对此定义的延伸与具体化。此定义揭示了自媒体的本质，就是一种"信息共享的即时交互平台"[3]，博客、微博、微信、百度贴吧、BBS、YY，以及当前较为时兴的探探和越来越普及的个人门户网站等都属于自媒体范畴，其信息传播特点及优势可用图3.19来表示。

在自媒体发展方向上，传统媒体所主导和固化的传播模式将被彻底打破，人人都可通过自媒体获取资讯并进行独立判断，积极参与到信息的再创造与再传播之中，人人都是"自媒体人"。传统媒体尤其是大众媒体所构建的"点对面"的传播结构，逐渐被自媒体"点对点"的"DIY"式信息传播结构所取代。国际电信联盟（ITU）于2014年11月发布的统计结果显示，全球网民已经突破30亿人，平均每分钟有100小时的视频被上传至YouTube界面，而新浪微博在峰值时间段每分钟有73万条信息被推送。自媒体化的生活不仅仅为年轻人所接受，年长者也以形形色色的自媒体软件为窗口逐步适应着自媒体时代，自媒体正逐渐发展

---

[1] 陈宪奎，刘玉书. 2003—2014年中美自媒体研究和比较分析[J]. 新闻与传播研究，2015（3）：94.

[2] 陈宪奎，刘玉书. 2003—2014年中美自媒体研究和比较分析[J]. 新闻与传播研究，2015（3）：80.

[3] 代玉梅. 自媒体的本质：信息共享的即时交互平台[J]. 云南社会科学，2011（6）：172.

成为主流媒体,诸多传统大众传媒也在竭尽全力地进行自媒体化探索。

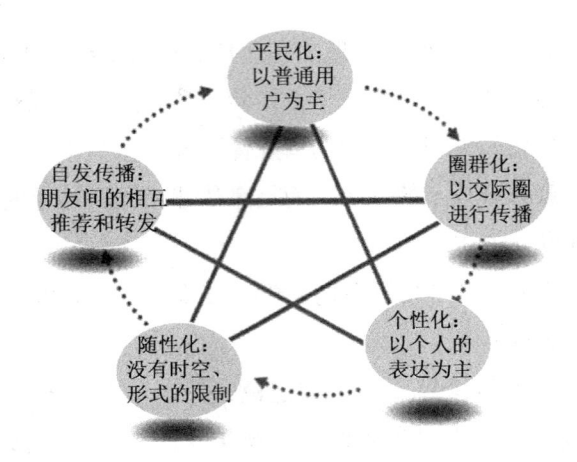

图 3.19　新媒体信息传播特点

2. 新媒体向微传播媒体发展

"所谓微传播,指的是以微博、微信、移动客户端等新介质为工具的信息传播方式"❶,例如微博、陌陌、微信、探探等新媒体形态便是满足"微"传播要求的微传播媒体。"微内容"传播、"微动作"行为、"微介质"利用及"微受众"接收是微传播的核心特征,即"微"的主要表现形式❷,这与传统大众传媒"大体量"的传播模式形成了鲜明对比。用户可以通过微传播媒体,在去中心化的互联网上实现个性、分众、即时、交互与多元的信息传播与交流。

2014年,突发舆情在移动舆论场中半数以上都是通过"两微一端"曝光并发酵的❸;"微传播正成为一种主流传播"❹方式。以微传播"革命性"的媒介代表——微信平台的发展状况为例,到2015年3月为止计算,依据腾讯发布的《2015微信用户数据报告》,微信用户已高达5.5亿人,品牌微信公众账号已超过800万个,微信支付用户也达到4亿左右,微信传播平台已覆盖了90%以上智能手机。❺"微传播"正在创造着新媒体的大时代。

---

❶ 唐绪军,吴信训,黄楚新,刘瑞生.中国新媒体发展报告(2015)[M].北京:社会科学文献出版社,2015:3.

❷ 陈文敏.微传播时代的公民新闻谫议[J].新闻界,2010(6):71.

❸ 唐绪军,吴信训,黄楚新,刘瑞生.中国新媒体发展报告(2015)[M].北京:社会科学文献出版社,2015:3.

❹ 同上。

❺ ZOL新闻中心.腾讯发布2015微信用户数据报告[EB/OL].(2015-06-01)[2016-07-21].http://news.zol.com.cn/523/5237369.html.

新媒体传播的"蝴蝶效应"❶在微传播媒体应用过程中体现得淋漓尽致。在微传播时代，一部十几分钟的微电影，一段几十秒的微视频，甚至一条几十个字符的微博，都可能在微传播体系中迅速发酵并爆炸式传播，掀起一股时尚或文化潮流，如一些网络流行语便是通过微博、微信等微传播媒体广泛传播并迅速流行起来的。

从微传播角度来看，在区域经济发展水平与产业发展水平不高的状况下，以微型化的少数民族文化数字创意产品作为产业发展的突破口之一，可以为西南少数民族文化数字创意产业的发展带来新的机遇。

3.5.4 我国新媒体发展现状

2013年以来中国迎来新媒体时代。国家开始从战略高度对新媒体产业进行顶层设计，并推动着新媒体不断向各行业扩展渗透。能否认识新媒体发展的最新动态与发展趋势，对新媒体进行合理利用，对于包括西南少数民族文化数字创意产业在内的各行业发展都有重要意义。

从我国新媒体的发展历程来看，2013年可以作为一个分水岭。中国自1994年接入国际互联网，中国媒体在大约20年的时间里分别实现了"网络化"和"社交化"❷，但到2013年开始中国才真正步入新媒体时代。这一年是"世界大数据元年"❸，"天大的事"是白宫科技政策办公室主任霍尔德伦博士在当时对于这一事件的描述；这一年也是4G技术正式投入商用之年，国家工业和信息化部向三大电信运营商颁发4G牌照。持续的政策支持，广阔市场前景，再加上根本性的技术突破，使得中国创造了新媒体革命性的时代。2014年以来，中国新媒体产业日益增强的国际影响力更加凸显，连被巴伦周刊❹奉为"互联网女皇"的玛丽·米克尔也为中国市场的"总量+创新"所折服。"互联网+"行动计划的提出，新媒体技术与传统产业的融合，电子商务、移动互联网等新媒体产业的健康发展，使得新媒体产业在2015年更加炙手可热，新媒体业态也空前活跃。当前

---

❶ 匡文波.论新媒体传播中的蝴蝶效应及其对策[J].国际新闻界，2009（8）：72.
❷ 唐绪军，吴信训，黄楚新，刘瑞生.中国新媒体发展报告（2014）[M].北京：社会科学文献出版社，2014：22.
❸ 凤凰资讯.2013年：世界"大数据元年"[EB/OL].（2013-12-26）[2015-11-13].http://news.ifeng.com/gundong/detail_2013_12/26/32482247_0.shtml.
❹ 作者注：《巴伦周刊》是由Barron's创刊于1921年，现在隶属于莫多克新闻集团，发行量超过30万份。作为专业财经周刊，《巴伦周刊》以帮助美国专业及机构投资者把握金融市场发展方向为宗旨，以准确的判断和透彻的分析为特色。

我国新媒体发展状况如下。

1. 国家从新媒体发展顶层设计开始推动产业发展

《信息化和工业化深度融合专项行动计划（2013—2018年）》在2013年8月由国家工业和信息化部发布❶，《关于组织开展2014—2016年国家物联网重大应用示范工程区域试点工作的通知》也于2013年10月31日由国家发改委发布❷；2014年8月，《关于推动传统媒体和新兴媒体融合发展的指导意见》由中央全面改革深化小组审议通过❸；2015年，李克强总理在政府工作报告中提出制订"互联网+"行动计划。国家发布一系列关于新媒体发展的国家战略，从新媒体发展顶层设计开始，推动我国向新媒体大国转变。

2. "互联网+"和"创新2.0"推动新媒体向新业态演进

2014年11月，在第一届世界互联网大会上，李克强总理指出"互联网是大众创业、万众创新的新工具"❹；2015年3月，李克强总理在十二届全国人大三次会议的政府工作报告中首次提出"互联网+"行动计划。"互联网+"既是工业化与信息化相结合的进一步升级，也是传播内容与创新的升级；在"创新2.0"以人为本理念的指导下新媒体更加注重用户体验，新媒体与传统产业更加充分融合，新媒体对传统媒体的渗透更深入，多元、多向、及时与动态的友好型新媒体将飞速发展，同时产业化运作过程中用户操作的舒适性与便捷性也将大大提高。

3. 新媒体出现了熟媒体、强媒体与新兴媒体分化

新媒体的分化开始出现，在社交媒体领域表现得尤为明显。熟媒体即为已发展成熟的媒体，最大的特点是发展到了稳定时期，微博即属于此类媒体。"微博用户整体数量在基本稳定中出现下降"，"在微博活跃度上，整体呈现下降态势"❺。发展到熟媒体阶段的媒体如果不进行自我革新就必然走向衰弱；强媒体即为发展到强盛阶段的媒体，最大的特点就是信息传播力及自身发展势头的"强

---

❶ 信息化和工业化深度融合专项行动计划（2013—2018年）[EB/OL].[2015-11-13] http://www.miit.gov.cn/n11293472/n11293832/n11293907/n11368223/15611783.html.

❷ 关于组织开展2014—2016年国家物联网重大应用示范工程区域试点工作的通知[EB/OL].[2015-11-13] http://bgt.ndrc.gov.cn/zcfb/201311/t20131107_565933.html.

❸ 《关于推动传统媒体和新兴媒体融合发展的指导意见》审议通过引业界关注[EB/OL].[2015-11-13] http://www.gapp.gov.cn/news/1656/223719.shtml.

❹ 新华网.李克强同世界互联网大会中外代表座谈时强调促进互联网共享共治 推动大众创业万众创新[EB/OL].(2014-11-20)[2016-07-21].http://news.xinhuanet.com/politics/2014-11/20/c_1113340416.htm.

❺ 唐绪军,吴信训,黄楚新,刘瑞生.中国新媒体发展报告(2015)[M].北京：社会科学文献出版社,2015：269-270.

势"，微信即属于此类媒体。微信当前"在国内一枝独秀，国外用户逐渐积累"，"微信公众号异军突起，综合性应用平台初现端倪"❶，新兴媒体作为新媒体产业中的"新事物"，具有强大的生命力，具有成为"强媒体"的潜质。由于新媒体产业高速发展，所以各类新媒体是在熟媒体、强媒体与新兴媒体状态中不断转换的，每一类新媒体都会经历新兴阶段、强盛阶段到成熟阶段，如果不积极进行自我更新与发展，就将面临衰退阶段。

4. 新媒体"五化合一"趋势明显

"五化"是指自媒体化、微传播化、移动互联网化、智能化与物联网化，代表了新媒体在不同角度下呈现出的五种主要形态，也代表新媒体发展的五大主要趋势，这在上文对新媒体进行类型化区分时已详细说明。现阶段，新媒体发展五大趋势并没有相互分离，而是高度融合，如一部作为新媒体终端的苹果智能手机，上面可载有微信、微博等自媒体化、微传播化新媒体软件，本身又是智能化与移动化新媒体终端，通过与iWatch等设备相连接，苹果智能手机用户甚至可以体验物联网的初步功能，这些就充分彰显了新媒体"五化合一"的发展趋势。

5. 快速融合的全媒体形态创造新的传播格局

2013年国家广电总局下发1号文件《广电总局关于促进主流媒体发展网络广播电视台的意见》❷，2014年为媒体融合发展指明方向的《关于推动传统媒体和新兴媒体融合发展的指导意见》，由中央全面深化改革领导小组审议通过，我国媒体融合战略开始实施，各种媒体快速进入相互融合转型进程。"以新媒体为本位"，坚持"定制化、可视化、数据化、移动化"的媒体发展方向，"两微一端、视频、户外屏"等多态化传播的新信息传播格局已然形成。首先，是各种新媒体之间相互嵌套融合，如微信与京东电商合作就是电子商务平台与社交软件平台相融合的典范，2014年5月27日上线的京东微信购物可满足用户全方位的购物需求。其次，是全媒体形态下的新媒体与社会进一步融合，既促进了社会新媒体化，更促进了新媒体社会化。

6. 新媒体法制发展更加完善

2014年8月《即时通信工具公众信息服务发展管理暂行规定》(微信十条)

---

❶ 唐绪军,吴信训,黄楚新,刘瑞生.中国新媒体发展报告(2015)[M].北京：社会科学文献出版社，2015：42-44.
❷ 唐绪军,吴信训,黄楚新,刘瑞生.中国新媒体发展报告(2014)[M].北京：社会科学文献出版社，2014：11.

公布并施行❶，2015年2月《互联网用户账号名称管理规定》（一般称为十条）发布❷，2015年4月《互联网新闻信息服务单位约谈工作规定》（约谈十条）出台❸。这一系列规定、政策的出台、实施使得新媒体发展的法制法规体系逐步完善，新媒体立法更加精细化。

从整体来看，我国新媒体发展状况良好，许多产业实践问题随着产业不断发展而得到解决，新媒体产业正朝着日益加快创新的方向发展。

3.5.5 西南区域新媒体发展状况

因西南区域新媒体的统计数据目前还没相应的部门或单位发布，有关西南区域新媒体产业的系统化、权威性研究成果也非常稀少，几乎没有直接的数据资料可以使用，因此，西南区域新媒体的发展状况只能采取参照通过相关侧面数据统计的方式进行初步描述。西南区域新媒体发展状况可从以下几个方面进行认识。

1. 新媒体发展的互联网基础相对薄弱

2013年，云南省网民数共1528万人，互联网普及率为32.8%，增速为15.7%；贵州省网民数共1146万人，互联网普及率为32.9%，增速为15.6%；四川省网民数共2835万人，互联网普及率为35.1%，增速为10.7%；重庆直辖市网民数共1293万人，互联网普及率为43.9%，增速为8.2%；广西壮族自治区网民数共1774万人，互联网普及率为37.9%，增速为11.9%。❹2013年西南区域互联网普及率为35.9%。

2014年，云南省网民数增至1643万人，互联网普及率达35.1%，增速为7.5%；贵州省网民数增至1222万人，互联网普及率达34.9%，增速为6.7%；四川省网民数增至3022万人，互联网普及率达37.3%，增速为6.6%；重庆直辖市网民数增至1357万人，互联网普及率达45.7%，增速为4.9%；广西壮族自治区

---

❶ 《即时通信工具公众信息服务发展管理暂行规定》全文［EB/OL］.（201-08-08）［2015-11-13］. http：//news.xinhuanet.com/zgjx/2014-08/08/c_133540919.htm.
❷ 《互联网用户账号名称管理规定》［EB/OL］.（2015-02-04）［2015-11-13］.http：//www.cac.gov.cn/2015-02/04/c_1114246561.htm.
❸ 《互联网新闻信息服务单位约谈工作规定》［EB/OL］.（2015-04-28）［2015-11-13］.http：//news.xinhuanet.com/politics/2015-04/28/c_127742441.htm.
❹ 2013年我国互联网普及率分省市统计［EB/OL］.（2014-03-23）［2015-11-13］.http：//www.chyxx.com/industry/201403/233129.html.

网民数增至1848万人，互联网普及率达39.2%，增速为4.2%。❶2014年西南区域互联网普及率为38.1%。

从全国范围来看，西南区域各省份网民数总体增长速度较快，但至2014年增速急剧收窄。2014年西南区域38.1%的互联网普及率明显低于47.9%的全国平均水平❷，与北京、上海、广东等发达省（区、市）相比更是相去甚远。总体来看，西南区域新媒体发展的互联网基础仍然相对薄弱。

2. 对新媒体发展关键技术硬件领域投入力度较大

大数据、云计算是支撑新媒体产业发展的关键技术领域。西南区域各省（区、市）都制订了大数据、云计算方面的发展计划，并建立了自己的"云计算中心"。云南省在昆明高新区建立该省首个云计算中心❸；在大数据技术研发方面，贵州省成为"大数据产业发展模式探索基地"，2013年中国电信、中国移动与中国联通共投资140亿元在贵安新区建设云计算中心❹，如今中国电信云计算贵州信息园已经成为电信云计算的"南核"❺；中国电信方面则表示"四川将成为中国电信天翼云计算战略的重要基地，将建设成为西部最大的云计算中心"❻；重庆市自2011年起便开始建设两江国际云计算中心；中国电信早在2011年即在广西壮族自治区成立国际信息交换云计算中心，2015年广西壮族自治区电子政务外网云计算中心项目也正式开工❼。大数据、云计算方面的大力建设，使得西南区域在新媒体发展方面将会拥有良好的基础硬件优势。

3. 西南区域传媒业向新媒体转型并尝试区域整合

在新媒体高速发展形势下，全国传媒产业进入向新媒体转型阶段。西南区域传媒业也逐渐认识到新媒体产业发展的广阔前景和区域媒体"抱团发展"的重要

---

❶ 2015年我国内地各省网民规模及互联网普及率数据［EB/OL］.［2015-11-13］.http：//www.chinabgao.com/stat/stats/40545.html.

❷ 我国网民规模达6.49亿 增速明显放缓［EB/OL］.（2015-02-03）［2015-11-13］.http：//tech.qq.com/a/20150203/047713.htm.

❸ 云南首个云计算中心落户昆明高新区［EB/OL］.（2014-06-04）［2015-11-16］.http：//xw.kunming.cn/a/2014-06/04/content_3579589.htm.

❹ 电信、移动、联通140亿投建云计算中心 贵州迎来"大数据时代"［EB/OL］.（2013-12-27）［2015-11-16］.http：//jjxxsb.gog.com.cn/system/2013/12/27/013031483.shtml.

❺ 解读贵州数据中心大本营：电信云计算的"南核"［EB/OL］.（2015-08-16）［2015-11-16］.http：//fiber.ofweek.com/2015-08/ART-210007-8120-28990268_2.html.

❻ 四川将建中国西部最大云计算中心［EB/OL］.［2015-11-16］.http：//www.aliyun.com/zixun/content/1_1_826489.html.

❼ 广西电子政务外网云计算中心项目正式开工［EB/OL］.［2016-01-16］.http：//www.sic.gov.cn/News/306/4188.htm.

性。为加快转型和提高区域媒体融合度，西南媒体联盟、西南传媒网于 2014 年 12 月 10 正式成立，"西南媒体联盟暨西南传媒网正是为适应新媒体时代变迁发展，由云、贵、川、渝多家媒体人员自发组织成立的媒体综合服务机构。西南媒体联盟将在跨媒体、跨行业进行资源整合，为传统媒体与新媒体融合发展发挥重要作用"❶。

4. 西南地区缺少适合新媒体传播的少数民族文化数字创意产品

在网络剧、网络游戏与新媒体动画等适合运用新媒体进行传播推广的领域中，西南五省（区、市）几乎没有推出有影响力的产品；在细分领域，整个西南区域探索性的产品也较为罕见。这种局面说明西南区域的新媒体产业，在对民族文化题材的开发、民族文化的创意以及对新媒体潜在容量的重视程度，都远未提升到产业发展战略与产业实践有效对策的层面。但课题研究认为，新媒体"平民化、个性化、低门槛、易操作、交互强、传播快"的特性，在少数民族文化创意研发中，微型化的民族文化创意产品，将能成为有效推动西南少数民族文化数字创意产业发展的重要突破口之一。

综上，经过政策推动阶段的快速发展，我国数字创意产业有关制度要素和生产要素的关键性问题：如产业扶持政策、文化体制改革、资源配置、市场引导、人才培养、市场建设、产业技术基础以及产业硬件基础建设等问题，已经在全国范围内得到整体性解决，并形成了数字创意产业在产业、行业、业态与业种等方面高速发展的局面，形成了巨大的文化产能，我国的电视动画和游戏动画的产量已经超过日本成为世界第一❷。

由于经济基础和产业要素禀赋的不同，经过政府主导的产业推动发展阶段后，已经在不同区域之间或区域内省（区、市）间形成了以产业增长极为主导的产业格局。比较而言，西南区域数字创意产业整体发展水平较低，区域内产业发展差异较大；四川和重庆成为细分产业内容的增长极，而云南、贵州和广西产业发展水平较低。西南少数民族文化数字创意产业仍然处于自然发展阶段，少数民族文化创意较少、创意脚本匮乏、整合生产能力不高；政策推动在少数民族文化内容资源开发和创意不充分的状况下，没有充分发挥对产业发展的推动作用，仅仅起到文化事业性的示范作用。

---

❶ 西南媒体联盟正式成立［EB/OL］.［2015-11-16］.http://cyxw.cn/Ty/ZXXX/75369.html.
❷ 卢斌，郑玉明，牛兴侦.动漫蓝皮书：中国动漫产业发展报告（2012）［M］.北京：社会科学文献出版社，2012：2.

第4章 西南少数民族文化数字创意产业发展规划及问题

在产业发展的不同阶段存在不同的问题。由于市场环境下产业内生的自我适应性，产业在发展过程中能自行解决部分问题，但也会遗留一些未能解决的问题，由于未能解决的问题而产生一些不可消除的继发性问题，同时还将因为产业环境变化而产生新的问题。产业发展存在问题所表现出的现象，往往是多个不同层次、不同成因和不同因果问题的嵌套表现与累积循环的结果，因此分清问题的层次、成因和因果关系，对问题的解决将起着十分重要的作用。

我国数字创意产业的发展，是在加入WTO后经济文化全球化进程冲击下触发产生的。国外的文化产品特别是每年引进的美国大片、日本动漫、韩国游戏和电视剧，占据了中国文化市场很大份额，同时也给我国带来了外来文化元素，尤其是对价值观形成一定的冲击。国家在文化发展上的文化安全战略诉求，仅依靠文化事业系统内创造的文化产品，已远远不能满足。因此我国采取与韩国文化产业相类似的发展模式，即通过国家主导来推动文化产业尤其是重点发展数字创意产业。在"十一五"和"十二五"期间（2006—2015年），我国数字创意产业属于在政府主导下的产业推动阶段，在此阶段文化产业发展政策的取向和重心，主要体现在经济发展方式和文化发展方式转变上。

除个别地区以外，近10年中国数字创意产业的发展过程，基本是政策性产业发展的过程；地方政府的文化产业政策，大致反映与体现了地方政府对产业发展的认识，内容包括产业发展战略、竞争战略、发展路径选择以及对策措施等。数字创意产业发展中存在的问题，大都与地方政府产业政策有关。因此，观察与比较西南各省（区、市）"十一五""十二五"期间，以及"十三五"期间数字创意产业规划，并比照西南各省（区、市）在"十一五"及"十二五"期间文化产业发展基本状况，能够发现在规划指导下文化产业发展特征，以及存在的关键性问题，尤其是可以找出"十二五"规划中没有重视与尚未解决的核心问题，而不是仅仅重复研究"十二五"规划已经发现与解决了的问题，从而使研究方向与内容对产业发展具有一定实际指导意义。

4.1　西南分省"十一五"期间数字创意产业发展规划简介

1. 云南省

在云南省制定的《云南省国民经济和社会发展第十一个五年规划纲要》和《云南省文化发展"十一五"规划》中，未专门涉及数字创意产业内容，只提及有关数字广播电视部分的内容，如加快广播电视数字化试点推广普及、实施数字电视整体转换等❶。

2. 贵州省

2006年贵州省《关于推进文化体制改革和加快文化发展的若干意见》中，有关数字创意产业的相关内容可归纳为：

（1）采用先进技术改造传统文化与"传统文化生产和传播、营销模式，延伸产业链"。

（2）重点发展数字创意产业，"大力发展数字广播、数字电视、数字出版、动漫和网络游戏、创意设计等新兴产业"。

（3）推进传统媒体与"互联网、移动通信互动融合"。

（4）提高文化科技竞争力。❷

3. 四川省

四川省没有制定"十一五"期间文化产业发展的专项规划，只是在《四川省国民经济和社会发展第十一个五年规划纲要》中，提出"建设西部文化强省"的要求，规划中并未专门涉及数字创意产业相关产业内容。成都市在《成都市新

---

❶　云南省人民政府.云南省人民政府关于印发云南省国民经济和社会发展第十一个五年规划纲要的通知[EB/OL].（2008-05-14）[2012-03-15].http://xxgk.yn.gov.cn/bgt_Model1/newsview.aspx?id=130772.

❷　金黔在线.中共贵州省委 贵州省人民政府关于推进文化体制改革和加快文化发展的若干意见[EB/OL].（2006-08-28）[2012-03-05].http://gzrb.gog.com.cn/system/2006/08/28/001016129.shtml.

闻出版（版权）产业"十一五"规划》中有关产业布局中的新兴产业分项提及："依托在高新区建立的全国首家'网络游戏动漫产业发展基地'，促进数字娱乐产业的快速发展；在中心城区或近郊区积极发展与新闻出版、版权相关的创意产业。"❶

4. 重庆直辖市

重庆直辖市在《重庆市国民经济和社会发展第十一个五年规划纲》中提出：

（1）加强对互联网服务进行深度开发与推广，积极培育"网络服务企业"。

（2）加强与推广数字电视节目"提升数字电视服务质量"。

（3）加快影视动漫基地建设，推动"动漫游戏、文化经纪等文化产业全面发展"。

（4）推进数字电视转换，"分区、分片推进有线数字电视整体转换，完成主城区有线电视用户向数字化转换"❷。

在重庆市制定的文化产业专项规划《重庆市文化发展"十一五"规划纲要》中，提出如下意见：

（1）加快电视数字化建设。

（2）推进"数字技术推动信息产业发展"。

（3）"制定全市动漫及数字娱乐业发展规划和扶持政策"❸。

（4）整合出版集团、高校、网络公司与软件公司资源要素，开发"动漫游戏等产业，着力打造西部领先的动漫及数字娱乐产业基地"❹。

5. 广西壮族自治区

在《广西壮族自治区国民经济和社会发展第十一个五年规划纲要》中，针对数字创意产业提出："积极发展以数字化生产、网络化传播为主要特征的数字文化产业。"❺

《广西壮族自治区"十一五"时期文化发展规划纲要》也提出：

---

❶ 成都市政府. 成都市新闻出版（版权）产业"十一五"规划［EB/OL］.（2006-05-18）［2012-03-05］. http：//www.cpll.cn/law6872.shtml.
❷ 重庆市发展和改革委员会. 关于印发重庆市文化发展"十一五"规划纲要的通知［EB/OL］.（2005-12-29）［2012-03-21］. http：// testcnci.cnci.gov.cn/2007/1/5/law-0102010000-92.shtml.
❸ 同上.
❹ 同上.
❺ 广西壮族自治区国民经济和社会发展第十一个五年规划纲要［EB/OL］.（2006-01-19）［2012-03-22］. http：//www.gxnews.com.cn/staticpages/20060119/newgx43cecd45-540665.shtml.

（1）发展与扩大影视、动画片生产，"满足多种媒体、终端发展对影视数字内容的需求"❶。

（2）"加快发展民族动漫产业，提高国产动漫产品的数量与质量"❷。

4.2 西南分省"十二五"期间数字创意产业发展规划简介

1. 云南省

在《云南省国民经济和社会发展第十二个五年规划纲要》中，依然偏重于发展传统文化行业，在发展数字创意产业方面仍然没有更多内容涉及，只是在数字内容产业方面提出对文化原态进行数字转化的意见，要求通过现代科学技术创新传统文化行业，产生新文化业态；发展以网络信息化传播、数字化生产为代表的文化数字内容产业；鼓励与扶持采用数字化形式开发与转化音乐、美术、文物、舞台剧目以及非物质文化遗产和文献资源等文化资源。

2. 贵州省

在《贵州省"十二五"文化事业和文化产业发展专项规划》（以下简称《专项规划》）中，确定了大力发展新兴文化产业，"建立新兴文化创新机制、资本融合机制等，以科技应用为支撑，加快建设……重大新兴文化产业基地群，推动国家、地方与民间多方参与，统一融合文化资本、产业资本和金融资本，积极培育扶持新媒体与动漫网游业、文化艺术创意设计业等新兴文化产业"❸。在数字创意产业方面强调重点发展创意设计和动画游戏，在《专项规划》中第四章第四节"大力发展新兴文化产业"中进行了专门规定。

（1）发展文化艺术创意设计业。

《专项规划》第十五条规定："通过建设文化创意设计产业集聚区整合资源、集聚人才创作开发民族文化内容产品满足市场需求、加快创意设计业发展。"❹

---

❶ 广西壮族自治区"十一五"时期文化发展规划纲要［EB/OL］.（2007-06-21）［2015-10-26］. http：//www.gxnews.com.cn/staticpages/20070621/newgx4679a3af-1124768.shtml.
❷ 同上。
❸ 贵州省"十二五"文化事业和文化产业发展专项规划［EB/OL］.（2014-01-14）［2014-06-12］. http：//www.jzwcxh.com/zcfg/gzs/2014-01-14/378.html.
❹ 贵州省"十二五"文化事业和文化产业发展专项规划［EB/OL］.（2014-01-14）［2014-06-12］. http：//www.jzwcxh.com/zcfg/gzs/2014-01-14/378.html.

（2）发展网络、新媒体与动漫网游业。

《专项规划》第十六条规定："利用数字、网络等高新技术加强新兴媒体建设，借助'三网融合'的有利条件创新产业形态，发展移动多媒体……手机游戏、移动电视等新兴媒体，以及网络游戏……等快速发展。组建省网络传媒集团公司，提升对外传播力和影响力。"❶ 同时"积极发展动漫游戏等新媒体业态，加大对网络游戏开发，重点扶持部分质量高、运行好的动漫游戏企业，以形成集团化发展态势"❷。

（3）积极承接国内外动漫外包代工业务并完善版权保护。

《专项规划》第十六条规定："积极承接国内外动漫外包代工业务……构筑版权保护和交易平台；积极参加国际知名动漫节……打造动漫交流、推介交易平台。"❸

3. 四川省

在《四川省国民经济和社会发展第十二个五年规划纲要（2011—2015年）》中提出发展文化产业重点项目："国家动漫游戏产业（四川）振兴基地、成都东部新城文化创意产业综合功能区，西部文化产业园、数字影视制作基地；加快发展文化创意、数字出版、网络视听、动漫游戏等新兴文化业态。"❹

此外四川省还制定了文化专项规划《四川省"十二五"文化改革发展规划》。规划中有关数字创意产业的内容十分详尽，主要内容有以下几点。

（1）以国家级基地为载体推进文化产业的集聚发展，打造成都成为国家数字创意产业示范城市，成为四川省文化产业核心发展区。

（2）大力发展动漫游戏产业。

在《四川省"十二五"文化改革发展规划》第五部分"加快发展文化产业"的"（二）加大发展文化主导产业"中确定："依托国家动漫游戏产业（四川）振兴基地，建设以成都为中心、覆盖全省、辐射全国，集创意、研发、生产、营销

---

❶ 贵州省"十二五"文化事业和文化产业发展专项规划［EB/OL］.（2014-01-14）［2014-06-12］. http://www.jzwcxh.com/zcfg/gzs/2014-01-14/378.html.
❷ 同上。
❸ 同上。
❹ 四川省人民政府. 四川省国民经济和社会发展第十二个五年规划纲要（2011—2015年）［N］. 四川日报，2011-06-11.

为一体的动漫游戏产业研发运营体系。"❶

4. 重庆直辖市

在《重庆市国民经济和社会发展第十二个五年规划纲要》中，规划数字创意产业重点建设项目集中在园区（基地、中心）中，包括：国家数字出版基地、重庆新闻传媒产业中心及创意产业园、视美动画产业园区、黄桷坪动漫基地、重庆天健创意产业基地等❷。

在《重庆市文化产业"十二五"发展规划纲要》第四章确定的"优先发展重点行业"中，包含数字创意产业大部分内容。

（1）加强传统内容与数字技术融合。

《重庆市文化产业"十二五"发展规划纲要》第四章第九节规定："利用信息通信技术、互联网技术、多媒体技术等数字技术，与电影、电视、报纸、艺术、游戏等传统内容产品结合，全力打造包括数字游戏、数字电影、数字电视、数字艺术、网络服务、内容软件、数字出版与典藏等数字内容产品。"❸

（2）打造数字文化内容产业集群。

《重庆市文化产业"十二五"发展规划纲要》第四章"优先发展重点行业"规定："合理规划、布局数字文化内容产业，不断完善产业链，构建数字文化内容产业集群……着力将两江新区打造成为西部最具竞争力的数字文化内容产业集群。"❹

（3）重点发展数字创意产业基地。

《重庆市文化产业"十二五"发展规划纲要》确定重点发展以下基地：重庆国家数字出版基地、重庆天健创意产业基地、北碚动漫网游创意园、重庆华岩动漫产业园、西部新媒体数字集成中心及重庆电子商务城、大渝网门户服务平台等❺。

5. 广西壮族自治区

《广西壮族自治区国民经济和社会发展第十二个五年规划纲要》和《广西壮

---

❶ 四川省人民政府办公厅关于印发四川省"十二五"文化改革发展规划的通知［EB/OL］．（2012-08-22）［2013-10-18］.http: //govinfo.nlc.gov.cn/scsfz/sczb/478327a/201208/t20120822_2426876.shtml?classid=439.

❷ 重庆市文化产业"十二五"发展规划纲要——文化政策图书馆［EB/OL］．（2013-05-29）［2013-06-08］. http: //www.cpll.cn/law8739.shtml.

❸ 同上。

❹ 同上。

❺ 重庆市广播文化局．重庆市文化产业"十二五"发展规划纲要［EB/OL］．（2012-02-16）［2012-10-21］. http: //www.cqcrtv.gov.cn/Html/1/zcfg/gfxwj/2012-02-16/8636.html.

族自治区文化发展"十二五"规划》，在数字创意产业方面除了提出"打造桂林动漫基地"外，其他与"十一五"期间数字创意产业的相关规划内容基本相同。

4.3 西南分省"十三五"期间数字创意产业发展规划简介

1. 云南省

在《云南省国民经济和社会发展第十三个五年规划纲要》（以下简称《规划纲要》）中，有关发展数字创意产业的内容主要包括以下几个方面。❶

（1）提出"推动传统媒体和新兴媒体融合发展，加快媒体数字化建设，打造一批具有强大传播力、公信力、影响力的现代新型传播媒体"，这有利于促进新媒体在云南省的快速发展，能够加快创意产品的传播。

（2）《规划纲要》明确提出"推进公共文化服务数字化"，加强相关数字技术在公共文化领域的运用，是对数字技术与文化内容最佳结合方式的探索，相关经验也可直接运用于当地文化数字创意产业中。

（3）在《规划纲要》"繁荣文化产品创作生产"一章中，关于"引领网络文化健康发展"部分的内容规定，对于繁荣数字创意产品创作、生产有着直接推动作用。该节内容相关措施鼓励一系列文化新媒体的创立和发展，促进创意者运用网络空间创作，加快以网络动漫、网络影视剧、微电影、网络文学与网络音乐等为典型代表的新兴文化业态有序、健康发展。

（4）在《规划纲要》"激发文化创造活力"一章中提出四项措施，包括"加快文化企业现代企业制度建设""深化公益性文化事业单位改革""推动文化行政管理体制改革"，以及"建立健全现代文化市场体系"，重点在于推进包括数字创意产业在内的整个文化产业"去行政化"进程，有利于推动数字创意产业真正进入市场化发展阶段。

（5）《规划纲要》高度重视电子信息和新一代信息技术产业的发展，并明确提出"建设高速共享"的互联网，有利于在"互联网+"和大数据时代背景下为

---

❶ 云南省人民政府办公厅. 云南省人民政府关于印发云南省国民经济和社会发展第十三个五年规划纲要的通知［EB/OL］.（2016-05-05）［2016-07-10］.http: //www.yn.gov.cn/yn_zwlanmu/qy/wj/yzf/201605/t20160505_25013.html.

数字创意产业的发展提供科技保障。

根据媒体报道，关于文化产业的专门性规划文件《云南省"十三五"时期文化产业发展规划》已经下发❶，这一规划力求将文化创意产业培育成云南省支柱产业，而且明确提出"发挥云南优势，突出云南特色"。在下发文件的云南"全省推进文化创意产业跨越式发展工作会议"上，确立了云南发展文化创意产业一大目标："确保2020年文化创意产业增加值突破1000亿元，占全省生产总值比重达到5%"；这次会议也提出了云南发展文化创意产业的相关措施，其中"突出云南民族文化特色""积极推进文化产业创意产业园区建设"，并建立"特色文化产业项目库"，对于促进云南少数民族文化数字创意产业发展尤为重要。❷

2. 贵州省❸

在《贵州省国民经济与社会发展第十三个五年规划纲要》中涉及数字创意产业的内容有两个方面。❹

（1）在《规划纲要》"提升发展文化产业"的措施中，明确提出"围绕把文化产业培育成为贵州省国民经济支柱性产业的目标，以多彩贵州民族特色文化为内涵"❺，"培育扶持数字出版印刷、绿色印刷、互联网新媒体、三网融合、动漫游戏等新兴文化产业"，并搭建文化产业创意创新发展平台。

（2）《规划纲要》用整个一篇内容确立贵州"实施大数据战略行动，拓展信息经济新空间"的规划，这有利于在大数据和"互联网+"的时代背景下，为解决民族文化数字创意产业发展过程中遭遇的困难提供新技术途径。

3. 四川省❻

在《四川省国民经济和社会发展第十三个五年规划纲要》中，有关文化数字创意产业的内容有以下几个方面。❼

---

❶ 作者注：据新闻报道该文件已经出台，但直到2016年7月，通过各种公开渠道（包括云南省政府的门户网站）尚未找到这一文件的完整内容。

❷ 云南日报.把文化创意产业培育成支柱产业——全省推进文化创意产业跨越式发展工作会议侧记［EB/OL］.（2016-01-21）［2016-07-10］.http://yndaily.yunnan.cn/html/2016-01/21/content_1034871.htm?div=-1.

❸ 作者注：直到2016年7月尚未查询到贵州省有关"十三五"时期文化产业发展的专门性规划。

❹ 贵州日报.贵州省国民经济和社会发展第十三个五年规划纲要［EB/OL］.（2016-02-17）［2016-07-10］.http://www.gzgov.gov.cn/xwzx/gzxw/201602/t20160217_374350.html.

❺ 同上。

❻ 作者注：直到2016年7月尚未查询到四川省关于"十三五"时期文化产业发展的专门性规划。

❼ 四川省人民政府.四川省国民经济和社会发展第十三个五年规划纲要［EB/OL］.（2016-02-15）［2016-07-10］.http://www.sc.gov.cn/10462/10464/10797/2016/2/15/10368205.shtml.

（1）在《规划纲要》中专设了"培育文化产业竞争新优势"一节，明确提出要对传统文化产业进行改造提升，促进文化与科技深度融合，培育影视、动漫游戏与创意设计等文化新产业，推进特色文化创意产品线上平台、新型文化业态孵化器等平台建设，同时加快构建"智慧广电"，推动传统媒体和新兴媒体深度融合，支持移动多媒体广播电视等新媒体发展，推进新媒体传播平台、数字出版发布投送平台建设。❶

（2）《规划纲要》提出进一步"深化文化体制改革"，推进经营性文化事业单位转企改制，同时专门对"健全现代文化市场体系"进行阐述，以确保包括文化数字创意产业在内的文化产业，在"十三五"时期加快与加深市场化程度。

（3）《规划纲要》较为详细阐述了"促进信息化与经济社会深度融合"的措施，明确提出"构建泛在普惠的互联网络""推动大数据广泛深度运用"，以及"实施'互联网+'行动"，客观上为四川发展数字创意产业积累信息技术与信息化基础设施建设优势。

4.重庆直辖市❷

在《重庆市国民经济和社会发展第十三个五年规划纲要》中，关于数字创意产业值得关注的内容主要有以下几方面。❸

（1）《规划纲要》提出"加快推进文化产业提档升级"，并设立具体目标，即"2020年，文化产业增加值达到1000亿元左右，力争把文化产业培育成为支柱产业"；为实现这一目标，重庆市将在"十三五"期间壮大市场主体，完善现代文化市场体系，鼓励并支持"多创意、科技含金量高的各类文化小、微企业发展，推动文化创意设计服务、互联网文化服务进步"❹，"打造一批具有广泛影响力的文化品牌"；数字影院工程和数字出版转型融合发展工程也被列为"十三五"时期重庆市的文化建设重大工程。

（2）《规划纲要》指出，重庆市将在"十三五"时期全面提升信息化水平，

---

❶ 四川省人民政府.四川省国民经济和社会发展第十三个五年规划纲要［EB/OL］.（2016-02-15）［2016-07-10］.http://www.sc.gov.cn/10462/10464/10797/2016/2/15/10368205.shtml.
❷ 作者注：直到2016年7月尚未查询到重庆市有关于"十三五"时期文化产业发展的专门性规划。
❸ 重庆市人民政府.重庆市人民政府关于印发重庆市国民经济和社会发展第十三个五年规划纲要的通知［EB/OL］.（2016-03-04）［2016-07-10］.http://www.cq.gov.cn/publicinfo/web/views/Show!detail.action?sid=4071159.
❹ 重庆市人民政府.重庆市人民政府关于印发重庆市国民经济和社会发展第十三个五年规划纲要的通知［EB/OL］.（2016-03-04）［2016-07-10］.http://www.cq.gov.cn/publicinfo/web/views/Show!detail.action?sid=4071159.

"深入实施'互联网+'行动计划,建设通信信息枢纽和互联网经济高地"❶,物联网、大数据、云计算、智慧物流与数字内容产业将实现快速发展,这在客观上为重庆市文化数字创意产业的发展提供了数字信息技术保障。

5. 广西壮族自治区 ❷

在《广西壮族自治区国民经济和社会发展第十三个五年规划纲要》中,有关数字创意产业相关内容有以下几方面。❸

(1)《规划纲要》提出在"十三五"期间将推动传统媒体与新兴媒体融合发展,加快媒体数字化建设,打造一批新型主流媒体,促进新媒体产业的发展。

(2)《规划纲要》强调广西文化产业在"十三五"时期要有跨越式发展。为此,广西将积极培育数字文化、网络文化等新型文化业态,文化创意、影视服务、广告服务、数字内容与动漫游戏等产业将得到快速发展;广西将桂林创意文化产业园、南宁动漫实验园、梧州亚太文化创意园等一系列产业园区的建设❹列为"十三五"时期文化事业和文化产业的重点工程。

从"十一五"期间与数字创意产业相关的政策或规划上看,云南省、广西壮族自治区数字创意产业基础薄弱,理论准备不成熟,对产业发展重要性认识不足;贵州省在产业基础薄弱的情况下,提出了较为全面的数字创意产业发展规划,显示了对产业发展重要性有充分认识,但是没有落实到具体的重点发展行业上;四川省规划内容的重点在于中心城市发展战略,依托成都市的全国首家网络游戏动漫产业发展基地来促进数字娱乐产业发展;重庆直辖市相对有着较强的产业基础,对产业发展进行了较为广泛的规划,并且将发展重点落实在打造领先西部的动漫及数字娱乐产业基地、数字电视制播、数字出版等具体发展方向上。

总体来看,"十三五"期间云南省和广西壮族自治区在数字创意产业发展上,依然没有体现出更加深入发展的规划与战略;贵州省则选择了重点发展创意设计、动漫游戏和承接外包代工方面,特别注重对产业园区的基地建设;四川省发

---

❶ 重庆市人民政府.重庆市人民政府关于印发重庆市国民经济和社会发展第十三个五年规划纲要的通 知[EB/OL].(2016-03-04)[2016-07-10].http://www.cq.gov.cn/publicinfo/web/views/Show!detail.action?sid=4071159.

❷ 作者注:直到2016年7月尚未查询到广西壮族自治区有关于"十三五"时期文化产业发展的专门性规划。

❸ 广西壮族自治区商务厅.广西壮族自治区国民经济和社会发展第十三个五年规划纲要[EB/OL].(2016-03-18)[2016-06-06].http://www.gxswt.gov.cn/htmlcontent/detail/591d1e3a-5726-4bd5-b497-f1835cb7c949.

❹ 同上。

展重点是打造多个基地组成的产业集群，注重建设一体化、全产业链式的动画游戏开发运营体系；重庆直辖市的规划体现出力求全面扩大数字创意产业发展内容和规模，准备打造覆盖面广泛的多个产业基地，并以此构建规模庞大的产业集群。

到目前为止，西南各省（区、市）除云南省外，都尚未制定出针对"十三五"时期文化产业发展的专门性规划，各省（区、市）的《国民经济和社会发展第十三个五年规划纲要》也未对数字创意产业的发展做出专门系统的规划，这说明西南各省（区、市）尚未清晰地认识到数字创意产业对于当地经济发展的重大战略性意义。但从西南区域各省级行政区的规划纲要的相关内容来看，在"十三五"时期，包括少数民族文化数字创意产业在内的整个西南区域数字创意产业的发展有两个很关键的有利条件：其一，西南各省（区、市）均高度重视大数据和"互联网+"时代背景下数字信息技术的发展，这将为整个西南区域数字创意产业提供强有力的数字信息基础技术支持；其二，各省（区、市）均开始强调现代文化产业市场体系的建立和完善，西南区域数字创意产业在"十三五"时期将获得更大的市场自由度。

4.4 西南区域数字创意产业规划存在的行政区划下分省一体化战略问题

我国数字创意产业是在党的十七大精神和国家"十一五"文化产业规划的推动下，在地方政府有关产业理论准备还不充分的情况下，通过自上而下政策推动方式发展起来的。全国范围内由国家政策发端、地方政府主导的数字创意产业的发展竞争也是在此条件下展开的。

经过政策推动的高速发展之后，全国范围内数字创意产业的边际效率快速下降，呈现出"高产低质"、沉没成本居高不下、受众不接受创意产品的状况，各层面产业理论准备不足的问题也凸显出来。除了全国产业层面的问题、西南少数民族文化创意层面的问题以及新技术新业态应用问题之外，西南区域数字创意产业的发展还有着区域层面的发展战略意识和选择问题。

此外，从产业发展的阶段性来看，西南数字创意产业存在的关键性问题可分为两类：前一发展阶段一直存在，而且发展过程中未能解决而遗留下来的、必须解决的问题；发展到现阶段新产生的根源性问题：由于这些根源性同时也是驱动性问题，从而导致其他随动性问题的产生，解决了这些根源性问题就解决了其他随动性问题。

从西南区域省（区、市）数字创意产业"十一五"期间规划、"十二五"期间规划，以及"十三五"期间规划的相关内容来看，西南少数民族文化数字创意产业存在以下问题。

1. 一直存在尚未解决的问题

西南少数民族文化数字创意产业在产业发展规划上，一直存在着来自于规划顶层设计上的不足：尽管早在党的十七大报告中就已经着重提出"运用现代科技手段开发利用民族文化丰富资源"，但作为具有丰富多彩少数民族文化资源的少数民族地区的西南省（区、市），在强调运用数字技术、网络技术和通信技术等现代科技手段发展数字创意产业时，没有高度重视将西南少数民族文化作为产业资源加以开发和运用，缺乏对少数民族文化创意这一核心要素的运用和发展进行思考与安排。

总体上看，在西南五省（区、市）的文化产业发展规划中，都不同程度地关注到了发展民族文化旅游业、民族文化创意产业和数字创意产业，但缺乏关于发展以西南少数民族文化为内容的少数民族文化数字创意产业的相关规划内容。

2. 现阶段的根源性问题

西南五省（区、市）的数字创意产业相关规划中，缺乏对数字创意产业发展已经实质性进入发展阶段转换状态的准确认识的体现，仍然延续在发展现状基础上加大政策支持，加大产业要素供给力度来推动产业发展的对策。

"十二五"期间，在巨大文化产业产能背景下，优秀文化产品依旧稀缺少见。如何解决这个问题，在"十三五"期间应予以重视。文化产业基地的退出机制、动漫会展数量的控制规定，以及新媒体（网络剧、微电影）审查制度等限制性政策的出台，标志着我国数字创意产业已开始向市场发展阶段过渡。课题研究认为，在"十三五"期间，随着中央政府主导力量的逐渐减弱，以及现代文化产业市场体系日益完善，市场因素将逐渐成为数字创意产业发展的主导性因素。如何更加有效地保护与开发运用文化资源？如何在产量之上提高质量？如何在全国产业既成布局下推动区域产业的发展？如何在区域产业格局中分工合作？这样一些结构性问题，将在一定时间内成为我国数字创意产业市场发展阶段的核心问题，也是西南少数民族文化数字创意产业发展将要面对的重要问题。把这些问题集中起来，就能归结到西南数字创意产业产业现阶段的根源问题——区域产业发展的行政区划下分省一体化战略问题。

西南五省（区、市）的数字创意产业相关规划、政策中，均未涉及区域内、外分工合作的发展战略或相应竞争战略，基本上是以分省行政区划来独立发展产业，只有贵州省在"十二五"规划中提出"积极承接国内外动漫外包代工业务"的行业分工合作相关内容。贵州省数字动画行业发展情况显示，西南区域分省（区、市）数字创意产业虽已有模块化分工的现象，但合作情况很不理想。贵州省 2007 年至今未生产发行过动画片（根据国家广电总局动画片生产发行的统计数据）[1]，只承接外包的动画制作业务。这说明贵州数字创意产业具备相当生产制作能力，但在少数民族文化创意能力上缺乏竞争力，也没有与区域内其他创意企业进行合作生产。

西南区域数字创意产业行政区划下分省一体化发展战略问题，主要存在于两个方面。

（1）分省层面"木桶效应"意识较弱。

木桶效应，又称短板效应，是指一个组织的各个构成部分是优劣不均的，而劣势部分往往决定整个组织的能力或水平。

从西南各省（区、市）有关数字创意产业"十一五"及"十二五"期间相关发展规划内容来看，所有发展数字创意产业的省（区、市）均采用一体化产业园、全产业链发展战略，对自身优劣势，以及分省产业间的竞争合作关系认识不足。

行政区划是国家政治管理的概念，主要由政治、法律因素决定。分省经济发展规划独立制定，经济指标独立核算，因此行政区划区域内各省（区、市）间在

---

[1] 作者注：根据国家广电总局动画片生产发行的统计数据，未获得过生产发行许可证，故此，本书以国家广电总局统计数据为依据。但 2008 年在贵州省信息产业厅的会议报告上有提及相关动画产品：贵州熠动漫公司的《西岭雪》和贵州青年影视文化中心的《年夜饭》在中央电视台黄金时段全集播出，《西岭雪》还荣获了中国动漫游戏行业 2007 年度"金手指"奖等七项大奖；熠动漫公司公司的动画片《沿着歌声走向贵州》和《探秘夜郎国》获得省委宣传部的订单，并获得 300 余万元资金支持；奇利动画影业公司的《苗王传》获得日本 2008 TBS Digicon6 中国赛区金奖、2008 亚洲青年动漫大赛最佳视觉奖。

经济政策上往往未考虑分工合作，反而因各自独立发展的需求，而在许多方面存在限制区域内其他省（区、市）有形和无形的壁垒。区域产业规划是市场经济概念，主要由经济、地理与历史等因素决定。区域经济之间因为要素禀赋不同而进行区域分工合作，是从有市场因素以来就一直存在的经济现象。区域产业规划成为促使区域内各省（区、市）避免重复建设，减少不必要竞争导致的成本加大、收益相互抵销，形成生产力合理布局、产业协调发展的重要经济手段。然而，行政区划和区域经济规划之间大多数情况下是没有完全一致边界的。区域产业规划没有制度化的行政力量支持，必须靠市场机制自行发挥作用，实现过程往往落后于产业发展过程。多数情况下是在区域产业发展中出现重大问题时，各省之间才会进行对话沟通、行业协会才会出面协调，而且一般是由需求更迫切、问题更大的一方寻求产业协调与合作。

西南区域内各省（区、市）经济文化的整体性与关联性较高，区域内文化交流融合程度和民族间文化认同度强。例如，以四川话为基础的"西南官话"在西南区域内几乎可以作为通用语言使用，同时由于西南区域内少数民族的"大杂居，小聚居"模式，西南区域也成为少数民族融合和民族同化程度较高的区域。

然而当前行政区划下区域内的竞争却超过了合作，而且行政区划下分省（区、市）之间的不必要竞争，常常会对区域经济发展造成不利影响。西南区域内拥有成都平原的四川省历来是富庶之地、天府之国，是西南稳定的政治、文化中心，成都市也是我国历史上极少没有改过名字的历史古城之一。处于长江上游的重庆市，是古代巴国的首都江州，抗日战争期间是国民党政府的陪都。作为西南地区和长江上游最大的经济中心城市，重庆有雄厚的经济、文化基础，并且区位优势突出。正是基于重庆具备的区位优势与经济、文化基础条件，中央在1997年设立重庆直辖市。然而重庆成为直辖市后，成、渝经济区内成都和重庆由互补性经济关系变为替代性经济关系，原有的合作变成了竞争。例如成、渝经济区内的机场、港口、石化等重大项目出现重复建设，在拖延成都和重庆自身发展的同时也延误了区域的整体发展。这种背离主要依靠市场配置资源原则的经济行为，造成资金和资源的巨大浪费，也使双方产业发展困难重重。

成都市和重庆市都是西部的特大型城市，争取成为区域经济文化中心也是双方都采取的发展战略。因此行政区划的存在使同级政府组织间的协调往往只是一种临时性质、因事而存在的调节方式，不属于一种经济意识和制度上的规范性协调机制。其实，国家在对西南区域数字创意产业发展的规划中，就注重了区域协调发展，在四川重点布局国家级游戏产业园基地，而在重庆就重点布局国家级动漫产业园基地。

而经济相似度很高的云南、贵州、广西三省（区），与四川、重庆经济发展水平有着较大差距，因此实行的是独立的产业发展战略，但是各省（区、市）发展战略雷同、产业发展定位模糊。

总体来看，西南区域分省产业并未构建有效的区域产业"木桶"，而是在各自原有的长板短板结构上独立发展。

（2）区域层面的产业组织形式演化缓慢。

产业是企业的集合，产业的发展水平不仅取决于单个企业的发展水平，更多地取决于产业组织形式；产业发展水平的持续则取决于产业组织形式演化的持续。

不同区域经济发展水平的差异造成数字创意产业组织演化速度快慢不一；这种差异反过来会影响区域内产业的分工合作意识及效率。东部区域和中部区域在数字创意产业组织演化进程中，已先后从行政区划下的一体化产业园全产业链组织模式向更加有效的组织模式过渡。产业组织形式的过渡，各区域有先后差异，可以从产业发展状况所展现生产效率不同上看出。

重庆市与浙江省在"十一五"期间到进入"十二五"期间的数字动画产量（分钟）上的对比情况如图 4.1 所示。

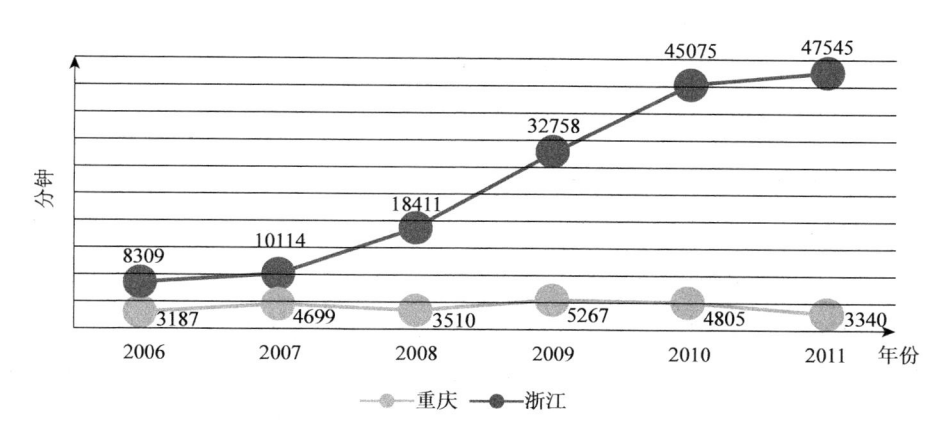

图 4.1 重庆与浙江数字动画产量（分钟）对比示意图 [1]

---

[1] 作者注：图 4.1 为本书依据 2006—2015 年国家广电总局公布数据资料所制。

2006年和2007年，重庆和浙江的数字动画产量差异相对稳定，反映了省份整体经济发展水平的而差距；而2008年以后直至进入"十二五"期间，重庆和浙江产业发展的差距逐渐拉开。本书研究认为，导致这个局面发生的，是重庆和浙江所在两个不同区域内数字创意产业组织形式演化速度的差异。区域产业组织形式会自动向生产效率更高的方向演化，而区域产业的生产效率则反映了区域产业组织形式的效率。

如果东、西部典型省份之间的数据对比仍不具立论的说服力的话，那么重庆和安徽以及重庆和全国分省平均水平之间的产业发展状况对比就更能说明问题了。

安徽是我国中部长江中游区域经济发展水平排最后的省份，2007年的人均GDP为8675元，低于西南区域靠前的重庆（10982元）和四川（9060元）。"十一五"期间到进入"十二五"期间的全国分省平均动画产量、重庆市与安徽省数字动画产量（分钟）对比情况如图4.2所示。

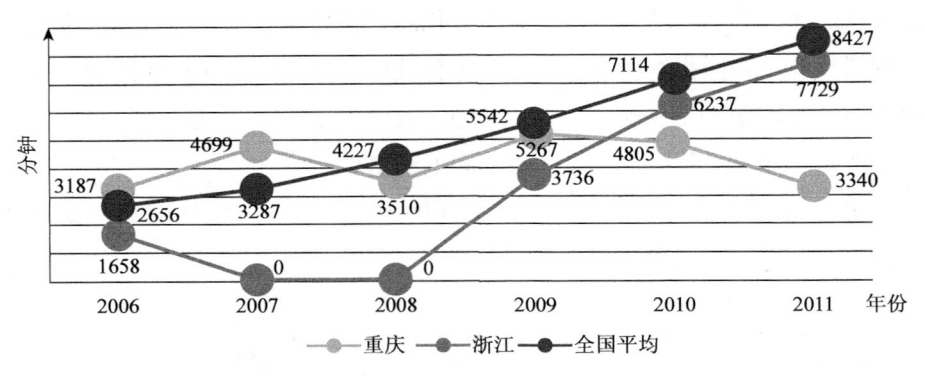

图4.2　重庆与安徽数字动画产量（分钟）对比示意图 ❶

全国分省数字动画产量平均线持续稳定增长，体现了整个产业发展水平的真实面貌，即在全国范围内，政策推动到位率逐渐在产量上实现，生产要素的供给逐渐充分，产业组织演化逐步展开；重庆的数字动画产量在2006年、2007年均在全国分省平均和安徽之上，从2008年开始掉到全国平均线之下，并在2000年被安徽超过；安徽作为我国中部经济发展水平排行最后（以2007年数据为参照）的省份，其数字动画产量在2006年居于重庆和全国平均线之下，并在2007年

---

❶ 作者注：图4.2为本书依据2006—2011年国家广电总局公布的数据资料所制。

和 2008 年经历了两年零产量的低谷，其后便有了高速发展并于 2010 年超过了重庆，但一直稳居于全国平均之下。从这个对比结果来看，安徽在数字创意产业经济基础显然没有发生重大变化的情况下，积极向上依托东部地区产业集群开展分工协作，搭载本省企业进入东部产业组织体系，享受了东部产业组织形式演化的红利，实现了符合本省经济实际的发展战略期望。

总之，西南区域整体及核心省（区、市）产业生产相比同期快速下滑的趋势，表明区域内产业分省一体化战略存在很大弊端；因此，进行区域深度分工、全面合作是产业发展的必由之路。深入认识和有效解决区域合作竞争的发展战略问题，就能合理安排西南区域各省（区、市）产业发展定位和产业发展重心，就能在区域经济和产业发展水平较低的竞争条件下，既能促进区域产业的发展，又能促进区域分省产业的发展，进而促进西南少数民族文化数字创意产业的发展。

第5章 西南少数民族文化数字创意产业发展存在的问题

我国数字创意产业在经过近7年高速发展后，陷入了"高产低质"的困境，并同时存在我国文化产业供给整体不足与局部过剩的状况：一方面是大量生产出来的国产文化产品没有机会在媒体平台播出与观众见面，或者是仅仅占据国内市场而难以向国外传播扩大影响；而另一方面却是广大民众在狂热地"哈韩""哈日"……大量地消费、追逐国外文化产品。一方面是丰富多彩的西南少数民族文化资源，而另一方面却是西南少数民族文化数字创意产品稀少等。本书分析认为，西南少数民族文化数字创意产业存在以下主要问题，并已经造成了不利的影响，严重阻碍产业健康、快速发展。

5.1 民族文化运用不充分制约西南少数民族文化数字创意产业发展

西南地区由于地理条件等客观因素的限制，历史发展上一直较为封闭。西南地区的民族民间文化得到较为完整的保护与延续，由民族宗教信仰、民族传统习俗、民族艺术与歌舞、民族传统节庆、体育活动，以及民族服饰、民族饮食等民族文化资源组成的西南民族民间文化，呈现出丰富多彩的原生态民族特色，也是西南地区文化最为珍贵的部分。但较为遗憾的是，多年以来西南地区在运用民族民间文化资源发展数字创意产业上，虽有不少闪光点，但大多还停留在对自然风光、人物风情的直接展示，缺乏对民族文化资源进行深度创意。

本书在对西南少数民族文化数字创意产品进行系统整理发现，创意产品创作者在开发运用少数民族文化元素时创意较为原态化、表层化。以云南少数民族文化为题材的动画为例，白族、傣族、彝族、壮族、苗族与哈尼族等少数民族的文化，都至少有一部动画予以展现和介绍，而深入开发运用民族文化元素进行创意的作品，在整个云南动画领域，乃至在整个中国动画界都难觅踪迹。

这种对少数民族文化开发利用方面的表层化与单一化，其实是对丰富多样的西南少数民族文化资源价值认识不足。创意产品创作者过分地将目光集中在少数民族文化外在表层上，对丰富多彩的少数民族文化的深层内涵缺乏深入研究、挖掘和认识，大大限制了整个西南少数民族文化数字创意产业的文化内容取材范围和深度，最终必将导致少数民族文化数字创意产品的文化内容丰富度不足、创意价值不高，从而极大限制西南少数民族文化数字创意产业的发展。

本书认为，要快速、健康地发展西南少数民族文化数字创意产业，就必须让整个产业的目光关注到西南区域少数民族文化的特性和深层内涵，对区域多样化的少数民族文化进行最为充分的深度创意开发。

5.2 西南少数民族文化数字创意项目与资金隔离

西南少数民族文化创意项目与资金隔离，造成了少数民族文化创意项目发展资金匮乏，严重影响西南少数民族文化数字创意产业发展。

1. 西南少数民族文化数字创意项目难以获得国家层面的资金支持

西南地区整体经济发展水平相对不高，区域内各省（区、市）对少数民族文化数字创意产业的资金扶持力度有限，而且西南地区数字创意产业整体起步较晚，国家层面的资金支持对于西南地区少数民族文化数字创意项目的实施和进一步发展便显得极为重要。然而，现实情况是少数民族文化数字创意项目与国家资金几乎处于"隔离"状态。举例而言，2014年度中央文化产业发展专项资金达

50亿元❶，支持项目共800个❷，2015年度中央文化产业发展专项资金也是50亿元❸，支持项目则达到834个❹，其中整个西南地区文化产业项目所占比重相对较低，专门针对西南少数民族文化数字创意项目的资金支持几乎一个都没有。❺通过对近两年中央文化产业发展专项资金支持项目进行分析，不难发现国家政策性扶持资金更多地向大型文化企业、单位倾斜，但是，在包括西南少数民族文化数字创意产业在内的整个文化产业中，中小企业占比已高达99%以上，"并且大多是由创意人员个人或小组以私人资本投资设立，资产总额在50万元及以下的企业占所有创意企业40%以上，而营业收入在50万元及以下的企业更是占到所有创意企业的60%以上"❻，诸多中、小型数字创意企业难以得到国家资金扶持政策的关注。国家层面直接资金支持匮乏，是西南少数民族文化数字创意项目与资金相隔离状况的表现之一。

2. 地方政府资金扶持力度不足

近年来西南五省（区、市）高度重视文化产业发展，在对外宣传、交流的大型活动中也大打民族文化牌，如贵州的侗族大歌、云南的傣族孔雀舞、广西的壮族三月三歌节等，都已经成为当地的文化产业金字招牌。然而西南区域地方政府对文化产业的资金扶持，更多集中于能给当地带来即时性收益的产业项目，文化旅游、少数民族文化艺术演出与民族传统工艺品贸易等，都得到了当地政府重点扶持。发展周期较长、风险较大的少数民族文化数字创意项目，虽然附加值与收益率更高，但获得的直接资金扶持却极为有限。如贵州省设立了旅游发展专项资金，对民族地区的民族文化旅游业发展支持力度不断加大❼，甚至设立了贵州省

---

❶ 2015年文化产业发展专项资金确定支持834个项目［EB/OL］.（2015-07-22）［2015-11-27］. http：//www.chuban.cc/ggfz/201507/t20150722_168689.html.
❷ 2014年文化产业发展专项资金拟支持800个项目［EB/OL］.（2014-09-19）［2015-11-27］. http：//news.xinhuanet.com/book/2014-09/19/c_127004569.htm.
❸ 2015年中央文化产业发展专项资金：50亿资金透明分配［EB/OL］.（2015-07-15）［2015-11-27］. http：//culture.people.com.cn/n/2015/0715/c172318-27306554.html.
❹ 2015年文化产业发展专项资金确定支持834个项目［EB/OL］.（2015-07-22）［2015-11-27］. http：//www.chuban.cc/ggfz/201507/t20150722_168689.html.
❺ 2015年度文化产业发展专项资金拟支持项目公示［EB/OL］.（2015-07-13）［2015-11-27］. http：//money.163.com/15/0713/13/AUDJSPC500253B0H.html；2014年度文化产业发展专项资金拟支持项目汇总表［EB/OL］.［2015-11-27］.http：//cn.chinagate.cn/economics/2014-09/11/content_33486634.htm.
❻ 罗仲尤，张清平，沈淑娟.我国文化创意产业规模化发展的资金瓶颈问题研究［J］.湖南大学学报，2010（6）：153.
❼ 省旅游局：加大旅游发展专项资金对民族地区的支持力度［EB/OL］.［2015-11-27］.http：//www.gzfwz.com/WebArticle/ShowContent?ID=2148.

航线、航班培育专项资金，通过对符合条件的国际、国内航线航班进行补助、奖励来促进贵州省民用航空体系建设，以增强对旅游业发展的助推力。❶西南各省（区、市）几乎都没有设置专门针对数字创意产业，尤其是少数民族文化数字创意产业的专项扶持资金。而如上海、北京等数字创意产业较为发达的地区，都专门设立了类似专项资金予以支持，如北京文化创意产业发展专项资金❷、上海市促进文化创意产业发展财政扶持资金，甚至像上海市普陀区都单独设置了区政府针对数字创意产业的专项资金——上海市普陀区动漫产业发展专项资金。❸相比之下，西南地区各省（区、市）对于代表未来文化产业发展方向并具有更高附加值的数字创意产业（尤其是少数民族文化数字创意产业），未能够给予应有的重视并进行相应的政策性资金扶持，而将扶持资金仍集中于能带来即时性收益的传统文化产业项目。

地方政府资金扶持力度不足，是西南少数民族文化数字创意项目与资金相隔离状况的表现之二。

3. *产业资金扶持重点存在偏差*

文化创意产业最核心的价值是创意，政府对产业的资金扶持应更多地向"创意"靠拢。而现实中，大量的政策性扶持资金却被用于文化创意产业园等房地产性质的开发建设，如"重庆以主城为核心，在CBD片区、两江新区及西部新城等区域，重点建设南滨现代文化产业园区、解放碑时尚文化城、五里店工业设计中心，以及北碚时尚文化城等文化创意平台，对区县特色创意产业进行合理布局，重点建设巴渝风情文化创意小镇、三峡文化创意产业园、渝东南文化创意产业园等文化创意平台"❹；贵州致力于打造"十大文化产业园""十大文化产业基地"❺；而

---

❶ 贵州省设立专项资金 助推旅游业发展［EB/OL］.［2015-11-27］.http：//www.caacnews.com.cn/newsshow.aspx?idnews=262068.

❷ 百度百科.北京文化创意产业发展专项资金［EB/OL］.［2015-11-27］.http：//baike.baidu.com/link?url=XJUN7sYg-mPNaWjp14ngHGUDPryl44tdGcIwEZKUUH3J-fAuXodcIGREB59_4BDNTHhYiATDZz2Tr05Yfe6viK.

❸ 普陀区文化创意产业推进领导小组办公室关于印发《2013年度普陀区文化发展专项资金项目申报指南》的通知［EB/OL］.［2015-11-27］.http：//ptwh.shpt.gov.cn/zwgg/details/2017.html.

❹ 重庆市文化产业"十二五"发展规划纲要［EB/OL］.［2015-11-27］.http：//wenku.baidu.com/link?url=fvQRDTDc0bAgcsqYqU9_zQkSTi-3DQLPFGzZEtpGfdL72HEB1qCP3uTuNQ5YCAzvIT4SyjhFDq46TIi96vzphPjXoH_UxT11OWQcUempNr_.

❺ 贵州"十大文化产业园""十大文化产业基地"建设态势良好 截至目前，建成4个、在建14个、实现收入28亿元［EB/OL］.（2014-08-27）［2015-11-27］.http：//www.gog.com.cn/zonghe/system/2014/08/27/013763851.shtml.

云南也于2015年"命名首批10家文化创意产业园区"❶。文化创意产业园区建设确实有利于包括少数民族文化数字创意产业在内的整个数字创意产业的集聚，但过度的园区建设会使得文化创意产业充满房地产的"味道"，少数民族文化数字创意项目本身却难以得到充分的资金支持。

当地政府在发展数字创意产业时，对产业文化内容、数字内容都十分重视，贵阳市甚至单独出台了《贵阳市政府关于大力发展数字内容产业的意见》❷，但对于"创意"的重要性却重视度不足，对"创意"的财税和金融支持力度自然较小。"创意"的价值其实远远超过"文化内容"与"数字内容"的价值。西南区域各省（区、市）政府对于少数民族文化数字创意产业有限的资金支持中，对"创意"这一产业核心价值重视不够，是西南少数民族文化数字创意项目与资金隔离的表现之三。

4. 西南少数民族文化数字创意项目融资困难

融资困难首先体现在难以获得银行信贷融资。虽然在政府层面是积极鼓励银行对文化创意中、小、微企业进行资金支持的，如国家发改委就曾明确表态"鼓励银行支持文化创意和设计服务小微企业"❸。银行业在某种程度上也做出了积极回应，央行先是出台了一份"金融支持文化创意产业发展指导意见"，而后在2010年4月8日，中国人民银行、财政部和文化部等九部门联合发布《关于支持文化产业振兴和发展繁荣的指导意见》，中国人民银行营业管理部副主任姜再勇也表示"银行发放文化创意产业贷款即将进入万紫千红的阶段"❹。但遗憾的是，各银行的合作对象大多仍是大型文化企业、集团，支持的项目也集中于大型文化创意项目。银行"嫌贫爱富，重大轻小，偏私向公"的放贷倾向依然明显，即便国家为支持小型企业发展，多次下调存款准备金率并降息都没有明显效果，加之金融领域贷款渠道有限，"求借无门"是当前中、小、微企业融资的现实状态。西南少数民族文化数字创意企业中，绝大多数是中、小、微企业，很多项目

---

❶ 我省命名首批10家文化创意产业园区[EB/OL].（2015-11-18）[2015-11-27].http://yndaily.yunnan.cn/html/2015-11/18/content_1017754.htm?div=-1.

❷ 贵阳市政府关于发展数字内容产业的意见[EB/OL].（2012-06-20）[2015-11-27].http://cn.chinagate.cn/zhuanti/tisuguizhou/2012-06/20/content_25696160.htm.

❸ 发改委：鼓励银行支持文化创意和设计服务小微企业[EB/OL].（2014-03-14）[2015-11-27].http://www.chinanews.com/gn/2014/03-14/5953387.shtml.

❹ 银行给文化创意产业吃上定心丸[EB/OL].（2010-11-08）[2015-11-27].http://paper.people.com.cn/rmrbhwb/html/2010-11/08/content_665817.htm.

第 5 章 西南少数民族文化数字创意产业发展存在的问题

也属于探索性小微项目，甚至有些就是源于个人的一次"创意"，往往投资风险较大。这些情况使得西南少数民族文化数字创意项目很难得到银行的信贷支持。

相对于北京、上海等数字创意产业发达地区，西南地区当地银行对整个文化产业的支持相对滞后，力度不够。如早在 2010 年九部门《关于支持文化产业振兴和发展繁荣的指导意见》发布的第二天，北京银行就与北京市广播电视局签署合作协议，"北京银行承诺在未来三年内为以首都广播、电影、电视为代表的文化创意企业提供意向性专项授信额度 100 亿元"。反观西南地区地方银行至今仍旧没有如此快捷的实际行动和"大手笔"。数字创意项目仍旧很难获得当地银行体系的信贷支持，这是一个客观的现实情况。

融资困难的第二个表现是，民族文化数字创意项目难以获得相关基金的支持。西南地区整个文化产业获得相关基金的资金支持都极为有限，具体到民族文化数字创意产业，基金融资的难度就更大了。在数字创意产业发达地区，项目更容易获得产业基金，尤其是私募股权基金巨头的大力支持，如"国际数据集团（IDG）新媒体基金、由中影集团等发起的中华电影基金、红杉资本、软银、A3 国际亚洲电影基金、韦恩斯坦（TWC）亚洲电影基金，以及'铁池'私募电影基金"[1]等 PE 巨头都活跃在中国文化创意产业市场上。遗憾的是，直至今日都难以搜寻到上述私募基金巨头投资西南少数民族文化数字创意项目的资料与报道。

融资困难的第三个表现是，民族文化数字创意产业项目融资能力较弱。按照通行的融资方式，贷款人把资金贷给借款人，然后由借款人把借来的资金投资于兴建的某个项目，偿还债款的义务由借款人承担，贷款人所看重的是借款人的信用、经营情况、资本结构与资产负债程度等，而这些恰恰是大多数中、小数字创意企业的弱项。大部分投资者也没有认识到民族文化数字创意项目的价值，仅仅关注到项目的即期收益率与风险度。

数字创意产业是资金相对密集型产业，创意项目与资金相隔离的状况必然会极大地阻碍西南少数民族文化数字创意产业持续发展。

---

[1] 厉无畏.文化创意产业的投融资与风险控制[J].毛泽东邓小平理论研究，2011（2）：3.

5.3　西南少数民族文化数字创意产品与受众隔离

西南各省（区、市）大都已创建了专门性少数民族文化传播网站，传播、介绍少数民族文化风情，在地方综合性网站中也大量穿插着介绍少数民族文化与相关文化产品的内容。在全国性少数民族文化网站中，由于西南地区是我国少数民族分布的主要区域之一，所以对西南区域少数民族文化及产品介绍的内容极为丰富，如在中国民族网中，对壮族、苗族、傣族等在西南地区的世居少数民族，都有专门各自的独立板块与链接进行介绍；西南地区传统媒体对少数民族文化传播与推广工作的重视度历来较高，《贵州民族报》《云南民族时报》《广西民族报》等报纸、杂志及各省（区、市）广播、电视台等传统大众传媒，都对民族文化开展积极、广泛宣传，对包括数字创意产品在内的大量民族文化产品也大力推广、介绍。

西南地区已基本形成了对少数民族文化的全媒体化传播，但民族文化产品推广的工作成效并不理想。民族文化传播方式，以及对民族文化产品的推广未能完全跟上现代传媒的发展趋势，在现代文化传播与推广体系中仍处于非主流位置。

在信息技术与新媒体时代，运用新技术进行文化传播与产品推广是最有效也是必须采取的手段；新媒体时代的到来对少数民族文化传播和推广工作既是一次严峻挑战，也是一个巨大机遇。目前，西南地区尚未在全国范围内形成具有广泛影响力并能够引发大众普遍关注的新媒体平台，更谈不上设立专门推广民族文化数字创意产品的新媒体渠道。新媒体信息传播的交互性、个性化、即时性与大众化等优势，是传统大众媒体和普通门户网站所无法比拟的，没有充分利用这一传播优势，也是民族文化数字创意产品在推广、传播中，未能彻底实现现代化转型的一方面表现。

我国整个少数民族文化产业的发展是在政府主导下进行的。部分民族地方政府对民族文化产业发展及产品推广的理念还停留于"宣传造势""树立品牌"等宏观层面❶的传统思路上，尚未形成市场主导、大众参与、"内容为王"❷的现代文化产品传播、推广新理念。传播、推广理念与传播方式未能实现现代化转型，必然影响受众对民族文化的了解与认识，进而也会影响受众对民族文化数字创意产品的认识与接受。

在当前信息技术快速发展的新媒体时代，西南少数民族文化数字创意产业面临着产品与受众相隔离的困境，如对此问题不予以尽快解决，此种状况必然抑制与阻碍产业的发展与进步。

5.4 对创意实质认识不清造成不利影响

作为文化内容与文化需求之间桥梁的文化创意，正是由于对文化内容进行创新性重构，因此文化创意才能够在科技创新基础上，为数字创意产业提供持续发展的支持与动力。

近年来在大众媒体传播中，创意是一个高频出现的词语，然而《辞海》❸尚未收入该词条。不论是在报刊文章上还是在电视、网络中，创意铺天盖地，似乎无处不提及，创意无处不在。但令人惊讶的是，不论是论及创意种类还是创意产业或创意产业发展，人们通常都是直接定义于创意产业，很少有人对创意本身进行界定与分析。从理论界到实务界、从政府到文化产业从业人员，似乎大家都关注于创意产业而忽视或忽略了对创意本身的认识。一般而言，大众对创意含义的广泛认识与理解为：当文化作品、产品与以往的内容与形式相比较发生了变化与不同就是创意。

数字创意产业发展研究侧重于中观、微观层面，只有在对创意的内涵、外延以及相关认定标准明确界定、划分，才能深入研究创意——核心要素——对数字创意产业发展形成长远影响；在产业实践中，也只有数字创意产业管理人员与从业人员清晰准确把握创意的内涵与实质、认识创意产品的价值所在，才能对文化产品创意程度有正确评价与预估，对创意产业发展产生深远影响。

---

❶ 郭占锋，等.少数民族村庄文化产业化发展的困境与出路[J].西南民族大学学报，2010(11)：29.
❷ 网易科技.新媒体时代：内容依然为王[EB/OL].(2014-03-29)[2015-11-19].http://tech.163.com/14/0329/11/9OGIHEGR00094ODU.html.
❸ 夏征农.辞海[M].上海：上海辞书出版社，1999.

本书研究认为，如果对创意核心实质认识不清将会出现以下方面问题。

5.4.1 政策扶持及奖励错位

在"十一五""十二五"期间，国家与各级地方政府大量设立各类文化产业基金以扶持与鼓励文化企业发展，尤其是重点支持从事数字创意生产的企业。对企业扶持与鼓励的措施采用基金使用与企业生产（影视、动漫产品）数量或时长、产品项目获奖情况直接挂钩，缺乏对产品创意质量的考核与评判。

国家广电总局在"2007年度全国电视动画片制作发行情况通告"中，对国家级动画产业基地提出要求，如果存在以下情况之一，国家将对基地进行通报、警告甚至取消资格。

（1）产量连续三年在3000分钟以下。

（2）动画片质量低下、格调不高。

在此指导影响下，各级地方政府也采用类似方法，对在本地区行政区划内动画基地企业采取与产量挂钩的基金支持、鼓励政策，也形成了在全国动画制作总量中，国家级动画基地生产量占据3/4的局面。

同时，我国每年有数量较多不同类别的动漫游戏会展：电子游戏国际产业展、Comitime动漫嘉年华、国际漫画节动漫游戏展、国际影视动漫贸易博览会……在每个会展中都设置了不同类别的奖项。许多企业为了得到更多的资金扶持与奖励（这也成为大量生产的主要动机），甚至还出现了在创意过程中抄袭、造假。这种情况还不是极个别现象，甚至有一定的典型性，如2011年的"火车侠"事件造成轰动一时的影响；其他诸如冒充国产原创动画片申领国家发行许可证、在不同地区进行重复申领发行许可证，甚至伪造动画片发行许可证行为。

创意产业管理人员如果对创意实质没有清晰认识，将无法准确确定产品是否经过创意，是否具备创意并评判创意程度高低。这样的结果是生产出的"创意"产品良莠不齐、泥沙混杂，这也是当前数字创意产品总量大、但精品少的重要原因。

5.4.2 以"艺术价值"代替"创意价值"

由于数字创意产业从业人员对创意实质缺乏清晰准确认识，导致许多创作者虽然创作了大量精美艺术品，也投入与付出了大量心血，但却忽略对文化内容的创意。分析原因，除了创作者本人对创意缺乏正确认识外，还存在的影响因素有，在各类数字创意产业会展上承担评判工作的专家评委，大多数来自于全国不同地区、类别的艺术类高等院校，在长期形成的追求艺术价值标准的影响下，评委们仍习惯于以专业的"艺术价值"标准来衡量与评判"创意价值"；在创作导向上引向追求艺术精美、耗费时间与精力——但不为市场所接受——的作品制作上，这些也是我国虽然是世界上数量最大的动漫产品代加工生产国家，但原创产品少且鲜有精品，而且很难打入国际文化创意高端市场的重要原因。

5.4.3 被迫使用"多产投放、多产多亏"的产品试错方式

在创意概念缺乏准确界定的情况下，当某个创意产生或创意产品生产后，对其是否具备创意或创意程度高低的评判，只有放到媒介终端经过消费市场检验后才能知道。鉴于数字创意产业本身经济属性所限制，创意或创意产品通过市场试错检验显然成本付出巨大。

如果创意价值缺乏衡量要素与评价标准，那么，创意产品是否具备"创意"，或创意程度如何，没有一个相对客观的标准，而完全依赖与取决于创意主体或整合策划者自身的主观感受，将导致数字创意产业的风险加大，风险从创意初期——脚本阶段——向后期生产制作阶段的不必要后移，无形中产业的投资风险在放大。在以往的数字创意产业经营活动中，一般仅有约10%的创意产品盈利，这些也部分地说明了创意者与经营者，在"大创意"背景下由于创意内涵不清晰而付出的巨大产业代价。

5.4.4 "人才不够用"与"人才不适用"并存的人才困境

分析当前在数字创意领域从事培训教育的师资组成情况，很大一部分人员是来自艺术、绘画、设计、影视传媒还有计算机等领域，而与创意紧密相关的文化创作、剧本编剧、人物与场景设计，尤其是专门的创意脚本创作等专业领域师资缺乏，相应的教学内容也安排不足。

另外，我国许多地方的数字创意产业教育以实践教学为中心，甚至于有的教育培训机构将实践教学简单等同于产业培训，将创意人才的培养变为对技术工人的培训，忽视对文化创意、人文素养与符号表达等方面内容的培养与学习。

由于数字创意产业教育机构与教育者对创意实质缺乏准确认识与理解，在培

养过程中对与创意核心实质相关内容的教学缺乏正确认识，忽视对上述人才与能力的培养，这是我国数字创意产业一方面"人才不够用"，而另一方面"人才不适用"状况存在的重要原因。

如上所述，从政府文化产业管理人员到实务部门的数字创意产业的创作人员，都未对创意实质有一个清晰明确的认识。在政府基金扶持与奖励方面，简单采取基金扶持与（影视动漫）生产、播出数量，以及获奖数目相挂钩的方法，仅仅关注对产品数量的追求，而忽视对属于产业经济性关键要素——消费实现——问题的思考，简单地将产品等同于商品。许多企业、机构生产的电视剧、数字电影与动画片，为了能在电视媒体播出以达到政府要求，愿意亏损免费播出，甚至在深夜没有观众观看的时段播出也愿意，只为了满足达到播出的标准。

因此，缺乏对创意与创意标准的确定，造成虽有数量众多的产品，但难以转化为受众所接受、消费的数字创意商品的状况，这必定制约数字创意产业的发展与壮大。

5.5 对数字创意产业链认识偏差造成产业成本增加

当前我国文化产业理论界很多研究者，已从不同的层面与视角对数字创意产业进行了大量研究。其中宏观层面研究集中在文化学派之中，我国文化产业学在中、微观层面的研究集中在传媒学派之中，研究成果一般都带着规模化工业时代产品生产的产业链观点和思路色彩。这种对数字创意产业链的认识偏差，会对产业实践中企业生产造成理论指导性错误，从而造成大量产能涌现和大量沉没成本。

5.5.1 当前对数字创意产业链的认识

艾伯特·赫希曼早在1958年《经济发展战略》一书中就提出了产业链的概念。产业链是一个产业在分工合作的生产或服务过程中，从资源开始一直到商品消费实现的整个纵向经济活动过程。

产业链定义强调产品生产过程中相关企业或企业集群前后联系的线状特征。

第5章　西南少数民族文化数字创意产业发展存在的问题

为便于深入分析在生产过程中分工合作企业的地位和作用，按先后顺序将生产链依据分工合作的生产阶段或服务内容，分为相互区别但前后联结、逐步增值的环节，即产业链节，亦称为产业链环。

从此角度定义产业链环，实际上是生产链的链节概念。产业链概念在西方著作中使用很少，大多是使用生产链和供应链。只是国内的著作和论文中较多使用产业链，本书为避免使用生产链这个国内相对陌生概念，而使用产业链概念。

知识经济是后工业经济形态的一种新经济形态，本质上它"是社会资源配置过程中主要依靠知识这一关键要素的经济形态"❶。知识创新是知识经济发展的主要动力，数字创意产业是知识经济中最具有活力的部分之一。数字创意产业的内容包括数字动画、数字影视、网络游戏、电脑特技，以及数字创意设计等。

在有关数字创意产业产业链的研究中，刘刚（2008）在论文《我国新媒体产业链相关问题与对策思考》❷中对产业链节的界定最具代表性。这种界定突出特点是注重文化产品的逐级生产过程，而非知识创新（创意）的价值增值过程。文章中按数字创意产业的产业链特点将新媒体产业链分为四种类型：数字影音产业链、数字出版产业链、数字动漫产业链和数字游戏产业链，其中数字动漫产业链和数字游戏产业链如图5.1、图5.2所示。

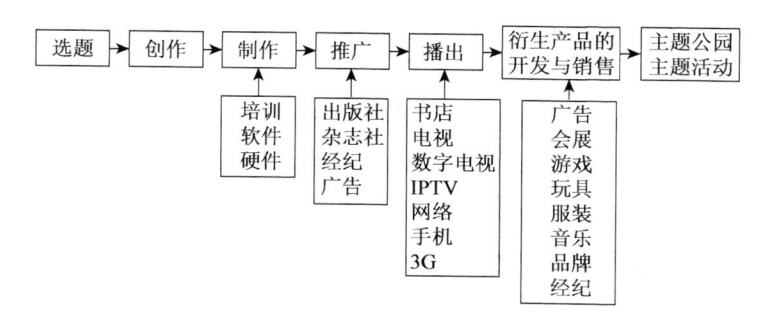

图5.1　数字动漫产业链示意图

---

❶ 芮明杰.公司核心竞争力培养［M］.上海：格致出版社，2008：7.
❷ 刘刚.我国新媒体产业链相关问题与对策思考［M］//启明，郭玉锦，刘宇，曾静平.文化创意产业前沿（希望：新媒体崛起）.北京：中国传媒大学出版社，2008：39-41.

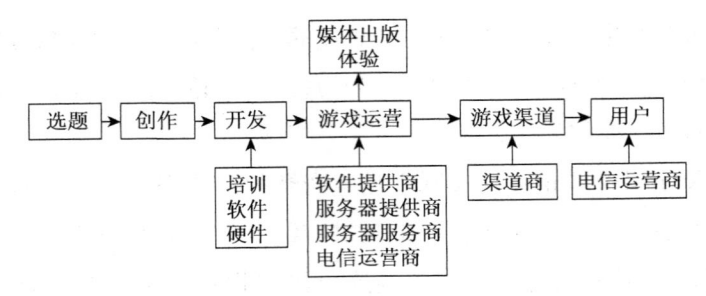

图 5.2 数字游戏产业链示意图

图 5.1 和图 5.2 详细地展示了数字创意产业细分产业内容生产过程的不同，基本代表了传媒学派对数字创意产业链界定的主流观点，也符合政策推动阶段我国数字创意产业在产业实践中注重对产品生产的集中要求与实际关注。

5.5.2 对数字创意产业链认识偏差增大产业"试错成本"

本书结合产业实践，深入分析刘刚（2008）《我国新媒体产业链相关问题与对策思考》中对数字创意产业链节的划分，认为存在几个值得商榷之处。

（1）虽然该文使用的是"新媒体产业"名称，但其编辑收录在创意产业前沿丛书中，且四个产业内容都以数字技术为手段，实际意义与本书所指的数字创意产业相同。该文以"创作"作为第二产业链节，实际上掩盖了创意作为数字创意产业核心链节和起始链节的重要性，而将重点过多地推向了文化内容本身，反映了将文化内容的数字化传播归入数字创意产业的思路，而未强调内容是否具有创意。

（2）将"选题"作为第一产业链节，暗含生产行为一定是企业完成的含意，因为自然人参与创意链节往往不具备前期调研能力，而大多数创意是自然人内隐的激情性创作，事先并未以市场接受为目标。在产业实践中，因为受众消费对象有很大程度的不确定性，从大量作品中脱颖而出的、同时具备艺术性和收益性的作品，往往是大量各类脚本作品、前期产品与前端作品数量累积的结晶，而非在市场调研中精确选题一击而中的结果。当然，数字创意产业 90% 的产品失败，很大程度上应当归结于生产者对创意理解不清，且未进行脚本类产品测试就盲目主观地进入成品生产环节。

（3）未能说明创作内容以何种形式进入产业链节。本书认为，创意想法、创意脚本或类创意脚本（包括微小说、微动漫、小游戏与微电影等）均可作为数字创意产业的第一链环内容。深入产业实践观察，即可发现：具体的生产过程中，"创意链节"还可以有多种形式，例如集体轮流讲故事、分组讨论或在一个初步确定的创意想法之后，进行情节推演的深化创意等。因此，本书认为数字创意产业的产业链第一链节，实际上只与文化内容的"创意"有关，而与静态的文化内容无关。这个观点区分和厘清了以往对文化资源当然即是产业资源的看法；从数字创意产业的角度来看，文化资源只是"矿产资源"，而非"原材料"，只有有效地进行创意加工开发后，文化资源才成为数字创意产业的原材料。

但应该看到的是，文化资源仍然是传统文化产业（如文化旅游等）、文化创意产业（如创意展演、节庆活动等）和数字内容产业（如部分数字出版等）的产业资源。

（4）此种划分方式，产业链节界定以"制作"或"开发"为第三链节，基本忽略了"整合策划"这一中心链节。"整合策划"链节在产业实践中，向上承接了创意脚本或创意脚本类产品，向下承接了资金、生产、销售与终端消费，是整个产业链的中心链环，而且"整合策划"应该在"制作"或"开发"之前。

（5）以"推广"或"运营"为第四链节，实际上是用"推广"或"运营"链节来替代"整合策划"链节，而且置于"制作"链节或"开发"链节之后，徒然地增加了企业生产的风险。在产业实践中，"推广"或"运营"只是"制作"或"开发"之后的销售准备阶段，不能替代"整合策划"链节。

上述对数字创意产业链认识的偏差，不仅会导致企业在忽视"创意脚本"链节的情况下对创意产品进行生产，从而使得西南少数民族文化数字创意产业乃至整个数字创意产业，本就有限的生产资本中很大一部分沦为"试错成本"；同时，上述数字创意产业链认识中对"整合策划"这一中心链节的忽略，可能导致一些已获取优质创意脚本的生产者，因缺位良好整合策划而难以将相关创意脚本进一步转化为成功的创意产品，这必然导致整个数字创意产业的沉没成本进一步增加。

5.6　思维性创意保护面临困境

我国数字创意产业产量高、精品少的原因，除了不当坚持"生产——营销"

传统产业链模式，以及对创意标准认识不清等因素外，另一个重要的原因，就是在产业实践中不容易实现对思维性创意的保护。

当前从事数字创意生产企业面临的最大产业风险，就是创意需求市场具有高度不确定性。创意需求市场的不确定性具体表现为以下几个方面。

1. 创意产品价格构成复杂性

普通商品的价格是由"成本+利润"构成，创意商品或技术商品的理论价格＝开发成本＋交易成本＋社会平均利润＋垄断利润❶，创意产品具有产权复合性特征。

2. 巨大消费弹性导致创意市场价值不确定性

传统制造业和服务业主要满足消费者的物质性消费与服务，创意产品则更多地满足人们的精神文化消费需求，受众的阶层、个人偏好、价值观念，以及社会思潮等因素，直接影响了民族文化创意产品的市场价值。

3. 创意产品的载体具有无形性和易复制性

创意产品由于其载体具有无形性和易复制性等特点，在市场交易的过程中易产生外部经济效益，导致创意生产和消费的失衡，使文化创意产品的市场价值具有不确定性。

数字创意产业需求的不确定性，使企业想在生产前期做市场调研十分困难，而产品试错成本又太高。因此，最好途径，是在有效保护状况下，让创意与受众接触，以获得市场对创意水平和创意价值的评判，据此来改进或组织下一阶段生产。

但是，在当前我国数字创意产业实践中，企业创意部门或创意者在获得一个创意，或创作一个创意脚本即得到思维性创意后，由于现实产业环境中创意保护的困难，而不愿意发布于公共媒介以获得评价或得到调研性市场数据，来决定是否进行改进、是否进行投产或将创意采用何种形式载体生产出来。而一般做法是，采用封闭性保密生产，直到产品成型才进行营销，使企业违背创意产业链节顺序进行生产，这也是造成企业试错成本高居不下的一个重要原因。

不可否认，创意评价企业内部化应是思维性创意保护的一种选择，但在当前市场信任机制尚未完全形成的情况下，对数字创意产业发展较为重要的问题是，

---

❶ 历无畏.创意产业导论［M］.上海：学林出版社，2006：105.

探寻如何在内部封闭生产、产品营销以外，找到一种能有效保护创意的外部创意评价方式。

5.6.1 思维性创意特征及其法律保护障碍

文化创意作为一种智力资源从产生到形成产品（资源到产品），按产业链节可划分为文化创意思维阶段、整合策划阶段、创意产品生产阶段、文化创意产品销售与终端消费阶段，每个阶段创意保护所面对的风险形式与特性都不尽相同，而本书所讨论创意保护存在的最大难题是：存在于创意产业链节中的创意思维阶段与整合策划阶段的思维性创意如何保护？

思维性创意是创意产生的基础，是人类思维的高级表现。思维性创意是以新颖独创的方法解决问题的思维过程，是一种开拓人类认识新领域，创造人类认识新成果的思维活动。思维性创意可能仅仅是一个想法、一个叙事片段、一个场景或一个形象，也可能是尚未形成完整结构的草案，还可能是已形成较为完整内容结构的脚本形式。为方便叙述、区分及理解，本书将尚未形成产品的创意思维可能呈现的所有形式统称为"思维性创意"。

1. 思维性创意的特征

思维性创意存在于文化创意思维和整合两个阶段。文化创意思维阶段指创意的产生与开发阶段，是整个文化创意产业运作的源头。在该阶段中创意主体在已有文化积淀基础上，受文化元素启发，综合运用创意思维而形成新观念，提出新方案和决策，构建新理论，是对原有思维方式的突破与改进。创意思维阶段的"思维性创意"还不是真正意义上的创意产品，但在一定条件下已具备了创意产品的雏形；创意整合阶段是指在创意主体已有创意产品雏形的基础上，投资方、制作方、创作方、策划方等生产环节相关方面达成协议或合作、交易的阶段。从动态交易角度分析，处于以上两个阶段的思维性创意一般具有以下特征。

（1）作为作品不具备完整性。

在当前知识产权法律体系中，关于创意"作品"的认定标准，迄今为止在学界和实务界并无统一的认识，一般认为，创意应具备一定的新颖性和具体性。新颖性主要侧重对于一个创意来源的考察，它强调一个创意应当由某人独立孕育产生，而非显而易见、众所周知或从其他地方获取的；具体性是指创意应当被完整地构思出来,并能被固定或记录下来,且具有一定的可操作性❶。

思维性创意具备新颖性和具体性特征,但作为作品不具备完整性。处于创意思维阶段及整合策划阶段的创意,至少也应具备新颖性和具体性这两个标准;仅仅停留在大脑中的想法、主意与策划等是不具备可保护性的,因为它没有表现出来,除了自我消费之外,不可能被"偷走",对于那些早已被公众所知悉的所谓的创意,任何人都可利用,已丧失了财产的价值基础,也没有保护的必要。因此,该阶段的创意应该是:已具有了一定表现形式能被外界感知、具有实施的可能性,在实务中主要表现为动漫作品的人物造型、剧本的情节以及电视节目的策划方案等,具有一定商业价值,但还没有形成完整的创意作品,不具有完整性。

(2) 思维性创意价值具有潜在性。

在此阶段,文化创意已经具有创意产品的雏形,本身具有财产性使用价值和交换价值,在通过有形物质载体而能够为外界所感知的情况下,交易具有可行性。因此,在创意思维阶段及整合策划阶段的思维性创意是具有交易的价值基础,也是具有交易的可能性,其使用价值在于一个好的创意本身就是含有商机的,在实施和传播过程中会使价值增值,在延长产业价值链的过程中,会发生乘数效应,获得广泛的利润空间,因而具有巨大的潜在价值。

2. 思维性创意法律保护存在的障碍

创意思维阶段及整合策划阶段的创意,虽然具有不完整性但已经具备创意产品的雏形,具有一般商品的使用价值与交换价值,蕴含潜在的商机也具备交易的可行性。但由于现行相关立法存在一定滞后性,对处于该阶段的创意还没有形成有效的保护机制,尤其在数字化环境下,处于该阶段的创意在现实交易中具有较大风险性,具体表现在以下几个方面。

(1) 网络平台交易模式带来的风险。

1962年美国经济学家艾若在《经济福祉与发明资源的配置》一文提到,在市场上提供和接受创意或信息时存在一个悖论(后人称之为"艾若信息悖论"❷),大意是指在创意处于雏形阶段进行交易时,创意的提供者或出售者将陷入困境:若为了达成交易而全面披露其创意,他们将丧失对创意的占有;若不披露创意信息,购买者又因无从知道其创意内容及价值而无法与之交易,或者创意

---

❶ 任自力. 创意保护的法律路径 [J]. 法学研究,2009(4):94-95.
❷ 任自力. 创意保护的法律路径 [J]. 法学研究,2009(4):98.

购买者已经发现创意提供者提供的创意是自己已经知道或者众所周知的东西而不愿与之交易。

在数字网络化环境中，文化创意市场交易很多都在网络上进行，这在很大程度上超越了传统的交易逻辑，交易的主体与标的均具有非实在性特点，也导致了诸如信息不对称问题、身份识别问题、隐私保护问题、信用保证问题，以及法律安全问题等一系列潜在风险。例如现在网络上颇为流行的"威客"模式，是在数字化背景下文化创意产业近来发展出的一种新型交易模式，也是长尾理论的具体体现与运用。"威客"是指通过互联网将民间创意人才汇聚，促成在国际范围上创意需求与创意供给的自由交易，并实现工作资源和智力资源最优配置的网络文化产业新模式。在"威客"模式下，文化创意供需双方都能在网络平台上实现交易，而不受时空和地域的限制，尤其在文化创意的思维与整合阶段，此种交易模式可以有效地降低交易成本。但由于"威客"模式的交易基础是基于需求双方以及"威客"网站之间的互相信任，在网络虚拟化环境中，目前由于监管机制的缺失，难以避免"艾若信息悖论"的出现，导致交易风险发生。

（2）创意的数字化形式与现行法律保护中的困境。

用以交易的文化创意一般是以数字化形式出现在网络媒体中，而其在思维及整合阶段所具有的不完整性导致了创意交易的高风险性。这种风险主要表现在以下几个方面。

第一，法律难以保护创意的全部表现形式。创意作为一种智力资源天然地具有知识产权属性，而我国目前知识产权法律制度的分散性，决定保护范围难以覆盖在所有形式的创意。

我国知识产权法律规范主要包括《中华人民共和国著作权法》《中华人民共和国专利法》《中华人民共和国商标法》《计算机软件保护条例》《信息网络传播权保护条例》，以及《反不正当竞争法》中的相关条款等，这些法律大都制定于20世纪90年代，虽然几经修订，但保护范围仍无法完全覆盖所有创意形式。按照知识产权法律的现有规定，知识产权的类型与内容具有法定性，只有智力成果具备了"作品""商标"和"专利"的实质条件才能分别受到《著作权法》《商标法》与《专利法》等知识产权法律的保护[1]。而在实务中很多创意因达不到《著

---

[1] 张永忠.动漫产业知识产权保护：整体化的进路[J].华南师范大学学报（社会科学版），2012（3）：120–121.

作权法》的"可版权性"与《商标法》的"可区别性"要求而无法得到保护❶。

第二，网络环境下的创意特征增加交易风险。首先在网络环境下，创意以数字化形式出现，同时又与计算机电子通信技术融为一体，在创意人上传到网络上时，其创意便自动传播，传统著作权法中的出版者权❷很大程度上被网络信息传播权所吸收；其次网络也改变了传统的营销方式，网络交易是点对点交易，中间商退出了历史的舞台，网络销售是终端销售；最后，网络的传播与复制是同时进行的。基于这三个特征，网络环境下的思维性创意交易风险要比现实环境下的交易风险大得多。

第三，网络著作权相关规定过于笼统且缺乏可操作性。如前文所述，我国目前涉及网络著作权的法律法规主要有《中华人民共和国著作权法》《著作权法实施条例》《信息网络传播权保护条例》《计算机软件保护条例》，以及《最高人民法院关于审理涉及计算机网络著作权纠纷案件适用法律的若干问题的解释》等，这些法律规范仅仅规定了具有独创性的智力成果受网络著作权保护，侵犯网络著作权的行为要承担侵权责任，但对网络侵权行为的认定标准、侵权主体、归责原则、超文本链接，以及合理使用的关系、损害后果与赔偿数额的确定等问题却没有规定。在实践中，往往出现创意成果被下载、复制或盗版、翻录却无法得到法律有效保护的情形。

3. 现行法律保护不周延

在当今网络信息化时代，大部分创意作品都以数字化形式出现在网络媒介中，如何加强在网络环境中的创意保护，是很多国家在创意产业发展中遇到的共同难题。作为一种"智力成果"，思维性创意与其他智力成果一样，具有无形性、易逝性等特点，因此其保护问题天然地要寻求《著作权法》及其制度、规范来解决❸，这使得我们不得不思考在该阶段的思维性创意是否属于《著作权法》中的"作品"，创意人是否享有网络著作权的问题。

目前，我国涉及网络著作权的一个重要法律规定是《最高人民法院关于审理涉及计算机网络著作权纠纷案件适用法律的若干问题的解释》（以下简称《解

---

❶ 吴汉东.形象的商品化和商品化的形象权［J］.法学，2004（10）：55.
❷ 作者注：出版者权是邻接权的一种，在我国邻接权主要是指出版者的权利、表演者的权利、录像制品制作者的权利、录音制作者的权利、电视台对其制作的非作品的电视节目的权利、广播电台的权利。
❸ 王宏维.创意的法律保护及制度设计［J］.法制与社会，2010（7）：40.

释》),《解释》第二条规定:"受著作权法保护的作品,包括著作权法第三条规定的各类作品的数字化形式。在网络环境下无法归于著作权法第三条列举的作品范围,但在文学、艺术和科学领域内具有独创性并能以某种有形形式复制的其他智力创作成果,人民法院应当予以保护。"所谓"独创性"主要包含两层意思:一是智力创作成果是作者独立完成,二是智力成果要具备一定的创新性。因此,只要从相关创意的"表达"上判断符合这两个要件,且满足可复制性要求,则该创意是可以得到保护的。比如一个动漫形象造型、一部电视剧的脚本或者一个详细的策划书等,只要能判断具有创新性是可以得到保护的,但一个阶段性的提纲或者一种节目组织形式,由于在实践中难以判断其创新性,在目前是难以得到法律保护的。

虽然以上法律、法规可以将处于思维性的创意纳入保护范围,但在实践中却缺乏可操作性,具体表现在以下几个方面。

(1) 网络侵权行为的认定标准、侵权主体、侵权责任的归责原则与损害赔偿数额的确定等问题尚无明文规定。

在网络环境中,侵权行为具有隐蔽性和扩散性,侵权人具有非实在性等特点,在实践中要确定侵权人十分困难,即使侥幸找到了侵权人,如何进一步认定其侵权责任,以及如何确定赔偿数额,仅从现行法律法规规定来看,尚无明确规定与解释。

(2) "超文本链接"[1]与合理使用问题缺乏具体规定。

在实践中,只有极少数的超文本链接获得权利人的同意,未经同意的链接是否构成侵犯网络著作权?法律没有具体的规定,同时对于网络作品的合理使用问题也没有详细规定,导致侵权人经常以"合理使用"为借口实施侵权行为。

(3) 对相关技术措施的规定可操作性不强。

技术措施是指版权人通过对其作品设置一定的条件,以限制其作品被复制、传播维护自己专有权利的行为。在网络环境中主要是指权利人对其作品采取加密、设置防火墙等措施,这些办法对于权利人来说非常重要。我国《著作权法》第四十七条第一款第六项规定了技术措施的内容,《解释》第七条也做了相应的

---

[1] 作者注:超文本链接是指使用超文本制作语言编辑包含标记指令的文本书件,在两个不同的文档或同一文档不同部分建立联系,从而使访问者可以通过一个网址访问不同网址的文件,或通过一个特定栏目访问同一站点上的其他栏目。参见:张锋学.网络著作权保护新论[J].华南理工大学学报(社会科学版),2011(12):69.

规定，但只是进行了原则性的规定，在实践中难以操作。

综上所述，在网络和数字化环境中处于创意思维阶段及整合阶段的思维性创意，具有很大的被侵权风险。但由于现行法律的滞后性、分散性与可操作性不强，导致了对思维性创意及其交易保护的力度不足甚至是难以实现，无法满足产业实际要求。

5.6.2 对思维性创意的其他保护方式分析

在数字技术高度发达的现代社会，文化创意作为一种具有无形财产属性的智力资源，在交易过程中具有高度风险性，而现行法律的滞后与分散导致法律保护显得力不从心。因此，很多文化产业研究者参照其他国家的相关法律内容提出扩展性保护的思路❶，以期修订现行的《著作权法》来扩大保护的范围等。通过制定一种全新的法律或者大规模修订现行法律来保护文化创意，要考虑诸多因素且修法周期较长，在现阶段难以满足创意产业飞速发展的需要。因此采取修订法律来增加创意保护范围的研究，可以从学理上取得较大的进展，但司法实践中却往往难以实施。因此产业内部的企业成立行业协会，寻找行业内的创意保护，是较为可行的增大创意保护范围的途径，但是在实践中仍存在诸多困难。

1. 行业协会保护

行业协会是介于政府与企业之间，为本行业的企业或者个人提供咨询、服务、监督与协调的中介组织。行业协会在知识产权保护中起着"行业自律、行业维权和行业助跑"的作用，具有独具特色的、不可替代的战略功能❷。

在文化产业比较发达国家早已建立了较为成熟的文化产业行业保护制度。如韩国文化产业振兴院，根据动漫产业的特点设立游戏综合支援中心、游戏技术开发中心、卡通形象文化产业协会，以及卡通形象产业协会等。这些行业协会在韩国文化创意产品的研发、交易、运用与监管中起积极的桥梁和保护作用，弥补了法律保护的缺失与不足，降低了交易风险，有力地推动了韩国文化产业的发展。

我国数字创意产业发展准备阶段较为仓促，行业协会建设严重滞后，加之以行政区划的影响与地方政府鼓励政策的驱动，现有数字创意产业相关行业协会除

---

❶ Arnold·P.Lutzker.创意产业中的知识产权——数字时代的版权与商标[M].（第二版）.王娟，译.北京：人民邮电出版社，2009.

❷ 张永忠.动漫产业知识产权保护：整体化的进路[J].华南师范大学学报（社会科学版），2012（3）：124.

了在信息发布和会展召集之外,对行业内部自律的作用并不大,因此无法实现行业协会的有效保护。特别是西南省(区、市)数字创意产业发展极不平衡,区域内的行业协会建设更加困难,因此缺乏足够能力承担创意的自律性保护。

2. 分省登记备案制度保护

在交易过程中,登记备案的创意可以减少"艾若信息悖论"现象发生,降低交易风险。目前我国创意产业较发达地区已经开始尝试创意登记备案制度,如上海实施的"创意信封"制度和深圳实施的平面设计作品版权保护制度等[1]。

在产业实践中,因为数字创意产业的企业不受注册地限制、产业从业人员流动性大,而分省创意备案制度,没有对行政区划外侵权行为的追偿或追诉能力,因此实际效果并不明显。

综合上述分析,在我国数字创意产业的信用机制和信任制度建立与完善之前,在法律之外寻求增加保护范围的途径较为困难,实效也很低。因此,必须从其他途径进行探索。

5.7 少数民族文化创意的诸多约束使少数民族文化创意空间狭窄

创意是少数民族文化资源成为数字创意产业资源的转化器,创意脚本是少数民族文化数字创意产业最核心的"产业原料",对民族文化数字创意产业的发展起着决定性作用。少数民族文化创意长期存在多方面的禁忌与硬性约束,使少数民族文化创意空间日益狭窄,严重制约了丰富多彩的少数民族文化资源转化为数字创意产业优势,造成我国相关民族文化创意类文学脚本数量稀少,民族文化数字创意产业发展缺乏基础性产业资源,这已成为整个少数民族文化数字创意产业发展的隐性瓶颈。

就少数民族数字创意产业而言,制作机构、传播媒介最完整、发展最好的主要产业内容就是民族电影。

---

[1] 任自力. 创意保护的法律路径 [J]. 法学研究, 2009 (4): 106.

在电影"十七年"之后的电影"新时期"❶中,以1980—1995年期间的少数民族电影产量为例,可以看出"剧本荒"带来的影响:20世纪80年代平均年生产9.8部,1990—1992年每年生产8部,1993年生产7部,1994—1995年每年生产4部❷。民族文化创意稀少的原因,早在1997年学者们对民族电影"十七年"的研究和讨论中,已部分揭示出来:少数民族文化创意中的意识形态诉求、民族情感和历史原因等诸多禁忌、烦琐的管理程序、少数民族本民族人才的缺乏、文化禁忌中其他民族的"我者""他者"之争,让大多数作家和剧作家们望而止步❸。

西南少数民族文化数字创意产业中的创意则面临着更多的约束。西南是我国少数民族种类最多的区域,各民族之间呈现"小聚居,大杂居"的状态,相互之间既有融合、同化也有独立、隔阂。如在西南多地以各种版本流传的苗族古歌,反映了历史上苗族与中原统治压迫者的长期战争而不断迁徙的故事。苗族的宗教信仰一般多为万物有灵和祖灵崇拜,如果不当采用苗族文化的原有故事情节和冲突定性,创意便会遇到一定困难和阻碍。因为科幻、奇幻或魔幻冲突的双方很可能被设计为神和妖魔,也可能写成不同种族或民族之争,这样的创意方式如果处理不当就可能触犯文化禁忌。

总体而言,我国少数民族文化创意中的约束主要体现在,政治属性方面约束、创意脚本来源方面的民族文学批评的内部化、边缘化约束,民族文化创意的观念性约束。拓展我国少数民族文化创意空间,繁荣少数民族文化创意脚本,对我国少数民族文化数字创意产业的发展至关重要。

5.7.1　政治属性的客观必要性形成对少数民族文化创意的硬性约束

中国是多民族国家,中华民族多元一体,共同发展。民族团结、共同发展不仅是政治传统,也是文化传统,更是中华民族的生存经验。出于民族情感、民族团结及和谐发展等方面的要求,民族文化创意比普通题材文化创意多一层来自文

---

❶　"十七年"指1949—1966年电影时期,"新时期"指"文革"后的电影新时期。
❷　赵实.世纪之交:寻求少数民族电影发展对策[M]//中国电影家协会.论中国少数民族电影——第五届中国金鸡百花电影节学术研讨会文集.北京:中国电影出版社,1997:4.
❸　在中国电影家协会编的《论中国少数民族电影——第五届中国金鸡百花电影节学术研讨会论文集》、李奕明的《"十七年"少数民族题材电影中的文化视点与主题》、程蔷的《现代文明与往古习俗的撞击——略论少数民族及其主题开掘》、杨荣昌的《中国少数民族电影题材的发展思路与对策之我见》等文中提出上述观点。

化政治属性要求的原则性要求。

我国少数民族文化的宗教信仰和生活习俗中存在很多敏感性禁忌，这些禁忌在共同宗教环境或相同文化环境中，一般只会引起争论；而在不同环境中文化禁忌被触犯，文化差异引起的误读就会被极度放大。如美国幻想电影《这个男人来自地球》，将上帝描述为一个没有神性的长寿普通人，只引起了极小范围的抗议而没有酿成冲突性质的事件；但是英国幻想小说《撒旦诗篇》则引起了伊斯兰教国家广泛抗议，并造成了极其严重的后果：作者被伊朗宗教领袖宣布判处死刑并被追杀，英国和伊朗一度断交，多名翻译者和出版者遭遇袭击。我国也曾经出现多例文化作品触犯民族文化禁忌而引发严重后果的事件，典型的如20世纪80年代的小说《亮出你的舌苔或空空荡荡》事件。

2015年颁布的《电影管理条例》第二十五条第四款规定"电影片禁止载有下列内容"："煽动民族仇恨、民族歧视，破坏民族团结，或者侵害民族风俗、习惯的。❶" 2006年发布的《电视剧拍摄制作备案公示管理暂行办法》与2013年原国家新闻出版广电总局文件（广发〔2013〕65号）发布的《电视剧拍摄制作备案公示管理办法》第五条第二款均做如下规定："电视剧拍摄制作备案内容须符合下列条件：内容涉及政治、军事、外交、国家安全、统战、民族、宗教、司法、公安等敏感内容的（以下简称"特殊题材"），申报拍摄制作备案公示前须征得省、自治区、直辖市以上人民政府有关主管部门或者有关方面的书面意见。"❷

以上规定及其所隐含的广泛约束，不仅是每一个影视脚本创作者的创作边界，也是涉及少数民族文化创作的文化工作者的创意边界；涉及民族文化的每个情节、冲突、符号及其隐喻都要扩展开来反复揣摩，以免不小心犯错而引起争议或者不能通过备案审查环节。因此，民族文化创作上存在更多客观限制，特别是针对少数民族文化数字创意产业的创意空间实际上变得很狭小。在这样的约束下，艺术化和原生态成为民族文化创作如民族电影、电视剧剧本写作的常用模式，表现冲突的情节和带有倾向或色彩的内容变得程式化或者缺乏实质性，艺术片或原生态片长期成为民族电影的重要内容。我国现有的少数民族文化作品具有

---

❶ 2015年最新电影管理条例全文［EB/OL］.（2015-07-07）［2015-07-15］. http：//www.88148.com/Info/201507074203.html.
❷ 电视剧拍摄制作备案公示管理办法［EB/OL］.（2013-10-10）［2013-10-15］. http：//dsj.sarft.gov.cn/article.shanty?id=0141a03471b761bc402881a23eac78c4.

一种类型化的静态特性,其创作指向对少数民族地区自然地理、民俗风貌、风情传统等的艺术重现,彰显一种文化的记忆和心灵的回望。在大众文化背景下,部分少数民族题材电影难以得到在各大院线影院放映,投资回报率整体较低,因此,大多数情况下,少数民族影视作品的主要投资来源还是政府资助。

总之,在意识形态冲突和地缘政治紧张长期存在的背景下,在我国少数民族文化创作承担着稳定及和谐任务的状况下,我国少数民族文化数字创意产业的政治属性约束是一种必要的、客观存在的要求。

5.7.2 民族文学批评内部化现象制约少数民族文化创意发展

我国少数民族文化作品主要集中在影视作品中,动漫和网络游戏等其他作品形式的民族文化内容题材不多见,针对动漫、网络游戏的创意脚本创作更加稀少。其根本原因在于少数民族文化创作或创意中对于大众性文化元素的剔除,以及对民族文化原态、静态的表现。这种模式化的创作倾向,对我国数字创意产业的创意脚本数量影响较大。而在我国少数民族文化创意文学化的背景下,少数民族文化批评的内部化和边缘化,是导致这种模式化创作倾向的重要原因之一。

汉文化创意内容往往采用数量众多且内容丰富的历史故事、名人传说、古典小说、神话传说或其他形式的文化素材为基础,也汲取戏曲故事、诗词等文化素材进行创意性改造。如三国故事,就为数字电影、数字电视、数字动漫、网络游戏与数字音乐等,诸多数字创意产业提供了取之不竭的创意素材。由于很多少数民族文化素材仅存在于大量的口传民间文化中,民族文化素材中类似于汉文化素材来源的相对较少,很多重要的民族民间性文化素材需要通过文字化和文学化的处理过程。例如,我国少数民族电影、电视剧本的故事或其他重要内容素材更多地来自于文学作品,更强调剧本中的文学性。相比汉文化创意而言,我国少数民族文化创作或创意更加具有文学化的特点。

文学的繁荣发展,离不开高水平文学批评的引导。文学批评是对文学文本的理解和诠释,目的是对文学知识进行系统建设并获得理性的认识。然而对少数民族文学的批评十分复杂,极易引起各种超出文学批评范畴的争议,因而对民族文化的深入了解、知识结构和理论素养等方面的要求极高,往往让文学批评家望而生畏。中国文联副主席、中国作协少数民族文学委员会主任、《文化产业发展论》作者丹增,在2005年、2006年接连被评为中国文化产业人物,并荣获2007年中国创意产业杰出贡献奖。丹增（2013）针对民族文学批评的状况曾说："现在，我不敢说每个月，起码隔两个月我就得参加一次作品研讨会。这类研讨会，基本上是歌功颂德，最后再说一句建议，或者提一个不痛不痒的批评意见。（民族）文学评论这样发展下去，是找不出方向的。"❶

在刘大先（2013）看来，少数民族文学批评的捉襟见肘，一方面表现在少数民族文学批评的影响范围局限于民族地区和专门研究机构，另一方面也与批评者话语系统的陈旧有关。❷就后者而言，应重新审视民族文学研究的立场、方法，以及理论命题的生产问题。我国少数民族文学批评长期处于内部化状态，少数民族批评家占了绝大多数，汉族文学批评家则很少介入。目前民族文学批评的现状，远不能满足少数民族文化创意的要求。

民族文学批评的内部化现象，使民族文学批评处于边缘化的境地，而网络媒体批评的出现与发展使这种趋势更加严重。网络文化、网络文学对主流文化和严肃文化边界的消解和重构起到不可忽视的作用，对主流文化的创新和发展起到了文化精英和文化领袖不可能起到的作用。网络文学多样化的创作与创意的蓬勃发展，使网络媒体中较为自由的、朝向大众文化方向的文化评论和文学批评吸引了众多文学爱好者参与，然而关于创作规律探讨的纯文学批评则很少有人参与，而以严肃文化为取向的少数民族网络文学则处于被他者静态围观的境地。

文学批评的高度发展是文学兴盛和文化繁荣的标志，而文学批评的沉寂则使文学的发展失去指导。我国民族文学批评的内部化和边缘化，是民族文化创意多样性、时代性和大众性缺失的主要原因之一，严重约束了少数民族文化创意的发展。

5.7.3 观念相对滞后导致少数民族文化创意发展缓慢

美国数字动画电影《功夫熊猫》系列是以中国文化为内容的作品，在中国市场很受欢迎。2008年《功夫熊猫1》上映时曾经遭到并未看过此片的独立艺术家抵制，理由是"用中国文化来挣中国人的钱"；2011年《功夫熊猫2》上映时则遭到了某高校动画学院院长及某名校教授等三人联合抵制，理由是"用中国文

---

❶ 牛锐.少数民族文学创作呼唤文学批评——首届中国少数民族当代文学论坛侧记[N].中国民族报，2013-11-15.

❷ 牛锐.少数民族文学创作呼唤文学批评——首届中国少数民族当代文学论坛侧记[N].中国民族报，2013-11-15.

搭载美国价值观,是美国的文化侵略"。诸如"文化产业就是用文化赚钱""文化产业就是文化资源掠夺""文化产业就是对文化的异化""抵制外来文化才能保护民族文化"等经不起文化发展规律考验的滞后观念,不仅存在于我国部分艺术家和文化学者的偏狭思维中,也相当普遍地存在于我国少数民族文化界。这些滞后观念对少数民族文化创意产生了极为明显的消极约束作用。

创意脚本是少数民族文化数字创意产业的"基质土壤"。在少数民族文化创意约束下缺乏产生大量创意脚本累积条件,少数民族文化数字创意产业也就很难得以顺利、平稳、长期发展。

5.8 缺乏符合西南区域经济发展水平的针对性措施

随着我国数字创意产业的发展,产业发展簇群化、园区化、基地化成为一个通行的模式。目前,我国数字创意产业园区建设存在一哄而起、遍地开花、园区过多、重复建设等现象,更为严重的是各省(区、市)发展战略雷同、园区定位模糊。随着产业园区数量的快速增加,将产生一些具有区域或国际竞争力的产业园区,但同时一大批模仿投资的产业园区将在激烈的竞争中被淘汰,一些省(区、市)将会认识到数字创意产业的高风险。

由于受到西南区域整体经济发展水平低、经济规模小的限制,西南区域数字创意产业不可能有发达省(市)的投资规模、持续投资能力,以及对投资风险的承受能力。理性地看,西南地区还是一个相对后进的经济区域,还有很多贫困人口的温饱需要解决,还有很多基础建设需要投入,因此有限的产业资金投入,必须用在能对产业的发展起着关键性作用的环节上。如果简单模仿经济发达、产业发达省(市)的大而全的投资模式进行产业投资,必将出现投资资金匮乏、投资效率低下,而使数字创意产业发展受挫。

总体来看,西南区域数字创意产业较为缺乏深入产业微观层面,针对关键性突破点的发展措施。特别是对西南少数民族文化数字创意产业而言,如果不能把有限的发展资金投放在发展着力点上,就不能长期有效地推动西南少数民族文化数字创意产业的发展。

第6章　西南少数民族文化数字创意产业发展战略及发展路径探析

由于举国体制下的政策推动，我国文化产业一直呈现高速发展的态势，产业产量化发展阶段很快完成，产业发展阶段的转换也迅速到来，新发展阶段局面也更为错综复杂。

进入"十二五"时期后，西南少数民族文化数字创意产业呈现的总体局面，有"一旧、一下、五新"的特点，具体来说就是：

"一旧"，即尚未很好地解决西南少数民族文化创意标准界定和创意空间拓展的问题。

"一下"，即西南数字创意产业整体生产能力相比全国呈现逐步下滑趋势。

"五新"，包括：①新阶段，市场机制下的优化发展阶段。②新特点，创意产品数量多、创意质量低，总体产量过剩、优秀产品不足。③新格局，区域内、外产业细分行业的增长极布局均已初步形成。④新规律，传统线状一体化产业组织形式逐渐向模块化网络状企业组织形式演化。⑤新机遇，其一，新业态，新媒体将发展为数字创意产业主流媒介，新媒体可能是区域内、外产业布局固化前的最后发展机会；其二，新技术，大数据技术将改变传统融资方式和传播规律，智能化和精准化融资与营销将有效拓宽西南少数民族文化数字创意产业的生存和发展空间；其三，新热点，网络电视剧降低媒介门槛的功能将少数民族文化创意得到新的展示空间。

从本书作者查找到的与西南少数民族文化数字创意产业相关的研究报告、论文与著作等材料来看，西南文化产业学界学者和地方政府官员，在目前局面下思考、讨论和争议最多的问题是有关政策要素和产业要素的对策：是否进一步加强政策要素供给？是否进一步加强产业生产要素完善？具体来说就是，四川省和重庆直辖市是否应该各自在行政区划下独立扩大产业园集群规模？云南省、贵州省和广西壮族自治区是否应该继续加大政策扶持力度、加快产业园建设、加快产业链完整化？这些问题与对策上的分歧与困惑，来源于产业发展战略和产业发展路径的不明确，只有深入发展战略与发展路径层面上，才能有效解决上述分歧和困惑。

6.1 西南少数民族文化数字创意产业发展战略探析
——"拆开旧木桶，构建新木桶"

随着数字技术、网络技术和现代通信技术的高速发展，我国知识创新型产业组织，整体呈现与整个知识经济产业相一致的模块化分工和网络状组织形态。我国数字创意产业近几年快速发展过程中出现的一个重要现象，印证了数字创意产业组织已出现这种组织演化的趋势——在数字创意产业链中原来资本关联和产业聚集的主导地位，逐渐让位于创意关联和整合策划。这是我国数字创意产业在经历了基础性全面发展阶段后，产业组织内生自然演化的结果。现阶段产业发展的主要特征，表现在创意及整合在价值链高端位置上逐渐代替了资本、生产制作人才与技术等传统工业生产要素，模块化分工逐渐消解了同质化的产业园一体化边界，柔性产业分工下的企业合作竞争关系逐渐趋于成熟。

在数字创意产业的组织演化过程中，经济基础好、民间文化投资旺盛，企业特别是小微企业数量众多与分工类别齐全的东部沿海区域和中部地区，自然而迅速地适应了这种变化。这些区域的企业逐渐放弃了内部的一体化，而主动以自身具有相对优势的部分产业链环节参与区域分工合作，使企业通过自主竞争参与产业生产，从而使产业资源配置得到最大优化，合作成本得以下降，进而使区域整体生产规模和产品质量得以大幅提高。

相比东部、中部区域数字创意产业较为自然的产业组织演化进程，西南区域则存在着来自经济基础制约特别是分工协作理念缺乏的现实困难。在西南地区整体经济基础相对较弱、民间数字创意企业数量不多、企业类别不丰富的情况下，区域内部分工合作本来就不充分，再受到行政区划下分省独立一体化产业园的全产业链产业发展战略影响，区域内分省企业只有向内完善生产要素才能完成产品生产。分省产业和企业向内求全的"旧木桶"同质化效应，造成了西南数字创意产业在要素资源本来不充足情况下配置更加不合理。因此，在东部和中部完善、开放的企业分工合作的极化效应影响下，西南地区产能下降就成为不可避免的现象。

作为整体经济相对欠发达，不具备自然快速完成产业组织演化的西南区域，深入研究数字创意产业的产业组织演化规律，改变依然沿用的工业经济时代的传统线状产业组织形式和行政区划下独立一体化产业园全产业链发展战略，采用适宜知识经济时代的发展战略和竞争战略，消除造成西南数字创意产业资源配置效率不高的内在因素，对西南区域数字创意产业与西南少数民族文化数字创意产业的发展有着极其重要的战略意义。

6.1.1 数字创意产业模块化价值网络的形成与优势

知识经济是农业经济、工业经济之后的新经济形态，数字创意产业是知识经济的核心之一。

厉无畏（2006）认为"文化创意和科技创意（创新）作为知识经济的核心，是提升产业附加值和竞争力的两大引擎，是经济增长的'车之双轮，鸟之双翼'"❶。

在全球化进程中知识经济背景下，因为人工再造自然资源规模的扩大、人力资源素质、技能培训的普及，传统生产要素在经济发展中的作用下降；而知识创新、技术创新与文化创意在经济发展中逐渐占据主导地位，成为引领经济发展的核心力量。在知识经济条件下另一个变化是：能够整合更广泛资源的国家和企业机构，比仅靠要素禀赋组织生产的更具有竞争优势；而要素禀赋的比较优势只有在具备产业竞争力的情况下才能发挥出来。因此企业应将更多注意力放在关心自身竞争能力，将资源和精力用在具有优势的核心业务上，把非核心业务交由其他企业采用外包方式完成。

现代数字技术和信息通信技术的快速进步，使全球经济一体化进程明显加快，以往各国具有的传统生产要素比较优势所带来的竞争优势在逐步下降，而知

---

❶ 厉无畏.创意产业导论［M］.上海：学林出版社，2006：4.

识创新成为更为重要的生产要素,创新能力也成为产业竞争力的重要保证。

在知识经济背景下,知识创新型产业形成"模块化企业价值网络"这样一种新型产业组织形式:"价值模块化是它形成的逻辑起点,企业模块化是它形成的基础条件,组织模块化是它形成的组织形式(余东华,2008)。"❶

模块化网络状产业分工,与传统纵向线状产业链分工有着本质不同。在传统线状产业分工理论指导下,是传统工业生产为主体的一体化全产业链发展战略;而模块化网络状价值链理论体现的则是以知识经济为主体的现代产业组织形式。模块化网络状产业组织内的企业间活动实际上就是知识活动,其间流动的是知识、知识创新与文化创意。而具有高度知识创新型产业特征的数字创意产业,在数字技术和现代通信技术进步的带动下,更加具备这种组织形式结构特性。这种产业组织特性也反映了数字创意产业内在组织结构的实质。

1. 模块化网络组织理论

模块化网络组织研究领域,是模块化理论、产业链(价值链)理论和网络组织理论的交叉领域。本书在前面第五章中介绍过产业链理论,以下仅简单介绍模块化网络组织理论,为数字创意产业模块化价值网络的进一步分析做准备。

(1)产业模块化分工。

"模块"最初来源于工业设计,是指将产品的整体功能设计拆分为几个组成部分,而这几个有着独立功用的部分靠标准接口连接而成一个整体。这样的设计有利于分包加工、更换维修,更主要用途在于可以满足客户的个性化消费需求,从而获得更强的竞争力。随着产品复杂性增加、产业分工细化,模块化发展成为一种新型产业组织模式,也成为更多产业的选择。这也是在工业经济后期,产业分工细化导致的产业组织的内生自然演化。随着经济学家关注对模块化理论的深入研究与完善,模块化从一种工业设计手段变成了经济学研究产业组织的重要理论。

依照青木昌彦在《模块时代:新产业结构的本质》(2003)的定义:"模块是指:可组成系统的、具有某种确定独立功能的半自律的子系统,可以通过标准的

---

❶ 余东华.模块化企业价值网络——形成机制、竞争优势与治理结构[M].上海:格致出版社,2008:28.

界面和其他同样的子系统按照一定的规则相互联系而构成更复杂的系统。"❶ 模块的半自律性,是指模块可以独立地进行自我设计和创新,有内部的自主性,但必须遵守通用的共同设计规则。余东华(2008)也依照"模块"的这个概念内涵定义了"价值模块"。

每个模块的信息处理独立地在模块内部进行,然后作为一个子系统通过标准的界面与系统或其他模块连接形成更复杂的系统。每个模块的功能不能单独发生作用,只能与具有关联性的其他模块依照规则结合成复杂系统时,模块的功能才能发挥出来。

基于工业经济向知识经济转变过程中产生的实质性变化,经济学家们提出了分工经济的中间经济形态概念,模块化正是理解这种结构性变化的新视角。这样,经济系统演进就呈现出"规模经济——分工经济——模块化"的发展路径。

模块化与分工经济相联系,但却不同于传统意义上的简单分工概念。分工未必有模块化,但模块化一定有分工。模块本身可以是企业内部部门、企业、企业集群、系统或复杂系统,模块之间的连接规则也是发展变化的。

总之,模块化是社会生产力高度发展而形成高度细化的分工方式。模块化分工的实质是知识分工,模块化方法是系统的分解和整合。❷ 模块化在经济实践中,已被视为有效组织复杂产品和过程的战略。

(2)网络状组织。

模块化对系统的解析主要体现在对传统纵向线状一体化的分解,整合则体现在分解的产业链环节或企业内部生产部门,作为独立模块与其他模块连接参与构建复杂系统;混合、多样的模块聚集整合而成的产业组织形式,呈现出网络化特征。传统价值链环节的点、线关系转变成变化的或合作或竞争关系。企业从对内部生产要素完备性的注意,转向更加重视自身核心业务的竞争力,从注重企业规模转而关注创造新的盈利模式而成为整合其他模块的"舵手"(青木昌彦,2002)。

模块化分工条件下产业网络组织的形成,是企业在知识经济高度发展的经济环境中逐渐适应与发展的结果。在网络状产业组织中,企业一方面通过对内部业

---

❶ 芮明杰,李想.网络状产业链构造与运行——基于模块化分工和知识创新的研究[M].上海:格致出版社,2009:40-42.

❷ 芮明杰,李想.网络状产业链构造与运行——基于模块化分工和知识创新的研究[M].上海:格致出版社,2009:45.

务结构调整,形成以核心业务为重点产业链环节的内部合理性协调;另一方面高度关注自身与其他企业间的相互关系——替代模块企业之间的竞争关系与互补模块之间的合作关系,而完成外部合理性协调。因此,模块化网络状产业组织,具有企业对生产调节的内部分解和市场对生产调节外部整合的双重作用,能对提高知识经济条件下的产业要素边际收益产生积极有效的影响。

模块化理论和网络组织理论,展示出创新(创意)与"舵手"在模块化网络状组织结构中的重要性,为数字创意产业的发展研究提供了新视角与新思路。

2. 数字创意产业模块化价值网络的形成

(1) 数字创意产业模块化价值网络形成的外部原因。

数字创意产业模块化价值网络形成的外部原因,主要有以下几方面。

① 市场全球化。经济全球化使参与竞争的企业在全球范围内展开激烈市场竞争,企业失去靠自身能力能够完全独立发展的条件,这就是促进产业分工高度细化,形成模块化分工和组织网络化的市场条件。当我国加入世贸组织后文化市场按照承诺开放,遭受美、日、韩等国数字创意产业产品冲击,特别是每年引进的美国大片和流入的日本动漫、韩国电视剧和网络游戏等,使我国正处于起步阶段的数字创意产业一下就进入全球化市场而参与了国际竞争。从 2011 年我国电影票房比例就可以看出,我国数字创意产业面临经济全球化带来的激烈竞争。时光网的资料显示,2011 年全年国内影线共放映了 200 部左右电影,票房收入约 100 亿元,其中国产影片约 150 部,票房 47 亿元;进口影片仅 50 部,票房收入却达到 53 亿元❶。这是我国国产影片与进口影片电影票房比例的首次逆转,也标志着我国电影业正在快速进入完全市场条件下的全球竞争环境;2015 年"全国电影总票房为 440.69 亿元,国产影片票房为 271.36 亿元"❷,在总票房中占比超过 6 成,这体现出我国电影业的进步,但"国产影片海外销售收入仅为 27.7 亿元"❸,不可否认的是我国在电影领域仍旧不得不接受巨大的"逆差"。实际上在我国数字创意产业的重要内容中,数字动漫和网络游戏比电影更早进入这种全球化的市场竞争环境,我国数字创意产业整体正是在这种压力下进入模块化网络状组织演化阶段的。

---

❶ 有感 2011 中国电影盘点 [EB/OL].(2012-03-12)[2012-11-10]. http://i.mtime.com/1150925/blog/7199034/.

❷ 2015 年中国电影总票房跃升至 440.69 亿元 [EB/OL].(2016-01-02)[2016-02-10]. http://news.xinhuanet.com/shuhua/2016-01/02/c_128589092.htm.

❸ 同上。

② 信息技术发展。现代信息技术和通信技术的快速发展，极大降低了企业之间的协作成本，使企业可以跨越产业组织边界进行广泛合作，从而使传统产业组织的等级层次结构消解。信息技术的发展为数字创意产业模块化价值网络的形成提供了技术基础。

③ 创意要素上升。文化创意替代了资本、技术等传统生产要素成为数字创意产业的战略资源，使企业转而进行模块化内部调整，围绕创意价值开展生产活动。

④ 数字创意产业需求具有特殊性。数字创意产业需求的高度多样化、高度个性化和高度不确定性，使参与产品生产企业之间的合作关系具有临时性特点，当快速组织的生产完成后就可能解散，因此企业内部生产部门全面配置成为效率低下的战略，只保留具有灵活参与生产的独立核心功能模块，这将成为企业的优势策略。

（2）数字创意产业模块化价值网络形成的内部驱动力。

模块化价值网络形成的内部驱动力，主要来自共享优势资源构筑竞争优势的需求。在竞争充分的市场环境中，企业面临的风险和不确定因素增多，每个企业只能凭借相对具有优势的能力或资源参与竞争。但在面对复杂产品生产或服务提供时，需要很多企业一同协作提供功能模块组成生产链，这时每个相对具有优势的合作企业，在组织结构中共同分享了其他企业的优势资源，可以使互补性生产的成本更低、产品或服务的质量更高，进而具有更强的竞争力。

在外部环境和内部驱动力的共同作用下，企业对自身内部的产业链环节解构后将其核心能力模块化，形成价值模块整合到新的价值链中。一般而言，"企业进行价值模块整合包括定义模块、制定规则和协调模块三个步骤"[1]。数字创意产业的虚拟价值链，是围绕创意价值的产生与创意价值的增值而形成的价值链主体。价值链解构体现为：价值链分解为独立且具备交易价值与具有创意价值生产或增值功能的价值链环节——价值模块，如创意脚本模块和数字特效创作模块等。数字创意产业价值链的整合，则包括了企业内部业务模块之间，内部模块与其他企业的价值模块之间，或与更大型的模块组织之间建立复杂、开放、变化的价值链过程。

---

[1] 余东华. 模块化企业价值网络——形成机制、竞争优势与治理结构 [M]. 上海：格致出版社，2008：29.

在价值模块整合成为企业价值网络过程中，绝大多数企业只能使用自身的核心能力或资源作为节点融入网络。而少数具备创造盈利模式能力或策划整合能力的企业，自然成为价值网络的核心企业，处于价值网络中设计规则、安排筛选节点企业的有利位置，同时也享有分配互补性协作带来的成本下降、收益提高的超额利润。这就是青木昌彦所说的"舵手"，也就是数字创意产业中占据价值链高端"整合策划"模块。例如处于产业优势地位的美、日、韩等国，数字创意产业在已经完成产业模块化价值网络建设并参与国际分工的情况下，积极抢占价值链高端的位置——创意和整合，而将其他国家数字创意产业置于竞争十分激烈的产业价值链低端——生产制作环节，这种情况在我国动漫产业生产中较为突出。日本动漫产业在我国加入世贸组织后积极加快产业升级，而将深度细化分工的大部分基础性生产制作业务交由我国企业完成，日本企业则专注于动漫的创意和整合。一方面现在我国已成为数字动画生产制作量第一的国家，日本数字动画大部分由我国企业生产制作；另一方面我国动画片创意不够、品质不高，而日本动画却占据了动画播放排行榜的绝对领先位置。在 2011 年百度动画搜索排行榜前 10 位排名中，只有一部是中国作品，其他 9 部都是日本动画❶。

模块化企业价值网络中的"舵手"——"整合策划"模块的核心作用和价值链高端位置，也为我国数字创意产业及西南少数民族文化数字创意产业发展战略的选择提供了参考与借鉴。

"整合策划"链节是我国很多传媒学派学者多次分析和强调的，但是在对文化产业进行研究的产业经济学分析中，往往沿用了迈克尔·波特的价值链节分法，因而可能错失了从这个链节开始，与传统线性产业链区别的、形成模块化网络状产业链的思考范式。

3. 数字创意产业模块化价值网络的竞争优势

国内外产业实践已经表明，模块化企业价值网络是形成区域创新体系的重要组成部分，也是带动区域经济发展和产业结构升级的引擎。模块化企业价值网络在我国正处于形成和发展阶段❷。深入研究数字创意产业模块化价值网络的优势，有助于对西南少数民族文化数字创意产业目前所沿用的传统工业发展战略模式进

---

❶ 卢斌，郑玉明，牛兴侦.中国动漫产业发展报告（2012）[M].北京：社会科学文献出版社，2012：88.

❷ 余东华.模块化企业价值网络——形成机制、竞争优势与治理结构[M].上海：格致出版社，2008：214.

行反思。

数字创意产业模块化价值网络具有以下优势。

（1）可为企业提供通过创意价值开拓发展空间平台。

通过企业模块化价值网络中形成的多层次复杂市场关系，能够为企业提供丰厚的共享资源，既为企业原始创意提供多种可能的接入界面，如交由整合模块经营、交由生产制作模块进行生产或直接通过传播媒介进入预消费环节，也为企业整合内部核心能力、灵活参与产业创意价值生产提供了途径（不必再关注自身规模和生产要素完备），也为企业通过资源升级，成长为提供盈利模式或设计规则的整合策划模块（舵手）提供了广阔平台。在这个平台上，创意和创新成为真正意义上的战略资源。

（2）网络内部竞争合作机制降低组织成本。

纵向一体化企业组织规模庞大、管理效率低下。在模块化企业价值网络中，价值模块或企业部门可以通过模块整合代替行政协调，从而节约组织成本。价值模块之间的关系既是合作关系也是竞争关系，其中的关系调节依靠系统内部的自组织方式，避免了人为的干预和官僚管理或规模企业烦琐流程的影响，从而实现模块间快速高效的自组织过程。

（3）组织柔性优势避免市场风险。

20世纪中期美国电影产业在好莱坞式的文化工业生产模式下，因为资金、人才的密集需求，以及文化产品的相对稀缺，好莱坞的大公司靠资金实力形成了包括作家或剧作家、演员、摄影、剧务与后期制作等，几乎所有重要环节的完整生产过程要素的集合，盈利模式的提供者往往也是生产者本身。在一体化的生产过程中，生产链环节在企业内部完成，基本没有独立出来的生产链环节。模式运行初期确实取得了令人瞩目的成绩，也造就了好莱坞辉煌的历史；但随着经济发展速度的减缓，企业庞大成本日益增加，也引发了美国电影产业对生产运营模式的改革。在20世纪80年代后，美国电影业的大片厂制度主流位置逐渐被独立制片人制度替代后，由制片人通过整合电影业的各种相关环节资源而完成电影制作和销售。

（4）降低产业准入壁垒。

模块化企业价值网络所具有的开放性，表现在网络的标准界面对所有遵守规则的模块提供相同的接入条件，价值模块不必为进入壁垒而花费成本，而是专注于主动学习、创新以提高自身核心能力或核心资源的竞争能力。因此,数字创意产业模块化价值网络,非常有利于创新型企业的生存和壮大,真正体现了创新在知识经济领域中的重要价值。

6.1.2 西南少数民族文化数字创意产业发展战略选择

在中国研究文化产业的学者中,厉无畏(2006)率先提出提升创意企业核心竞争力的"新木桶效应"[1],但只是提出价值链视野下的对策与看法,并未提升到发展战略意义上阐述,也没有在模块化理论和网络产业组织理论上形成系统性理论。

"木桶效应"是指在工业经济时代企业一体化发展战略下的经济发展模式,其核心是要努力使自身生产要素中较差部分得以提高,而使企业整体获得如木桶盛水一样的整体收益提高。按照"木桶效应"的要求对数字创意产业中企业的生产要素"短板"进行升级,效果如图6.1至图6.4所示。

数字创意产业的发展要求具备全部的生产要素,即:创新能力、技术、资本、文化资源与市场。数字创意产业的"创新能力",是指科技创新和文化创意。根据西南区域的要素禀赋特征,对西南少数民族文化数字创意产业而言,首要是对科学技术的吸收与消化,然后在未来发展中有条件的前提下再进行科技创新;而且现有技术发展已经能够提供充足的产业内容空间。因此,现阶段的创新能力实际是指文化创意能力。假定创新能力达到与资源相当的水平,则图6.1、图6.2中的要素情况(深色)就会变成图6.3、图6.4的情况(浅色)。

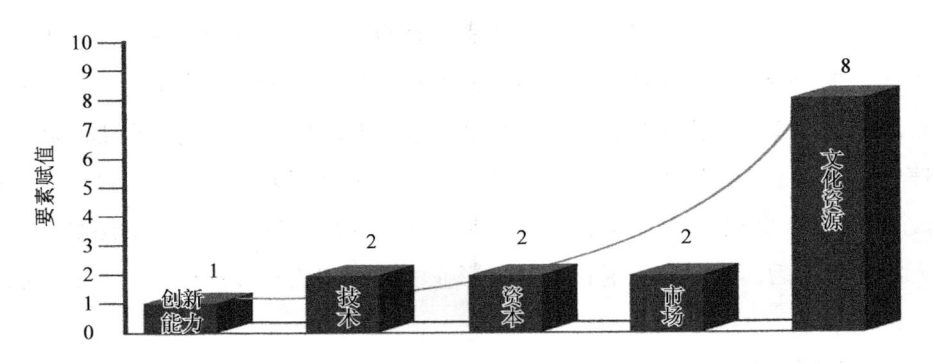

图6.1和图6.2为企业原来的生产要素状况。

图6.1 生产要素"短板"柱形示意图

---

[1] 厉无畏.创意产业导论[M].上海:学林出版社,2006:192.

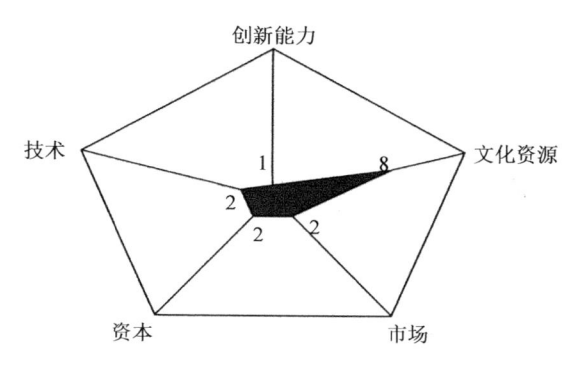

图 6.2　生产要素"短板"雷达示意图

图 6.3 和图 6.4 为企业生产要素"短板"升级后情况。

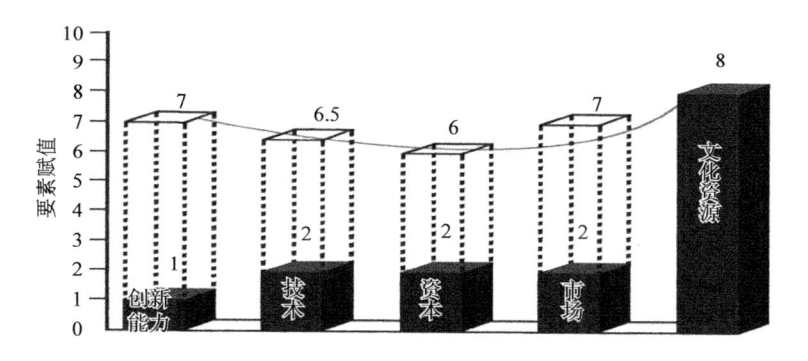

图 6.3　生产要素"短板"升级柱形示意图

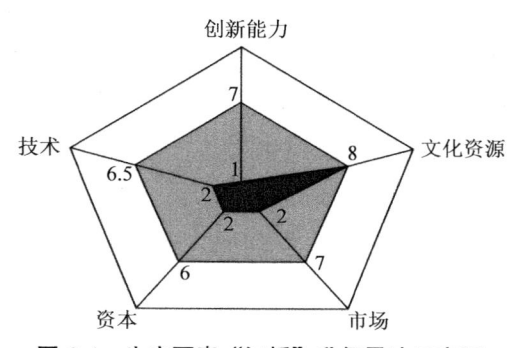

图 6.4　生产要素"短板"升级雷达示意图

"新木桶效应"则是企业在模块化价值网络中，不再将企业的盈利能力和竞争能力的增长方式视为"木桶效应"，而是将"木桶"分解后用其中最长的桶板，与其他企业的长桶板组合成一个更大的"新木桶"，然后在"新木桶"中获得企业更大的收益。这样,通过企业价值网络中的优势资源优化组合,企业竞争力和产业组织效率将得到显著提高。

综上所述,西南少数民族文化数字创意产业必须适应产业组织的演化发展趋势,选择拆开"旧木桶"、构建"新木桶"的发展战略。具体战略方向要着重向以下三个方面努力。

1. 组建西南区域数字创意产业行业协会

行政区划的常态存在,地方政府的经济核算和行政权力的分割状态,使同级地方政府在产业区域规划上,短时间内难以形成高效运作机制。因此,在区域内地方政府的产业经济部门或文化产业管理部门的共同支持下,组建西南区域数字创意产业行业协会和西南少数民族文化数字创意产业分会,是在区域内开展良好分工合作的前提与保障。由于行业协会主要由与自身利益紧密关联的核心企业组成,原有的民间自发性协调与组织团体,能在政府支持、授权下转变为具有一定管理、协调与自组织能力的区域性产业社会组织,从而促进区域内部模块化企业价值网络的形成。

因此鼓励区域内数字创意产业企业以核心能力要素参与区域分工合作,在西南区域行业协会的指导下利用比较优势发展生产,是区域产业政策制定的首要任务。

2. 云、贵、桂从"赶超战略"先回到"依附战略"来夯实基础

从世界经济发展历程来看,先"依附发展",再"追赶超越",是后进国家和地区在发展经济的正确战略选择。所有避免接受处于产业链低端专业分工、避免遭受先进国家剥削而脱离了全球经济分工体系独立发展的国家,最终都因未能分享全球经济体系整体发展带来的巨大利益,而出现经济停滞甚至是倒退。

云南省、贵州省和广西壮族自治区的经济内涵相似度很高,呈现出我国区域经济唯一存在的高度空间自相关性(这就意味着我国西南区域经济存在着显著的空间"聚集性",即人均 GDP 低的省份往往有一个人均 GDP 低的邻省)[1],因此,云、贵、桂之间的平行合作没有提高效益的空间。云、贵、桂三省(区)数字创意产业应积极分离自身的核心能力和优势资源,向上与川、渝数字创意产业中的优势整合能力连接合作,构建西南区域数字创意产业的模块化网络状分工合作体

---

[1] 刘生龙,张捷. 空间经济视角下中国区域经济收敛性再检验[J]. 财经研究,2009,35(12):16-26.

系。具体而言，就是重点发展"生产制作"模块和少数民族文化"创意脚本"，然后与川、渝产业中的"整合策划"模块连接而共同生产。

3. 川、渝加快自身禀赋升级、积极整合区域资源

作为西南区域数字创意产业核心的四川和重庆，近年来虽然有生产相对下滑的趋势，但四川省和重庆直辖市在我国数字创意产业的数字游戏行业和数字动画产业中，依托国家级产业园基地依然取得了处于全国行业前列的发展成果。四川省和重庆直辖市应该发挥自身企业聚集度相对较高、分工相对齐全的优势，努力加快禀赋升级、加快价值链升级与产业结构调整，跃升为西南区域数字创意产业的"整合策划"模块，同时将西南区域数字创意产业整合成为全国范围内的专业"生产制作"模块，另外川、渝还可进一步升级为我国少数民族文化数字创意产业的"整合模块"。

4. 加强产业前沿技术和业态应用

西南区域是我国西部经济发展水平相对较低区域，在发展产业前沿基础性技术方面没有资金、人才和市场优势。因此，符合区域经济实际状况的选择，就是不在基础性技术创新和基础性设施方面投入过大，而是紧跟产业前沿技术的发展，把主要理论研究和产业规划的重心放在前沿技术的应用上来，以期以较小的前期投入，获取较大的产业发展受益。对于已有一定基础的前沿技术，更要加强应用，一是能依托这些技术基础推动数字创意产业发展；二是能尽快地把前沿技术的开发成本收回。在西南区域，大数据技术就属于这类应该大力加强产业应用的前沿技术。

本书认为，西南少数民族数字创意产业选择的发展战略应具备以下特征。

（1）区域内外非优势细分行业，均采取模块化价值网络的合作竞争战略，以取代线状产业价值链的替代竞争战略。

（2）区域产业向内结合成完整产业链节的网络组织，形成多种功能的价值模块向外嵌入全国产业网络之中。

（3）在优势细分行业，如四川数字游戏、重庆数字动画领域加强增长极级别提升，参与全国数字创意产业层面的整合策划模块竞争。

（4）西南区域内省（区、市）内部分工合作，形成我国少数民族文化数字创意产业层面的增长极和整合策划模块。

6.2 西南少数民族文化数字创意产业发展路径探析
——"增长极突破，新媒体着力"

西南区域具有绚丽多彩的民族文化，传统文化产业中的民族文化旅游业具有禀赋优势，发展良好，呈现快速增长发展态势。而同样具备丰厚少数民族文化资源的西南数字创意产业，在经历"十一五"期间高速发展后，整个"十二五"期间却面临着结构性的困难与挑战：四川省和重庆直辖市作为区域增长极影响力相对下降，云南省、贵州省和广西壮族自治区产业发展缓慢，区域内产业发展不平衡，区域整体生产能力相对下降。在此局面下，重新审视和选择西南少数民族文化数字创意产业发展路径显得十分紧迫与必要。

6.2.1 西南数字创意产业发展路径的"后发优势"与"后发劣势"辨析

改革开放以来，由于我国采取的向东部倾斜、非平衡发展战略的累积效应影响，以及其他多方面客观原因，我国西部地区的改革开放速度、深度乃至某些观念与东、中部发达地区相比都存在一定差距。居于"后发优势"视角的经济发展战略，在传统工业经济时代是西部主流的区域经济学范式，具有经济社会现实客观性。因此在长期的经济社会发展中，西南区域经济理论界对于前沿性产业理论中有关发展的探索性举措，一直存在着一种文化层面上的"宁慢半拍，不犯错误"的隐性惯性思维，即等待东、中部相关产业发展的结果、结论明确或政策落地后，再学习、参照发达地区经验制定相应发展规划。近些年来我国东、中部区域数字创意产业发达省（市），产业发展状况的突出特点是产业园聚集下的全产业链发展模式，其成功之处也在于此。参照中、东部数字创意产业成功的发展模式与路径，西南区域文化产业研究者近年来大多数人主张，继续加强政策要素供给和物质性生产要素的配置，而较少从西南少数民族文化数字创意产业面临的新局面来进行思考。数字创意产业是知识经济时代最前沿的产业之一，具有高度创新与快速发展的特点，与传统工业具有本质不同的经济特性，现阶段再模仿其他区域已经成功的数字创意产业发展路径，却可能是"刻舟求剑"而使"后发优势"变成"后发劣势"。其原因如下。

1. 产业组织形式已经发生变化

我国数字创意产业模块化网络状组织形式正在形成，传统的全产业链组织方式将被逐渐替代。因此，一体化全产业链模式已经成为上一个产业发展阶段的产业发展路径，在新局面下如果仍"回头补课"式地强调对产业要素方面的投入很可能是"刻舟求剑"。

2. 产业产能过剩的本质是生产制作过剩

现阶段我国数字创意产业产品供给远大于主流媒介承载能力和受众被动接受能力，产品的创意价值含量却没有很大提高，原因就在于产业的生产制作能力过剩，而创意能力不足、创意脚本数量少。全国范围内数字创意产业产能相对过剩的本质是生产制作能力相对于创意能力的过剩。而脚本创意人才多是自由职业者，即便是公司职员，其初创创意脚本也不用在产业园区集中创作。因此重复产业园建设和扶持企业聚集，只是提高了生产制作能力，而对创意能力的提高没有多大帮助。

3. 少数民族文化创意能力处于劣势

现阶段我国数字创意产业整体由量化发展阶段进入品质发展阶段，国家政策也正向大力倡导文化精品方向转移。西南产业在没有拓展少数民族文化创意空间的条件下，文化创意能力处于劣势。因此，西南产业在不具备高效创意模块支撑的情况下，其他生产要素无法发挥全产业链模式的优势，反倒可能使对其他生产要素的投入成为地方财政的负担。

总之，产业发展阶段发生改变，产业发展路径必然改变；在当前新局面下，西南产业原来的全产业链生产要素量化投入发展路径，不再具有"后发优势"。尊重经济发展规律的"赶超"能够成为现实，而脱离经济现实的"赶超"则难以实现。

综上所述，基于对西南少数民族文化数字创意产业发展阶段和现状的分析，本书研究认为，西南少数民族文化数字创意产业应放弃产业园式全产业要素发展路径，采用"增长极突破，新媒体着力"的新发展思路。

6.2.2 在全国数字创意产业增长极布局中形成突破

增长极概念是法国经济学家弗朗索斯·佩鲁（Francois Perroux）首先提出来

的。佩鲁将经济空间中在一定时期起支配和推动作用的经济部门（产业）称为增长极。作为经济空间的增长极，它不是一个空间区位，而是处于经济空间极点上的一个或一组推进型经济部门，本身具有较强的创新与增长能力，并通过外部经济和产业之间的关联乘数效应推动其他产业增长。佩鲁的理论主要从正面论述了增长极对自身和其他地区经济发展的带动作用，但忽视了增长极对其他地区经济发展的不利影响。诺贝尔奖获得者冈纳·缪尔达尔（G. Myrdal）提出了"地理上的二元经济"结构理论，弥补了增长极理论的这一缺陷。❶ 缪尔达尔用"循环积累因果关系论"说明，某些地区受外部因素作用，经济增长速度高于其他地区，经济发展就会出现不平衡。这种不平衡发展会引起"累积性因果循环"，使发达地区发展更快，发展慢的地区更慢，从而逐渐增大地区经济差距，形成地区性二元结构。

参与竞争的各省（区、市）都有一个或多个产业基地，众多产业基地在竞争中，由于出现不平衡而导致某些省（区、市）的产业基地与其他省（区、市）的产业基地拉开距离。经过累积性因果循环，出现"强者通吃"的马太效应，强势的产业基地成为增长极，吸纳更多产业要素，抑制弱势产业基地发展。数字创意产业没有空间、区域限制，不会出现明显的区域增长极，但会在独立的业态中出现为数不多的几个增长极。这个竞争结果是业态增长极取代产业基地而成为竞争主体。

因此，西南少数民族文化数字创意产业应采用业态增长极突破的发展路径，相应的具体实施路径如下。

1. 选择优势业态或产业重点，发展独立业态或产业内容的增长极

就重点发展的业态或细分产业内容，进行全国范围的产业基地业态或产业内容调研，通过比较选择具有优势的业态或产业重点发展，在现有产业基地内部企业逐渐实现业态统一，使产业基地成为至少一个独立业态或产业内容的增长极，否则，产业基地将逐渐解体而失去竞争能力。

2. 进行内部分工和战略性合作，避免过度竞争

以选定的重点业态发展能力为基础，与可能成为增长极的其他产业基地，进行业态或产业内容的内部分工和市场分配的战略性合作，避免过度竞争造成产业基地成本过高而产生财务危机。

---

❶ 陈华，尹苑生. 区域经济增长理论与经济非均衡发展 [J]. 中外企业家，2006（3）：91-92.

3. 吸收科技创新成果产生新业态

通过产业基地吸收科技创新成果，在旧业态基础上产生新的业态。在开放的文化市场上，没有在细分产业内容上成为增长极的产业园或产业集群，将不能再采用合作竞争战略，而只能采用替代性竞争战略；在相对独立的省内或区域消费市场容量不增长的情况下，西南区域内生产制作性生产要素投入所产生的产能，必将面对开放的省外或区域外市场，因此没有竞争优势的生产要素投入将面临极化效应而效率低下，没有与产业增长极形成合作竞争关系的企业将逐渐失去自生能力。因此，西南少数民族文化数字创意产业采用"增长极"突破的发展路径，是必由之路。

6.2.3 抓住机遇着力发展新媒体

在本书第三章对重要产业内容现状分析中，已经对新媒体进行过基础性介绍与分析。概言之，新媒体就是相对于报纸、杂志、广播与电视等传统媒体而言，新的不断发展具有高度创意性的信息传播媒介形态，任意用户可借助高度整合的信息网络及数字技术接收、传播，乃至创造个性化、分众化信息，信息可在传播体系内部实现立体化的即时交互传递。

新媒体，严格来讲并未包含文化内容及文化创意，而只涉及文化及创意传播方式的变化，由于新媒体在客观上改变了文化产品的表现形式与传播方式，并形成了与传统媒体交叉融合的媒介格局，因此是我国文化产业中最具活力的发展性力量。

与传统媒体相比，新媒体具有以下优势：内容来源多样、信息可实现形态多样化和分众化传播、传播渠道和终端可实现普遍存在、具有高互动性、传播渠道和终端相互兼容而功能多样等。[1]

对数字创意产业来说，新媒体具有以下重要意义。

1. 微型产品化创意脚本的理想媒介

与传统媒体不同的是，新媒体中文化产品形式多样化的典型变化表现为产品小型化和微型化，如微电影、微动漫、微型小说，以及手机动漫游戏等。数字创意产业的微型产品化创意脚本在新媒体中，既是可供消费的产品，又是可接受预

---

[1] 国家广播电影电视总局发展研究中心. 视听新媒体的基本格局和未来走势 [M] // 庞井君. 中国视听新媒体发展报告（2011）. 北京：社会科学文献出版社，2011：2.

消费的创意脚本。而对西南少数民族文化创意团队来说，新媒体无疑是理想的低成本、低壁垒的创作和产品传播空间。

2. 价值在产业链节上前移

由于新媒体的盈利模式是营运者购买版权而获取广告收入，创意产品在新媒体中直接面对受众，受众不承担传统媒体的消费成本（电影票、收视费等），数字创意产业的利润因此向作品版权转移，价值微笑曲线向上游倾斜，具有明显的非对称性（见图6.5）。

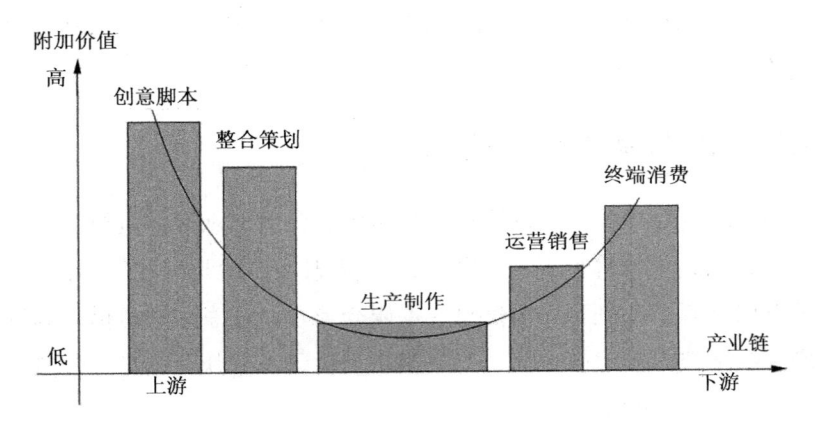

图 6.5 数字创意产业价值微笑曲线示意图

3. 受众海量化与分众化

西南少数民族文化创意产品在新媒体中传播时，有着无处不在的渠道与终端以及潜在的海量受众，避开了传统媒体的诸多信息传播限制。同时，新媒体的互动性功能也能让个性化受众，更加容易接触到符合个性品位的民族文化创意产品。

总之，对西南少数民族文化数字创意产业来说，新媒体高速发展带来了一个新机遇——整个产业对物质性生产要素依赖度大大降低，有利于多样化民族文化创意产品的低成本进入和多渠道传播。在现阶段，西南产业不必选择继续坚守不具备比较优势的物质性生产要素投入的发展路径，而应该在"三网融合"和"互联网+"的背景下迎接新媒体所带来的机遇，加快少数民族文化创意模块和创意策划整合模块建设，在数字创意产业模块化网络状组织中能够占据价值链上游位置。但是，无论技术进步给新媒体带来什么样的变化，"终端为王"终究会让位于"内容为王"及"创意为王"。

移动通信技术的创新突破，带来了网络通信速度的大幅提高和通信费用的大幅降低，使得新媒体呈现高速发展的态势。这就给具有企业小微化特点的西南少数民族文化数字创意产业带来了以多渠道、低成本的方式跨越壁垒，参与产业发展竞争的新机会。

本书研究认为，基于对新媒体发展状况的认识，西南少数民族文化数字创意产业应采用着力发展新媒体产业的发展路径，具体实施应注重以下方面。

1. 搭建新媒体平台

西南少数民族文化数字创意产业中有实力的企业或者企业联盟，应联合搭建细分类别的新媒体平台，通过把控未来的"强媒体"来掌握未来的传播优势；小型的文化数字创意企业则可以围绕新媒体平台，将民族文化数字创意渗透到新媒体平台的多元渠道中，依托强大的信息传播能力拓展民族文化数字创意产品的影响力，在新媒体平台的支撑下稳步发展。

2. 深入研究新媒体产业竞争格局

与新媒体产业带来的巨大收益相对应的，是巨大的商业风险。新媒体产业时刻处于急速的"新陈代谢"之中，行业运行规律极其复杂，发展趋势较难把握，有些领域甚至还未形成成熟的商业模式，国家对新媒体产业的立法保护也不够健全与完善。在利用和发展新媒体产业以带动西南少数民族文化数字创意产业发展时，一定要深入研究产业竞争格局，保障资本安全和产业结构合理，盲目立项，贸然投资风险极大的新媒体领域，很可能使基础原本相对薄弱的西南少数民族文化数字创意产业遭受重创。

3. 利用本区域新媒体产业

西南区域传媒业越来越注重"抱团"发展，媒体融合度有所提高，传统媒体加速与新媒体融合转型同时并行，如四川日报报业集团在2014年就曾一口气发布6款新媒体产品❶。西南少数民族文化数字创意产业要与本区域日益发展的新媒体产业相互融合，才能够充分利用本区域的新媒体资源。

4. 注重创意用户体验

西南少数民族文化数字创意产业应注重吸收"创新2.0"以人为本的理念，在利用新媒体进行西南少数民族文化数字创意产品推广时，要重视用户体验。

---

❶ 崔保国.2014年中国传媒业回望[J].新闻战线，2015（1）：4.

从新媒体发展趋势来看,将会出现渠道之间、终端之间相互高度兼容的状态,形式多样的渠道与终端融合成的新媒体,将容纳几乎所有的文化形式与文化内容。但在海量文化内容中唯有高品质的创意才能脱颖而出,而海量的受众也使创意价值得到高度放大。新媒体的双向性和自主性使民族文化数字创意产品传播的关键在于用户良好的体验。

著名加拿大经济史学者、传播学家哈罗德·伊尼斯曾说,一种新媒介的长处,将导致一种新文明的产生。新媒体不仅创造了全新的多元互动媒体时代,还在某种程度上创造了新的、平等多元的社会文明。西南少数民族文化数字创意产业只有更好地着力发展和运用新媒体,才能更好适应传媒发展的方向,也才能在新媒体时代实现长足发展。

总之,"拆开旧木桶,构建新木桶"的发展战略和"增长极突破,新媒体着力"的发展路径,是西南少数民族文化数字创意产业符合战略性和经济性平衡原则的优先发展方式。

第7章　加强西南少数民族文化特性在数字创意产业中的运用

本书研究目的在于，如何运用现代科学技术手段，开发运用西南少数民族文化的丰厚资源，将民族文化资源优势转换为产业要素优势，培育新的民族文化业态，推动西南少数民族文化数字创意产业发展。

在长时间大范围的调研过程中，发现在西南少数民族文化内容资源向文化创意转化过程中，大多数创意人员并未深入研究西南少数民族文化的特性，往往停留在民族文化表层，导致民族文化创意产品缺乏内在文化魅力和艺术感染力。因此在文化创意过程中，应始终保持高度的文化内涵意识和深化、升华的创作导向，加强西南少数民族文化特性在民族文化数字创意产业中的针对性运用。这对于提高民族文化数字产品的创意水平，推动西南少数民族文化数字创意产业的持续发展有着十分重要的意义。

7.1　以西南少数民族文化独特性提高数字创意产品的审美价值

西南少数民族文化数字创意产业是典型的审美经济产业形态。早在2005年，在光明日报刊登的《大审美经济正悄然兴起》一文中，"大审美经济"就被定义为"超越以产品的实用功能、物质价值和一般服务为重心的传统经济，代之以大力倡导和推动实用与审美、产品与体验、物品与人品、现实与虚拟、生活与艺术、物质性价值与精神性价值、经济提供物的多样化与个性化、一切市场参与者之间的审美互动与人格生成有机统一的经济"❶。而成功的文化数字创意产品第一要件，就是要能够给予受众极大的审美满足感，要确实具有格尔诺特·柏梅所定义的除使用价值和交换价值之外的第三种价值——审美价值。❷

审美价值亦遵循"物以稀为贵"的价值规律表现形式，所以，创意者只有发掘并有效运用西南少数民族优质、独特的文化资源，使产品能够满足受众基于民族文化内容独特性的审美需求，给予差异化、独特的审美体验，才能提高创意产品的文化附加值，获得市场与受众的接受与认可。

7.1.1 充分展现西南少数民族独特文化内涵的本真性

创意者在发掘少数民族独特文化资源时，需要对特定的少数民族文化元素进行艺术性创意，但不能因此造成创意产品所展现民族文化内容和内涵"失真"。具体而言，在创意时需要注重以下两方面。

1. 民族文化创意要有文化意义上的真实依据

创意者在创意升华独特少数民族文化元素时，不能仅凭主观臆想，要有一定客观、现实依据。在这方面的一个例子是电影《洱海清波》❸，在电影中男主角赵木桃完全没有云南剑川木匠的洒脱个性，其深沉犹豫的性格倒更像一个典型的城市艺术家，在许多研究者眼里，这种角色塑造方式就是一种不可思议的主观臆想❹，与现实情况严重脱节。可以断言，倘若影片的创作者对于剑川木匠的角色塑造更加真实一些，整部电影的文化独特性将会大大增强。

如果创意产品展现的独特少数民族文化内容失真，便意味着独具特色的民族文化元素的流失，产品独特审美价值必会因此大打折扣。因此，确保数字创意产品所展现的独特民族文化内容的真实性，既是对西南少数民族文化的尊重，也是对创意产品独特性的一种保障。

2. 展现独特民族文化元素要注重细节刻画

在已有的许多以少数民族文化内容为题材的创意作品中，尤其是在动画产品

---

❶ 大审美经济正悄然崛起［EB/OL］.（2005-05-10）［2012-03-08］. http：//www.gmw.cn/01gmrb/2005-05/10/content_229598.htm.
❷ 李思屈.审美经济与文化创意产业的本质特征［J］.西南民族大学学报，2007（8）：102-103.
❸ 作者注：《洱海清波》是一部诞生于20世纪80年代，描写云南少数民族乡村爱情故事的影片。
❹ 李淼.论云南少数民族题材电影中的边疆想象、民族认同与文化建构［D］.上海：上海大学，2013：143.

里，对于少数民族文化元素细节的刻画不足。如现实生活中，瑶族女性服饰色彩明丽，图案古朴，加上对于刺绣图案大量运用，使得服饰装饰性极强，而在动画《灭妖记》中，瑶族姑娘小红妹的服饰却十分单调，完全没有体现出瑶族女性服饰的上述细节特色。数字创意产品的创作者要加强对西南少数民族文化内容的细节刻画，刻画得越饱满、透彻，对于相关民族文化元素的展示就越彻底，创意产品的独特性也会愈发鲜明。

7.1.2 深入挖掘西南少数民族文化独特的民族性文化内涵

研究数字创意产业发达国家的成功案例，不难发现有一个共通特点，就是具有鲜明的民族性，如美国"大片"在美式的轻松幽默与好莱坞式的宏大奇幻场面中，往往会突出表现一位美利坚民族式的个人主义超级英雄；而日本的数字创意作品则极擅长在纯美的、充满人文气息的画面中，展现大和式的人性矛盾与撕裂。

西南少数民族文化数字创意产业的创意者，尤其要关注作品的独特民族性内涵。少数民族文化数字创意产品所有独特元素结合的终极表现方向，就是体现民族所特有的民族性。因为创意产品独特性的文化内容基础，是少数民族独特、优质的文化元素，这些都是少数民族在漫长与曲折的历史发展进程中，积淀下的人类思想、文化的精华，最深刻地烙印着民族的品格与特质。

西南少数民族文化数字创意产业在借鉴诸多世界级数字创意产品的成功经验，从民族文化资源中凝练独特的民族性时，应注重以下三个方面内容。

1. 运用民族文化语言文字彰显独特民族性

一些独特的少数民族文化元素只有运用本民族语言才能表达出特有内涵，用他种语言可能会直接降低民族文化数字创意产品的表现力。西南少数民族文化题材的创意作品中，大量运用民族服饰、建筑、音乐与舞蹈等文化元素来凸显题材性质，但最能彰显民族性的文化符号如各少数民族的语言文字却很少被运用。造成这种状况的主要原因是，创作者担心西南各少数民族语言普及度严重不足（有些少数民族语言即便在本民族中也"濒临灭绝"），在创意产品中运用少数民族语言会阻碍产品的推广和传播。笔者认为这种担忧是不必要的，因为好的创意作品能够搭载独特的民族语言，而民族语言又能进一步彰显独特的民族性。如在我国为数众多的日本动漫迷中，极少有人通晓日语，但绝大多数日漫迷仍旧更偏爱日语原版动漫，"关怀备至"的中文配音版日漫则备受冷落。如美国科幻电影

《阿凡达》中,就一直让潘多拉星球的那威人说虚构的"那威语",而观众却因此有身临其境的奇特感受。而一些西南少数民族群体中仍旧沿用的象形文字则更显稀有珍贵,也更具运用价值。这些文字形象生动活泼,本身就具有动画创意化潜质,如目前网络上出现的一些东巴文字小动画就广受好评。但令人遗憾的是,目前巧妙运用少数民族语言文字的数字创意作品却较为少见。

2. 从民族文化人物中塑造代表性创意英雄角色

众所周知,好莱坞塑造了诸多处处彰显"美国精神"的超级英雄,在世界范围内广受追捧,不少青少年甚至将这些超级英雄奉为偶像。西南少数民族文化数字创意产业也需要创造性地塑造彰显民族精神的典型角色。在西南少数民族历史中不难发现,西南少数民族文化资源中绝不缺乏"英雄情节",如英勇善战的"九黎之主"——蚩尤,维护民族统一的彝族女首领——奢香夫人,敢于反抗压迫、追求幸福的纳西族先祖——崇仁利恩等,都可以被塑造为带有独特民族文化烙印的中国式"超级英雄"。

3. 深入民族文化独特性深层内涵创意

在西南少数民族文化数字创意产品中,对于已然消失的、带有鲜明民族性的民族文化元素要进行必要的想象与创意。在现实生活中大多少数民族群众的穿着已与汉族无异,只有在节日、庆典时才会换上隆重的少数民族服饰。在创意产品中,为了彰显作品民族特色,即便是田间劳作或井边汲水的少数民族人物角色也应穿戴民族特色服饰。

欧盟国家数字创意产业都比较发达,欧盟委员会在制定发展文化创意产业的政策措施时,就有一项重要考虑,即"欧洲未来的竞争力应落脚在发展不可复制的文化内容之上,而不是落脚在易于复制的信息技术之上"[1]。欧盟这一考量十分明智和准确,因为文化内容的形式部分是极易被复制的,真正难以复制的是文化内容内涵。如对于一段舞蹈,从技术角度而言,凡是有一定舞蹈基础的人均可通过学习掌握其动作要领,甚至可以通过模仿创造出另一套动作风格相似的舞蹈。但无论如何,这段舞蹈的"神韵"是无法被模仿的,只有少数几位,甚至是只有一位"灵魂舞者"才能将这段舞蹈跳出"意境"。本书认为,数字创意作品文化内容形式上的独特性存续是短暂的,很快会被淹没在"大批量"的复制中,唯有

---

[1] 徐进. 略论欧盟的文化政策及文化创意产业的发展[J]. 中国社会科学院研究生院学报, 2011(6): 133.

文化内容内涵的独特、深邃才是永恒的。

现实情况中，在一些以民族文化为创作题材的数字创意产品中，创作者习惯于借助一些最直观可见的载体来仪式化地展现少数民族文化。如少数民族的服饰、建筑、音乐与舞蹈等文化形式，被大量应用于动画、影视剧作品，以及网络游戏产品中。这些产品创作者热衷于借助这些载体，形式化地制造一个稀奇乃至怪异的民族文化形象以吸引受众眼球。早在20世纪90年代末，时任广电部副部长的赵实便对这一现象有过严厉批评，认为有些创作者为了捏造一个怪异的少数民族文化形象，甚至针对少数民族文化进行编造乃至造假。❶ 这种对于少数民族独特文化的简单形式化展现极其劣质，由此营造出产品的肤浅的奇特性也绝难持久，这类产品即便一时吸引受众的注意力，也将很快被市场所抛弃。

时至今日，虽然西南少数民族的"文化生态环境"已经十分脆弱，但我们依然可以用"博大精深"与"独具特色"来进行评价，原因是民族文化内涵广博、独到，而非仅仅是外在表现形式有多么新奇。相反，假如仅从外在表现形式角度来看，就容易对西南少数民族文化做出"古老陈旧"的评价。西南少数民族文化数字创意产业在发掘、运用民族文化资源时，绝对不能止步于对文化外在形式化运用，更不能随波逐流去捏造西南少数民族愚昧、怪异的文化形象，而应深入挖掘民族文化的深刻内涵，通过展现民族文化元素的神韵，带给产品受众差异化的文化审美体验，为受众与少数民族文化实现跨越时空的"神会"架设一座桥梁。在此基础上产生的创意产品独特性才是难以被模仿和持久的，也唯有如此，西南少数民族文化数字创意产业才可能真正创作出传世经典之作。

7.1.3 以世界性创意语言展示独特西南少数民族文化

在全球化浪潮中，民族文化数字创意产业对创意产品民族性的坚守弥足珍贵。可以预期的是，在日益寻求普遍化全球定位的潮流中，具有独特性的民族文化数字创意产品一定会被凸显出来；在经过广泛、开放、深入的创意和一定时间沉淀后，一些西南少数民族文化数字创意产品甚至有可能在高速、多元的现代传播体系中，成为世界级的经典之作。但西南少数民族文化数字创意产业毕竟是一个市场导向型产业，尤其在文化市场全球化的今天，其数字创意产品必须力求契

---

❶ 李淼. 论云南少数民族题材电影中的边疆想象、民族认同与文化建构[D]. 上海：上海大学，2013：117.

合全球范围内最广泛受众群体的审美情趣。因此，创意产品创作者对于"越是独特的，就越是民族的；越是民族的，就越是世界的"这句话一定要全面理解，绝对不能自以为是民族文化产品独特性的捍卫者，而使得产品所展现的文化内容和内涵价值理念不具备被受众高度接受的可能性。

现有的研究资料表明，文化创意语言的差异性确实是阻碍创意产品传播和被接受的不利因素，因此数字创意产业要注重运用世界性的创意语言来展示独特的少数民族文化内容，以消除文化差异所带来的文化偏见与歧视。

以世界性的创意语言展示少数民族文化内容，就是要在保证数字创意产品独特民族性的同时，综合运用一切可能的方法，让世界范围内最广泛受众群体能够理解产品所展现的文化内容，肯定产品所蕴含的独特审美价值，认可产品所传达的价值理念。在此问题上，应注意以下方面。

1. 注重运用文化共性弥合文化差异造成的"裂隙"

不同地区、国家，不同民族之间文化具有极大差异性，但基于人类社会发展的规律性及人类文化心理的共通性，各地区、国家及民族之间的文化又具有一定价值共性和审美共性。已有文化创意实践证明，利用文化之间共性完全可以弥合文化差异造成的"裂隙"。例如，2003年上映的一部由云南人自编自演的民族电影《婼玛的十七岁》，在展现了哈尼族文化与云南元阳梯田自然风光的段落里，女主角婼玛打开阿明给她的随身听，欣赏着恩雅的音乐，充满苏格兰风情的音乐与静谧悠远的哈尼梯田风光达成了完美整合。该片创作者在这里以恩雅音乐中所内含的某种文化共性为桥梁，实现了苏格兰音乐文化元素与哈尼梯田文化元素在电影情节中的"并置"❶，有效弥合了文化差异造成的"裂隙"。

2. 对民族文化资源中神秘文化元素进行现代展现和阐释

虽然西南少数民族文化相对于西北地区而言，宗教性影响力较弱，但客观而言，西南少数民族文化资源中仍然存在大量宗教神秘主义文化元素。这类文化元素大多具有较高的文化创意开发价值，但由于过分神秘，人们要么对其一无所知，要么对这些文化元素抱有较为狭隘的理解。因此，创意作品应注重对神秘主义文化元素进行通俗化的现代美学展现与阐释，创意者可以运用通俗易懂、贴近生活的方式阐述和表现作品中充满宗教神秘感的民族文化内容。唯有如此，普通

---

❶ 李淼. 论云南少数民族题材电影中的边疆想象、民族认同与文化建构 [D]. 上海：上海大学，2013.

受众才能在生活经验范围内，理解那些神秘文化元素并由此获得独特审美感受。但进行通俗化现代展现和阐释需要遵循一个前提，即这些神秘文化元素独特稀有的文化美感不能被磨灭，否则数字创意产业对这些神秘文化元素的运用就不是一种文化开发，而是一种对文化的歪曲。

3. 展现独特民族文化内容要融入普遍认同的价值观念

创作者在展现独特少数民族文化内容时，要注重融入人类社会普遍认同的价值观念。在这一方面，好莱坞的成功经验值得学习。美国建国时间相对较短，美利坚民族历史文化积淀与具有数千年文明历史的古国如中国、印度和埃及等国相比相距甚远，因此好莱坞的创意者们经常需要从其他民族文化的历史传说、神话故事等文化元素中，提炼出"大片"的文化内容题材。无论这些"大片"讲述的是哪一个民族的故事，都经常会在世界范围内引发不同国家、地区及不同民族受众的追捧，创造的全球票房往往十分惊人。好莱坞大片之所以能够跨越文化、种族差异障碍，在不同文化群体中能最大限度地消除"文化缝隙"并广受欢迎，除了故事情节本身引人入胜、制作技术高超精妙外，最大原因之一便是创作者不但注重将所谓的"美国精神"渗透故事内容中，也注重在精彩绝伦故事中融入人类社会公认的价值理念，如对善良与勇敢的崇尚，对正义与忠诚的张扬，对亲情与友情的珍视等，以此来引发最广泛受众的情感共鸣和审美认同。少数民族独特文化资源为数字创意产业积淀了充足的创作内容素材，但创作者必须注重创意时融入人类社会共有的良善价值观念，创意产品所展现的文化内容才能在世界范围内被广泛理解，产品独特的审美价值也才能被认同与接受。

7.1.4 运用独特西南少数民族文化元素培养青年受众

老一辈乃至中生代中的大多数文化创意产品受众，都已形成了相对固化的审美思维形式，其中喜欢具有独特性西南少数民族文化元素的，终其一生也再难改变对独特民族文化题材创意产品的偏爱；与之相同的是，如果对数字创意产品中的少数民族文化内容有所偏见，其偏狭观念恐怕也是很难改变的。

而年青一代受众思想更为开放，对文化差异包容性更强，更容易接受数字创意产品中民族文化内容带给他们的独特审美体验。最重要的是，年轻群体的审美观念还在"养成阶段"，因此，在青少年阶段让他们深切感受到以民族独特文化元素为内容的数字创意产品的审美价值，那么在他们未来的人生中，对民族文化数字创意产品的体验很可能成为一种惯常的文化需求。从这个意义上讲，民族文化数字创意产业赢取了年青一代，也就赢得了未来。

在文化创意领域，涉及西南少数民族文化元素的文化创意作品并不在少数，但以独特民族文化元素为主要内容的文化创意作品却较为稀少。多数所谓的西南少数民族文化题材文化创意产品往往仅有一个民族文化元素的外包装，如电影《神奇的剑塔》就是一部"穿着少数民族服装的'警匪片'而已"，片中少数民族文化元素仅起到包装和辅助作用，民族文化元素内涵不可能在这种情况下得到全面与客观的体现。类似的文化创意产品也不可能凭借对民族文化元素程式化的展现，便能体现民族文化的独特性。

西南少数民族文化数字创意产业从业者，应以独特民族文化元素为主要内容创作数字创意产品。只有独特的民族文化元素得到较为全面展现与比较深入的表现，民族文化的内在审美价值才能通过创意产品呈现在受众面前，民族文化数字创意产品才能由此铸造出鲜明民族特性，青年受众才能获得独具特色的少数民族文化审美体验，从而加深对民族文化的认识与了解，也有助于民族文化的长期传承与动态保护。

7.1.5 借鉴成功经验运用西南少数民族独特文化资源

在已有的相当数量的以民族文化为题材的创意产品中不乏成功之作，数字创意产业在开发利用西南少数民族独特文化资源时，要注重通过对已有成功作品的剖析与借鉴。在动画领域中，"中国学派"辉煌时期的一些国产动画对于文化元素运用以及一些特定表现手法，就十分值得现在的数字动画创作者们研究、学习和借鉴。但所主张的经验借鉴，绝不是简单照搬、照抄，而是在批判地借鉴和进一步发展基础上，形成民族文化数字创意产品的独特风格。

通过数字创意产业对西南少数民族文化资源的开发运用，不仅是对独特少数民族文化元素的一种深层次发掘，也是一种对少数民族文化进行符合时代发展的传承、保护与弘扬。以一部《云南风情》而享誉国内外的著名作曲家田丰教授，在1994年开办了以保护少数民族文化为宗旨的"云南民族文化传习馆"，但7年以后就难以为继而"曲终人散"。"云南民族文化传习馆"的解散有着诸多方面原因，但有一点可以说明，仅囿于对少数民族文化"原汁原味""原锅原灶"的传承和保护，与世隔绝、一成不变地静态保护，与现代社会发展脱节，最终是难以达到预想目标的。同样是少数民族歌舞、音乐等民族特色文化元素，在杨丽萍老师团队的演绎下，"云南映象"却成为云南乃至整个西南地区代表性的文化创意作品。❶杨丽萍老师团队不仅注重对少数民族特色音乐与舞蹈等文化元素进行发掘运用，更关注在向外界推介这些优质文化元素时，进行符合时代文化发展潮流的创意性艺术升华，才能创作出"云南映象"这样的旷世经典之作。

数字创意产业的发展方向应始终与时代社会发展趋势相一致，从这一意义来看，少数民族独特文化资源在数字创意产业中创意性运用，一方面能够彰显民族文化数字创意产品的独特性；另一方面，也能够以符合时代发展的方式，对西南少数民族文化进行传承、保护与弘扬光大。

7.1.6 突破禁忌探索展现独特西南少数民族文化

民族文化数字创意产业，在开发运用部分独特的少数民族文化元素时，确实会触碰到一些文化创意"禁区"。只有避免触碰合理的禁忌、突破不合理的观念僵化来创意展现独特的民族文化内容，才能够在创意产品中再现西南少数民族率真、淳朴的文化特色，从而给予受众以优美、良好而独特的文化审美体验。

本书认为面对文化禁忌，创意者应注意以下两点。

1. 学会辨别文化禁忌

作为文化创意者，必须学会辨别哪些文化禁忌是合理且必要的，哪些文化禁制是过于苛刻、保守且不符合时代发展潮流的。必须全面学习与了解各少数民族的文化与历史，深入了解民族社会现实生存状况和发展环境，才能有效、准确地辨别出文化禁忌和创意禁区的范围。

2. 勇于坚持和突破

对于那些必要、合理的文化禁忌，民族文化数字创意者必须尊重与遵守，这也是每一个文化创意者应当担负起的社会责任；对那些过分苛刻、保守且不符合时代发展潮流，甚至是阻碍社会思想与文明进步的文化禁忌，创意者应当勇于坚持自己的创意理念，大胆开发和运用民族文化元素，突破这些不当的文化禁锢，创作出独具特色且符合时代发展潮流的创意产品。在时机成熟的情况下，创意者甚至可以有目的地从某些民族文化元素中，发掘、提炼创意产品的文化内容以主

---

❶ 王沛志，等.云南少数民族文化产业研究［J］.大理学院学报，2007（2）：17.

动寻求对禁锢的突破，在造就创意产品独特性的同时，也体现出创意理念与人类文明新发展的结合。

在历史上，民族文化题材的作品不缺乏对禁锢保守文化观念"禁区"的突破，如在爱情描写尚被视为"禁区"的年代，由上海电影制片厂1954年摄制，王为一导演的少数民族题材电影《山间铃响马帮来》，便创造了新中国电影中的首个银幕之吻，这在当时绝对是震惊世人的巨大文化观念突破。

7.1.7 运用独特西南少数民族文化元素促进数字创意产业"长尾"发展

数字创意产业是文化产业、高科技产业及创意产业等多产业类型融合发展的产物。数字创意产业发展某种意义上是一个"科技文化化和文化科技化"的过程。❶"空洞"的新兴数字信息技术只有经过优质文化内容"填充"才能得到最大限度的效用发挥，而少数民族特有的文化元素能够为信息技术提供独特的文化内容支持；现代信息技术广泛、多元化的媒体渠道也能最大限度地传播优秀的少数民族文化内容，民族文化数字创意产品的独特审美价值也更易于理解和认可，有利于数字创意产业"长尾"发展。

当年一部《蓝猫淘气三千问》使得蓝猫淘气品牌的文具、童装等风靡一时；一部《泰囧》便直接"带火"了整个泰国旅游业。西南区域数字创意产业可以借鉴已有的成功范例，发掘、提炼西南少数民族独特的文化内容题材，贯穿于数字创意产品中，通过为受众创造以少数民族文化内容为基础的视觉奇观和独特精神体验，吸引受众对文化品牌和实体产品的关注与接受。而精美、绚烂的实体文化产品（如文化旅游产品、手工艺产品等）又能对民族文化元素与文化内涵做出具象化阐释，受众由此进一步加深对创意产品审美价值的理解，如此，西南少数民族文化数字创意产业便与相关产业形成了一种共生性的互动效应。以独特民族文化元素为内容基础铸就的创意产品具有的审美价值，就能在相关"长尾"产业中得到体现和扩展。

---

❶ 金元浦．当代世界创意产业的概念及其特征［J］.电影艺术，2006（3）：8.

7.2 以西南少数民族文化多样性增加数字创意产品丰富性

在以往西南少数民族文化题材创意作品中,部分作品在描绘民族文化形象时,定型化问题较为严重。在有的影视剧作品中,少数民族人物形象往往被塑造为在原生态的淳朴中展现着"蒙昧"与"天真",少数民族地区也在世外桃源般的自然美景中暗含着与主流文化之间的"裂隙",唯有少数重要角色能够以"时代新人"的形象出现。这种定型化描绘容易导致创意产品受众,对原本多姿多彩的西南少数民族文化形成片面化认识,也会极大地降低产品文化内容的丰富性与感染力。

民族文化数字创意产品的创作者必须打破这种定型化、僵硬化的表现模式,创意化、艺术化与多样化地展现丰富多彩的民族文化资源,才能使创意产品受众更加全面了解与认识西南少数民族文化,创意产品的丰富度也会因此得到很大提升。

7.2.1 对多样性西南少数民族文化元素进行深度创意

西南少数民族文化资源丰富多样,但不进行任何创作便可直接作为创意产品的文化内容资源极为稀少。要使丰富、多样的少数民族文化元素实现与现代科技及时代发展艺术理念的无缝整合,并打破少数民族传统文化与创意产品受众精神需求间的隔阂,必须对民族文化素材进行全面认识与深度创意,使其更加符合民族文化数字创意产品对内容深度的要求。

对民族文化元素进行深度创意,能够实现对民族文化资源进行充分活态保护与运用。一项文化元素,倘若不经任何创意性加工便直接作为产品文化内容运用,可以被数字创意产业运用的形态就只有一种;如果对这项文化元素进行深度创意,便能以多种形态出现在不同创意产品中,文化数字创意产品的文化内容也会更丰富多彩。对多样性民族文化资源进行深度创意,更加符合现代审美理念,同时也是一种对西南少数民族文化的精神回归,从这个角度说,能够实现对民族文化的活态保护与发展。

在对民族文化元素进行深度创意时，必须遵循一个原则，不能让文化数字创意产品变得拖沓。数字创意产业所追求的产品文化内容丰富、创意形式新颖，与产品内容繁杂、形式杂乱、拖沓完全是不同的要求；必要时候，宁可适当降低产品内容的丰富度也要保证产品整体的明快有序。

7.2.2 深入运用多样性西南少数民族文化扩展文化内容空间

从产业运作模式的发展趋势来看，包括西南少数民族文化数字创意产业在内的整个文化创意产业的发展都更加动态化。❶ 在全球化时代，市场的全球化，信息传播的新媒体化，需求的精神化、个性化，消费的时尚化、浪潮化，都使得固化不变的产业发展模式根本不可能适应数字创意产业的快速发展。产业发展高度依赖动态变化的创意策划和创意设计，以及动态变化的创意思维，产品从"量"到"质"、从"形式"到"内容"都应保持充分的文化内容空间，以应对瞬息万变的市场需求。这就要求数字创意产业对具有区域多样性的民族文化元素要进行深入理解和运用，为产业策划设计的动态变化提供充足的文化内容空间，使整个数字创意产业不会因为文化内容资源的枯竭而降低产品丰富度，错过稍纵即逝的产业发展机遇。

7.2.3 从多样性西南少数民族文化元素中提炼多元化文化符号❷

开发运用多样性的西南少数民族文化，增强数字创意产品的丰富性，并不是简单直接地将少数民族文化素材生搬到文化数字创意产品中。客观上，西南少数民族诸多文化元素中有些是不符合大众审美情趣的，甚至有少部分是不被现代主流价值观念所接受的。因此，在认识与运用多样性西南少数民族文化资源时，要注重对文化内容提炼，从中萃取满足人类共同情感需求和符合大众审美标准的多元文化符号。

西南少数民族历经数千年积淀，深厚的文化资源中蕴含着丰富多样的文化符号，包括宗教神话、历史传说、音乐舞蹈与绘画文字等，其中有些文化符号能够世代传承至今，就是因为代表与体现了人类的共同情感需求和大众审美标准，从某种意义上说，本身便是人类心理深层结构的一定表现形式。对这类文化符号进

---

❶ 金元浦.当代世界创意产业的概念及其特征[J].电影艺术，2006（3）：8.
❷ 李思屈.审美经济与文化创意产业的本质特征[J].西南民族大学学报，2007（8）：104.

行认识与升华展现，能够让大众在获得普遍审美享受的同时引发情感的共鸣，并能够实现文化自我价值的实现。通过对多样性西南少数民族文化进行符号化发掘，不仅能实现数字创意产品内容"量"上的丰富，更能在"质"上得到极大提升。

值得注意的是，西南少数民族文化数字创意产品的诸多受众群体，除了具有共同情感需求和大众普遍审美标准外，还具有特殊的审美情趣和情感偏好。这就要求创意产品的创作者对产品受众群体进行确定与分类，对于不同群体，要有的放矢地淬炼运用不同的民族文化符号，以满足特殊的审美与情感需求。

从民族文化元素中提炼出满足人类共同情感需求和符合大众审美标准的多样化文化符号，并运用到文化数字创意产品中，能够最大限度地避免无效的创作与创意，扩大受众群体以实现创意产品价值。

7.2.4 运用多样性西南少数民族文化元素满足受众多元化需求

与传统文化产业本质属性相比，西南少数民族文化数字创意产业既不是制造、出售有形文化产品的民族文化商品与民族文化工艺品制造业，也不是开展文化活动的文化服务业，而是通过满足受众特定文化体验需求获取收益的文化体验产业。

这个时代从某种意义上来说就是"体验经济时代"。"所谓体验经济，是指把体验作为商品来出售的经济类型"❶。在"体验经济时代"，人们的体验需求有两个显著特点：一是人们越来越受到多元价值观念影响，越来越追求自身个性的张扬，社会对个体差异的接受度也越来越高，数字创意产品受众的体验需求也越来越呈现出多元化发展趋势；二是随着新媒体的发展与普及，个体具有向公众宣扬个人思想理念、行为方式的技术条件，现代社会生活几乎是每一个人都在极大范围内，接受着形形色色的价值理念与行为选择的影响，时尚潮流在转瞬间便可以席卷全球的同时也可能在瞬间便出现巨大转向，数字创意产品受众的体验需求越来越呈现出不确定性特征。个性化与不确定性这两大特征相结合就使得受众体验需求处于一种多样、多变状态。

面对这种情况，西南少数民族文化数字创意产品创作者，应综合开发运用形式多样、内容丰富的西南少数民族文化元素，从中提炼出足够丰富的文化内容素材，以适应产品受众日益多元化的需求，同时充分运用西南少数民族文化的多样

---

❶ 李思屈.审美经济与文化创意产业的本质特征［J］.西南民族大学学报，2007（8）：103.

性，为创作者打造出广阔的创意空间，将大胆灵活的创意运用在民族文化内容素材上，使民族文化数字创意产品从形式到内容都更为多变、丰富，这样才能满足大众多元易变的体验需求。

7.2.5 防止对多样性西南少数民族文化的垄断性开发

当前，某些文化及科技"巨头"确实拥有垄断文化创意产品市场的资本和实力。西南少数民族文化数字创意产业构建者，要谨防个别强势企业对民族文化的垄断性运用与开发，因为单个主体即使是面对足够丰富多彩文化内容素材，也往往习惯于运用单一的创意理念进行开发运用，如美国迪士尼公司拍摄的动画电影《花木兰》，必定是好莱坞大片风格的《花木兰》，而不会从中华民族传统文化角度来阐释，这就使多样性的民族传统文化难以得到全面展示，创意产品的丰富性也会大大降低。

西南区域地方政府和行业协会应该鼓励多元创意主体，尤其是小微企业和个人，参与到对多样性民族文化资源的认识与运用中，鼓励多元创意理念的交融碰撞，才能实现相应多样民族文化元素的全面发掘和创意性再现，创意产品的丰富性才可能最大程度实现。

7.3 发挥西南少数民族文化包容性促进数字创意产业开放发展

数字创意产业生产过程是把静态文化内容资源的价值向开放性创意价值的方向进行增值的过程；只有开放性的行业精神和开放性的创意，才能实现这种文化在文明进程中的价值。西南少数民族文化的包容性，正是可以用来提高民族文化数字创意产品开放性和促进产业开放发展的积极文化要素。

7.3.1 以西南少数民族文化包容性增强文化数字创意产业的梦想精神

在对数字创意产业发展"瓶颈"进行分析时，人们过多地将注意力集中到了产品制作、传播技术的发展滞后上，而忽略了数字创意产业所指创意蕴含的"天马行空"式的梦想性审美特质。从审美经济角度审视，数字创意产业本质上就是以创意和内容为王的"梦想产业"❶。换言之，数字创意产业是通过对优质文化内容进行新颖、独特创意的展现，实现创意者的创意梦想和受众的审美体验梦想，从而使人们在精神上体验到更多生命意义的一类产业。技术的相对落后，对于数字创意产业发展而言并非是不可绕过的障碍，例如印度的电影制作与产品传播技术并不比我国先进，但近年来印度宝莱坞却不断产出诸如《平民窟的百万富翁》《三傻大闹宝莱坞》等这样的世界级经典作品。反观在技术和资金投入上都堪称"大手笔""大制作"的诸多中国电影中却难觅佳作。"创意匮乏，想象呆板，形象单一，情节无味"，难寻"梦想"痕迹，这才是我国数字创意产业界当前的通病。并不是"技术落后"，而是"梦想缺乏综合征"影响了数字创意产业的发展。

数字创意产业存在问题的原因是多方面的，而最重要因素之一是"梦想空间"受限。历经几千年发展历史的中华民族传统文化有着极为深厚的积淀，在长续发展的同时，也形成了一定程度上的故步自封。在某些方面，主流文化内容留给创意者和受众的"梦想空间"并不充足。

作为中华文化重要优秀组成部分的少数民族文化，却对"自由梦想"有着更强的包容性。西南各少数民族文化一直处于与其他民族文化碰撞、交融的状态中，少数民族文化整体而言也无明显趋向性，在历史上受宗教或世俗礼法约束相对较少。创意者应充分利用少数民族文化蕴含的"梦想空间"，大胆创意，自由畅想，创意化运用和展现西南少数民族文化元素，以更加开放多元的创意产品使广泛受众能够从不同角度感受和欣赏少数民族文化，获得多层次审美乐趣，实现最广泛受众个性化、多样化的审美体验梦想。

7.3.2 以开放包容的文化心态发展西南少数民族文化数字创意产业

西南少数民族文化数字创意产业是从民族包容性的文化环境中培育出的文化产业形态，应塑造开放包容的产业心态，既保持产业民族文化特色，又适应现代产业发展趋势。

开放包容的数字创意产业发展心态，应体现在以下方面。

---

❶ 李思屈. 审美经济与文化创意产业的本质特征 [J]. 西南民族大学学报，2007（8）：100-102.

1. 企业以开放心态相互间合作

民族文化包容性的最重要表现之一，就是共同生活的各少数民族之间保持最大限度的相互理解、相互容忍。数字创意产业中各企业也应学习这种包容精神，尊重和理解相互之间创意观念和经营理念的不同，以更加开放的心态交流合作，将产业内耗降到最低，形成"合力"，创作出高质量数字创意产品应对日益严峻的外部竞争环境。如大获成功的西南少数民族电影《碧罗雪山》，就是广西电影制片厂以云南傈僳族文化为内容，与云南相关企业、事业单位通力合作创作生产而成的。

2. 数字创意产业以开放心态促进与其他产业间合作

西南少数民族文化的载体或表现形式极为丰富多样，即使数字创意产品这样的高级形态，也难以单独深刻而完整地展现西南少数民族文化图景。数字创意产业本身就是多产业融合产物，西南少数民族文化数字创意产品也不是单一要素产品，数字创意产业发展、创意产品生产需要多产业支持与合作。因此西南少数民族文化数字创意产业，应以更加开放的心态与其他相关产业交流合作，让民族文化数字创意产品与其他产业文化产品共同展现丰富多彩的少数民族文化。

3. 数字创意产业以开放心态促进区域间合作

西南少数民族文化中绝少有歧视性文化元素，这在整个人类文明发展史中都是难能可贵的。数字创意产业应当汲取这种可贵的包容性文化理念，在开发运用民族文化资源和生产、传播数字创意产品过程中，以积极开放心态促进数字创意产业的区域间合作，唯有如此，才能够与整个民族文化数字创意产业市场融合为一体，促进创意人才的自由流动，促进不同文化理解、创意思维与营销理念间的碰撞交融，使得整个西南少数民族文化数字创意产业处于一种良好的合作竞争状态。

7.3.3 以西南少数民族文化内容包容现代文化的娱乐性

随着全球数字创意产业的发展，文化受众越来越注重从数字创意产品中获取娱乐体验，数字创意产品的娱乐功能愈发凸显。我国民族文化题材创意创作依然没有从"严肃文化"的倾向中走出来，仍然过分重说教而轻娱乐。实际上，民族文化对娱乐性的包容度是极高的，甚至可以说，本身就是一种极具"娱乐精神"的文化形态，比如各少数民族的节日庆典、歌舞欢唱等都极具娱乐性文化元素。

创意者可以运用民族文化对娱乐的这种包容，积极开发具有娱乐价值的民族文化元素，并对相应民族文化内容进行进一步的娱乐化创意。这样，整个数字创意产业面对休闲娱乐需求显得更加开放，民族文化数字创意产品的娱乐性审美价值也会得到极大提升，少数民族文化题材的创意作品留给广大受众略显刻板的印象也会逐渐改变。

但需要注意的是，让民族文化内容包容娱乐，必须以不扭曲西南少数民族优质文化内容、不降低创意产品格调为前提；创意者不能有跟风心态，盲目模仿"泛娱乐化"低俗作品，不能陷入"娱乐至死"的误区。

《创意阶层的崛起》《创意经济》等书的作者，美国著名创意经济学家理查德·佛罗里达（Richard Florida）研究发现，宽容的文化环境对文化创意产业发展具有重要作用。西南区域数字创意产业成长于极具包容性的少数民族文化环境中，产业从业者应充分利用良好的社会文化环境，以更加开放包容的产业心态，生产出乐观向上的兼具文化价值与市场价值的优质创意产品。

7.4 从主流文化视角展现西南少数民族文化与汉文化的互补性

西南少数民族文化数字创意产业应以展现民族文化元素与汉文化高度互补性为前提，开发最具"中国风格"的优质文化元素，彰显现代中国主流文化与少数民族文化的互补特色。

在运用数字创意产品传播现代中国文化时，汉文化内容可以体现现代中国主流文化的传统基础，而包括西南少数民族在内的各少数民族文化中的优质文化元素，则能以文化互补互益的方式彰显现代中国文化最具"中国风格"的文化特色。西南少数民族数字创意产业应当在广博的少数民族文化资源中，提炼出最能体现"中国风格"的优质文化元素，运用现代创意理念升华为创意产品绚丽多彩的文化内容。唯有如此，数字创意产业才能担负起现代中华文化的传播使命。

从主流文化视角展现西南少数民族文化与汉文化的互补性时，应注意以下几点。

1. 在开发民族文化元素中展现与汉文化的互补性

数字创意产业开发极具"异域文化"色彩的少数民族优质文化元素，以彰显当代主流文化最具"中国风格"的特色时，应遵循一大前提：在开发民族文化元素的同时，必须表现与汉文化高度的互补性。当代中国主流文化产品受众大都是深受汉文化影响，广大受众在某种程度上对于当代中国主流文化的认知与了解（尤其是直观的认知、了解），首先就是对于汉文化的认知与了解。因此，只有充分体现少数民族文化元素与汉文化的互补性，才能使深受汉文化影响的受众群体，在面对创意产品中与汉文化差异明显的少数民族文化内容时，不会产生审美上的"排异反应"。

2. 争取主流文化受众认同

西南少数民族文化数字创意产业应利用西南少数民族文化与汉文化的互补性，获得现代中国主流文化受众对民族文化数字创意产品的文化认同。

西南少数民族文化数字创意产业要想实现可持续发展，只有获得现代受众的文化认同，才能充分运用现代文化市场，实现数字创意产品广泛传播。在现实情况中，整个西南区域在较长的时期内一直被视为"边缘地带"，这种"边缘"不仅是地理空间和经济社会发展上的，而且是文化认同上的"边缘"。个别民族文化题材创意产品广受欢迎，也并不意味着文化受众在文化观念上的彻底认同。在部分情况下，文化产品受众之所以对少数民族文化题材的创意产品产生兴趣，存在着基于文化猎奇的心态。

西南少数民族文化数字创意产业要取得文化产品市场受众的真正文化认同，必须充分展现创意产品文化内容与汉文化元素的互补性，以弥合二者差异性所造成的受众"审美不适"；同时，创意产品也能向受众传递这样一种文化意识，即西南少数民族文化并不是（相对于现代中国主流文化而言的）一种落后文化形态或"他者"文化形态，而是中华传统文化的优秀组成部分；民族文化数字创意产品在文化产品市场中的传播也绝不是异质性文化产品的跨文化传播，而是现代中国主流文化产品中的一个组成部分。西南少数民族文化数字创意产业应该在凸显民族自我文化意识，在争取扩大民族文化话语权的同时，展现少数民族文化与中华文化整体的内在一致性。

3. 实现少数民族群体文化身份构建

在现有以西南少数民族文化为题材的创意作品中，内容大多是对民族文化元素进行解构重组乃至想象重设，很多情况下就是简单地通过将族群认同拓展为阶级认同，以少数民族对国家领土的戍卫意识凸显国家认同来实现对主流文化的迎合，这些题材的创意作品难以全面展现少数民族文化本身的核心内涵和文化个性，而且这种创意方式日显僵化、单一，已难以满足受众的多样化审美需求。

在数字创意产品创意过程中要注意凸显民族自我文化意识，让少数民族群体真正作为文化主体实现自我表达，实现少数民族自我文化身份的构建，这样数字创意产品才能更好地从"第一视角"来展现西南少数民族文化的精髓与特色。

总之，创意者一定要注意体现产品文化内容与汉文化元素的互补性，显现中华文化整体的内在一致性。这样，西南少数民族文化数字创意产品内容才不会游离于主流文化视域之外。

7.5 以西南少数民族文化与生态环境的融合性展现文化创意"绿色情怀"

现有的西南少数民族文化题材的创意作品都或多或少地带有一种"绿色情怀"，集中表现在对于西南区域旖旎自然风光和良好生态的展现中。如早期西南少数民族题材的电影《五朵金花》和《阿诗玛》等，之所以成为广受赞誉的"美"片，不单在于人物美，还在于片中风景美。[1] 近年来，随着《碧罗雪山》等影片和其他类型创意作品的创作，一些创意者已打破了单纯在作品中展示西南秀美风景和优质生态的旧有模式，力求将"镜头"深入自然环境与少数民族群众日常生活关系的内部，在立体化呈现出人与环境之间关系的同时，以"第一视角"展现出西南少数民族文化中独有的生态价值观，进而引发对于现代化进程中少数民族乡土社会发生的根本性变化，以及对由此产生的一系列矛盾的深刻反思。西南少数民族文化数字创意产业应延续这一优秀特质，并注重发掘能充分体现西南少数民族文化和生态环境天然融合的文化元素和精神内涵，以契合数字创意产业的"绿色情怀"。

---

[1] 吴丽. 论云南少数民族题材电影发展历程研究 [D]. 昆明：云南大学，2014：176.

1. 注重对少数民族文化朴素自然生态观的展现

在现代化进程中，人与自然环境之间产生了矛盾与冲突，如何处理好这一普遍关系，对全人类来说都是一个巨大挑战。

在现代化、城镇化进程中，面临着经济社会变革与转型的西南少数民族地区，人与自然之间的矛盾也日益突出。西南少数民族朴素的自然生态观，是展现少数民族文化与自然生态环境天然融合性的核心性要素，也是西南少数民族在数千年与自然环境"共生共荣"的历史发展中，总结出的与自然和谐共处的生存智慧。当前西南少数民族文化题材的创意作品，已将"镜头"关注到了人与自然环境之间的关系，尝试对人与大自然之间关系进行深刻阐释。数字创意产业在表述这类主题时，应注重在产品文化内容中对少数民族朴素自然生态观的解析和展现，为现代社会如何处理人与自然的关系提供有益的借鉴。从这个意义上讲，展现民族文化中自然生态观也是数字创意产业"绿色情怀"的应有之意。

2. 在创意内容中充分体现与生态环境融合的文化元素

在创意产品内容中添加能充分体现西南少数民族文化和生态环境天然融合的文化元素，让受众能够透过"天然布景"感受文化吸引力。对绚丽自然风光的展现，一直都是西南少数民族题材创意作品的优势，民族文化数字创意产品也不例外。数字创意产业对西南自然环境中优质"天然布景"的大量运用，极大地提升了审美价值的同时，也产生了一项副作用，就是使受众过度地关注产品的外在美丽风景，而在某种程度上忽视了作品想要体现的文化内涵。因此，在充分利用"天然摄影棚"的同时，一定要注重在内容中添加展现民族文化和生态环境融合的文化元素。一方面，能够充分体现产品文化内容与创意者所选取的"天然布景"的契合；另一方面，能让受众在欣赏作品中美景同时，深入了解西南少数民族文化中独有的朴素自然生态观，以及与自然环境融合的文化内涵，在创意产品具有故事情节、美丽风光吸引力的同时，对受众还有深刻的民族文化吸引力。

3. 坚守产业"绿色情怀"，遵守少数民族群体与自然和谐共处法则

数字创意产业在制作、生产创意产品过程中，应坚守"绿色情怀"，遵守当地少数民族群体与自然和谐共处的"固有法则"。

绚丽自然地理风光是西南少数民族地区，对整个文化产业最具价值、最具吸引力的自然资源之一。由于数字创意产业在制作生产过程中（尤其是在数字电视剧、数字电影的摄制过程中）会大量运用自然环境中的优质"天然布景"，可能

会对当地自然环境造成一定的破坏。时有媒体报道一些影视剧组在西南地区取景摄制时对当地环境造成破坏的事例，如电影《无极》在外景拍摄过程中，便对千湖山碧沽天池景区的环境造成了严重损害，相关各方也因此招致了严厉处罚。❶ 因此，"绿色情怀"不仅要展现在创意产品的文化内容中，在制作生产过程中也应坚守。创意者在采风取景的过程中应注意遵守和敬畏当地少数民族群众与自然和谐共处的"固有法则"，因为这些"法则"直接体现少数民族族群与生态环境天然融合的文化特性，凝结着少数民族群体的生存智慧和精神信仰。对这些"法则"的遵守和敬畏，不仅能在创意产品生产制作过程中避免造成环境破坏，而且能够获取少数民族群众最大程度的支持。在产品制作生产过程中对产业"绿色情怀"的坚守，可以升华成西南少数民族文化数字创意产业共同恪守、践行的"绿色理念"，使产业形成良性、可持续的发展理念。

7.6　以历史与现实相结合的方式运用西南少数民族历史文化

民族历史文化是一个民族跨越历史时空的恒久精神存在形态，蕴含着一个民族区别于他族并生机恒在的特质性文化要素，深刻影响着整个民族的价值观念、行为方式与发展选择，一个民族存续于现实并机变于时代的理由和内在逻辑均存在于其中。

西南少数民族文化数字创意产业创意化地再现厚重的西南少数民族历史文化，是对少数民族优秀历史文化的弘扬，也可解读少数民族群体在现实社会中生息变迁的理由，并以具象化的场景展示民族文化的自我调适、自我创新和自我发展历程。西南各少数民族蕴含于历史文化中、能在现实社会中生息变迁的内在逻辑，实际上是各少数民族在经受历史磨砺和岁月洗涤，积淀出的族群存续发展的最高智慧。在创意产品制作、传播过程中进行探析和具象化展现，让现代人的经济社会思想观念，能够在欣赏民族文化数字创意产品过程中与历史经验相叠合，不仅可以为各少数民族的现实发展选择提供某种历史文化上的依据，也对整个人

---

❶ 吴丽. 论云南少数民族题材电影发展历程研究［D］. 昆明：云南大学，2014：178.

类未来发展方式的选择有着积极的启发意义。

7.6.1 以数字创意产品展现西南少数民族的文化"寻根"

西南少数民族的历史文化为创意产品提供了充分的内容题材。少数民族历史文化作为创意产品文化内容的根源与依据，再加以现代化创意后运用，就使西南少数民族文化数字创意产品的文化内容，既有历史文化根基又符合现代审美需求，同时也能展现西南少数民族向历史文化的反身寻根。具体而言，可以从以下几个方面入手创作。

1. 从民族历史人物中发掘创意角色原型

在西南少数民族漫长的历史发展过程中，涌现出了众多具有典型意义的历史人物。其中有一些历史人物在经过创意性加工后，是能够契合现代受众审美要求的，如远古神话传说中的"蚩尤大帝""夜郎王"等。

2. 从历史传说中选取创意内容蓝本

在西南少数民族历史文化中，有许多想象丰富、情节精彩的历史传说与神话故事，本身便是十分优秀的"创意作品"，创意者完全可以选取符合自己创作需求的少数民族历史传说、故事，与现代审美元素创意化结合，凝练出优质的创意产品文化内容。如苗族"最美丽的诗篇""仰阿莎"的传说，傣族"泼水节"来源的传说、"七公主杀火魔"的故事，彝族经书中的"创世神话"等。

3. 在民族历史文化名城、古寨中"取景"

西南少数民族地区有着为数众多的历史文化名城、古寨，这些都是民族历史文化最好的"展现者"和"代言人"；在运用现代数字信息技术和蕴含着前卫文化艺术理念的数字创意产品中，可以精美、壮观而富有历史敬意地展现出厚重古朴的少数民族名城、古寨图景，这必然会带给受众历史与现代交互融合的跨越时空审美体验。

7.6.2 以现代审美角度展示现代文化元素与西南少数民族历史文化结合

在开发运用西南少数民族历史文化资源时，不能以牺牲历史文化的真实性、连续性为代价，强行为数字创意产品添加现代元素。在盛行一时的穿越剧中，多有将部分历史片段与历史文化整体相割裂而片段化取用，乃至对于基本的历史事实进行扭曲,以迎合强行"注入"的现代文化元素的情况;这不但极大地降低甚至歪曲了作品的历史文化品质,也会使年青一代对历史文化产生错误认识。

数字创意者在开发运用民族历史文化过程中,应连续真实地展现历史,这样不仅能保障创意的历史意味,消除人们对少数民族历史文化原有的或可能产生的误解,还有利于向创意产品受众真实客观地展现少数民族思想观念以及社会关系的起源与演变历程,为现代思想与历史传统融合的发展观念,在民族地区的传播提供某种启示。

少数民族文化数字创意产品创作应紧跟时代发展潮流并符合现代审美理念。这样文化受众可以通过数字创意产品了解西南少数民族历史文化;西南少数民族历史文化也可以通过在数字创意产品中的创意展现,以更加符合现代审美需求的方式获得传播与传承。从这个意义上讲,在数字创意产品中运用西南少数民族历史文化资源,展现历史与现实的有机结合,既是少数民族历史文化在数字创意产业领域中的发展性传承,也是西南少数民族历史文化在数字创意产业中的升华。

7.6.3　展现西南少数民族文化历史传统与现代价值观念的碰撞

西南少数民族文化是一种浪漫主义色彩浓厚的文化形态,瑰丽奇异的"文化个性"也非常契合数字创意产品的文化内容需求。但仅有充满浪漫格调的文化内容是难以打造出优秀创意产品的;要想创作出高质量创意产品,还须关注现实问题。西南少数民族区域最突出的现实文化和社会问题,就是历史传统与现代价值观念的碰撞与冲突。本书认为,西南少数民族历史文化与现代价值理念之间的有机融合,就是以必定出现的碰撞、冲突为开端,民族文化数字创意产品通过展现这一现实问题来彰显对历史文化和现实主义融合一致的坚守。已有的西南少数民族文化题材的创意产品中,就不乏反映历史传统与现代价值观念碰撞、冲突的"经典之作",如讲述云南少数民族山区基层法官故事的电影《马背上的法庭》。导演刘杰在谈到这部电影时,提到影片要力图折射出的现状之一,就是西南少数民族地区"传统与现代碰撞的问题"[1]。而事实也证明,这类影片往往更能够引人深思、发人深省。

---

[1] 李淼. 论云南少数民族题材电影中的边疆想象、民族认同与文化建构[D]. 上海:上海大学,2013:61.

7.6.4 将历史传统与时代精神结合以实现西南少数民族文化"代际和谐"

少数民族族群既是数字创意产品文化内容的创造者和提供者，也是创意产品的重要受众群体。少数民族新生代更多喜好现代流行文化，对本民族的历史传统文化关注度不够。在数字创意产品中展现历史传统与时代精神的结合，民族新生代在消费享受创意产品时，就能感悟和理解本民族传统文化中所隐含的社会规范、生存智慧等文化精髓。由于创意产品中所展现的民族历史传统文化内容，与青年人认可的现代流行文化相契合，民族新生代对本民族历史传统文化的认同感也将大大提高；少数民族中的中老年人是极为重视民族文化与历史传统的，对少数民族历史传统文化元素的摄取运用，能在一定程度上增强他们对现代数字创意产品的接受度；同时传统文化元素的加入、融合也在某种程度上疏解了少数民族老一辈对创意产品可能造成文化传统消解和破坏的担忧。这样少数民族中老一辈群体与新生代在数字创意产业这一文化平台上，便可实现历史文化观念方面的"代际和谐"。

第8章 利用大数据技术促进西南少数民族文化数字创意产业发展

"大数据是工业社会的'自由'资源,谁掌握了数据,谁就掌握了主动权"❶,习近平同志在2013年7月视察中国科学院时如是说。2015年5月,习近平同志在给国际教育信息化大会的贺信中再次强调:"当今世界,科技进步日新月异,互联网、云计算、大数据等现代信息技术深刻改变着人类的思维、生产、生活、学习方式,深刻展示了世界发展的前景。"❷ 2014年3月5日,李克强总理在十二届全国人大二次会议上做政府工作报告时讲道:"要设立新兴产业创业创新平台,在新一代移动通信、集成电路、大数据、先进制造、新能源、新材料等方面赶超先进,引领未来产业发展。"❸ 这是政府工作报告中首次提及"大数据"这一产业概念,意味着大数据将在国家层面上以一种新兴产业姿态受到大力扶持。在2015年9月5日发布《国务院关于印发促进大数据发展行动纲要的通知》中,对大数据发展工作进行系统部署。❹ 在党的十八届五中全会的"十三五"规划建议中也提出:"实施国家大数据战略,推进数据资源开放共享。"❺ "互联网+"的本质要求之一便是"大数据+",即大数据不是作为单个产业孤立存在,而是与诸多行业相连接,产生一系列新兴产业,变革整个经济形态。在可预见的未

---

❶ 国务院印发《国家大数据战略——习近平与"十三五"十四大战略》[EB/OL].(2015-11-12)[2015-11-29].http://www.ccln.gov.cn/hotnews/160487-1.shtml.

❷ 习近平:互联网等信息技术深刻改变人类思维方式[EB/OL].(2015-05-23)[2015-11-29].http://report.chinaso.com/detail/20150523/1000200032808661432372860516566475_1.html.

❸ 李克强的"大数据观"[EB/OL].(2015-02-18)[2015-11-29].http://www.chinanews.com/gn/2015/02-18/7072661.shtml.

❹ 国务院关于印发促进大数据发展行动纲要的通知[EB/OL].(2015-09-05)[2015-11-29].http://www.gov.cn/zhengce/content/2015-09/05/content_10137.htm.

❺ 国家大数据战略——习近平与"十三五"十四大战略[EB/OL].[2015-11-29].http://www.ccln.gov.cn/hotnews/160487.shtml.

来，围绕"大数据"这一核心概念，将形成许多新兴产业，其包括门类各异的数据服务业、目的各异的数据加工业、技术途径各异的数据探矿业和形式各异的数据材料业等，数据将会成为与黄金类似的经济资产。我们甚至可以大胆断言：数据就是大数据时代中的"货币"。中国联通网络技术研究院首席专家、高级工程师唐雄燕博士就持类似观点。❶

根据国务院印发的《促进大数据发展行动纲要》对我国大数据发展现状做出的表述，在政策环境方面，诸多利于大数据产业发展的地方性措施已经得到了地方政府的积极推动；在产业发展方面，一批专注于大数据技术创新应用的互联网创新企业已经涌现出来；在科研方面，我国在大数据技术的部分关键领域已经取得重大突破。更重要的是，在我国互联网、移动互联网的用户规模早已稳居全球第一的情况下，大数据产业发展拥有两大得天独厚的优势：一方面，我国拥有极为丰富的大数据资源可供整个大数据产业挖掘；另一方面，庞大的互联网、移动互联网用户规模，决定我国大数据产业将拥有规模巨大的应用市场。在现阶段，"坚持创新驱动发展，加快大数据部署，深化大数据应用，已成为稳增长、促改革、调结构、惠民生和推动政府治理能力现代化的内在需要和必然选择"❷。

8.1 大数据技术发展状况及发展趋势

大数据（Big Date）自2012年以来得到了人们越来越多的关注，信息时代滋生的海量数据以及与此相关的一系列技术均被人们以"大数据"代称；《纽约时报》《华尔街日报》都曾将其作为专栏封面，美国白宫官网也曾收录大数据类新闻。位于伦敦的英国帝国理工学院与中国相关研究机构合作，对上海地铁与伦敦地铁负载对比、推广并大范围实施个性化医疗的可能性、世界经济发展受"一带一路"政策推进的影响、国家政策与国内人口迁移之间的关系等问题，进行大数据分析。2015年10月，在国家主席习近平同志携夫人彭丽媛到访该学院时，校

---

❶ 专家解读：大数据是未来的新石油［EB/OL］．（2014-01-10）［2015-11-29］．http://zqb.cyol.com/html/2014-01/10/nw.D110000zgqnb_20140110_2-06.htm.

❷ 国务院印发《大数据发展行动纲要》（全文）［EB/OL］．（2015-09-06）［2015-11-28］．http://business.sohu.com/20150906/n420463676.shtml.

方向习近平同志展示了相关研究成果。这类将大数据技术作为促进人民生活质量提高的技术手段,也获得了习近平同志的高度评价。

8.1.1 大数据技术的定义与特征

1. 大数据技术定义

大数据技术,一般而言有两种含义:一是海量数据及其分析,二是基于海量数据的分析及应用技术。因为大数据技术概念普及时间短、发展速度快,在实际使用中,基本取其所对应的现实意义,很少进行更深入规范的界定,而经常以"大数据"和"大数据技术"替代混用。本课题在不产生歧义的情况下,也沿用这种产业实践的概念使用习惯。

对于大数据技术的定义,学界至今没有定论,但有以下几种观点比较有影响力。

(1)在 2011 年的报告中,国际数据中心 IDC 曾从属性层面对大数据定义进行阐述。根据 IDC 的定义,大数据技术就是在进行相应设计后,可以在多样变化的海量数据中即时发现并高速捕获有用数据,并能通过精准分析从中提炼出极具价值的信息的技术。❶ 这个定义体现出了大数据的四大特征:容量(volume)、多样性(variety)、速度(velocity)和价值(value)。❷ 因此该定义被称为"4Vs"定义并被广泛使用。

其实 Garner 公司的数据分析师 Doug Laney 早在 2011 年便总结出数据在容量、多样性和速度上的三维增长,并将"3Vs"定义写入了研究报告中;包括 IBM、Microsoft、Gartner 等产业巨头仍沿用这一概念。Garner 公司对"大数据"的定义可概括如下:大数据就是一类具备海量规模、多样变化且数量增长率极高的信息资产,面对这类信息资产,企业只有积极创新,研发出与之相适应的新型数据信息处理模式,方可获取更加强大的流程优化能力、洞察发现能力以及决策能力。❸ 但是,"3Vs"定义相对于"4Vs"定义是不全面的,后者是对该定义的进一步完善。

---

❶ 李学龙,龚海刚.大数据系统综述[J].中国科学,2015(1):4.
❷ 李学龙,龚海刚.大数据系统综述[J].中国科学,2015(1):4.
❸ 大数据[EB/OL].[2015-11-28].http://baike.baidu.com/link?url=vWWoS0Gsu6jHBm0C-JG1RwafweuIknvDtHYO68jv4PvClfs8F6Hfw5d-yxQrrIGe6oPAcxhV7MotKqwRX1mARlfD8wpBQTNer4tDgIcsuq.

（2）2011年麦肯锡（McKinsey）公司在一份研究报告中，从比较定义角度出发对大数据进行界定，认为大数据也是一种数据集，但这类数据集仅凭典型数据库软件工具对数据的捕获、存储、管理和分析能力是无法处理的。❶这一定义并没有阐述度量大数据的客观标准，只是一个纯粹的主观性定义。麦肯锡全球研究所也认为大数据是"一种规模大到在获取、存储、管理、分析方面大大超出了传统数据库软件工具能力范围的数据集合"❷。但麦肯锡全球研究所同时指出大数据"具有海量的数据规模、快速的数据流转、多样的数据类型和价值密度低四大特征"❸，这就与"4Vs"定义结合了起来，显得更加完善。

（3）从整个体系出发，美国国家标准和技术研究院NIST认为"大数据"是指这样一种数据处理模式：应使用水平扩展机制分析处理海量数据以提高数据处理效率，传统关系方法对数据的分析处理能力，不足以提供处理海量数据所需的数据容量、数据获取速度，更不能够对海量数据形成有效表示。❹对大数据的这种定义实际是上述两种定义的结合，而且表明大数据必须要使用新型的"水平扩展机制"予以处理。但该定义仍旧没有将大数据的发展动态表述清楚。

对于大数据界定的观点是多种多样的，从不同角度可以得出不同结论；由于当前对大数据的研究还不全面，大数据的基础理论体系还没有建立起来，此时对大数据进行精准定义确实十分勉强。

在国务院印发的《大数据发展行动纲要》中，对大数据的定义有机融合了上述三种定义，简洁清晰地阐述了大数据的内容和发展趋势，是已知大数据定义中相对比较全面准确的。

2. 大数据技术特征

从上述定义来看，大数据具有四大特征，即"容量大、类型多、存取速度快、应用价值高"。除此之外本书认为大数据还有如下特征。

（1）数据具有不确定性。

首先，数据精确性难以确定。大数据的数据来源广泛，难以确保各数据来源

---

❶ 李学龙，龚海刚．大数据系统综述［J］．中国科学，2015（1）：4.
❷ 大数据［EB/OL］．［2015-11-28］.http：//baike.baidu.com/link?url=vWWoS0Gsu6jHBm0C-JG1RwafweuIknvDtHYO68jv4PvClfs8F6Hfw5d-yxQrrIGe6oPAcxhV7MotKqwKrX1mARlfD8wpBQTNer4tDgIcsuq.
❸ 同上。
❹ 李学龙，龚海刚．大数据系统综述［J］．中国科学，2015（1）：4.

的权威性，尤其是网络大数据的第一大数据来源即新媒体平台，用户发表信息随意性高，信息、数据真假尚且难辨，更难言精确。其次，大数据中数据结构具有不确定性。所处理的传统数据对象都是结构化数据，但在大数据中既有结构化数据，也有半结构化数据，最多的是非结构化数据。❶

（2）处理系统具有高度复杂性。

作为科学研究基础平台的大数据处理系统，需要能够处理不同类型数据并支持多种应用。大数据规模极其巨大、结构异常复杂，因此在进行大数据处理时，计算复杂度更高，任务周期也更长；与此同时，大数据服务的实时性要求又高，这就使得"高效能"成为大数据处理系统的必备特性。要维持整个大数据处理系统的长期稳定的高效能运作，就必须对信息处理方法、数据计算框架乃至整个处理系统架构，进行颠覆性的高度复杂且精确的创新设计，以满足大数据处理分析对系统单位能耗及运行效率的苛刻要求。❷这些都决定了大数据处理系统相对于传统数据库处理系统必定是高度复杂的。

这些既是大数据的三大特征，也是当今大数据时代面临挑战的三个主要原因。

3. 解读大数据的其他视角

（1）大数据是链接立体世界的纽带。

人类社会、网络空间、现实物理世界分别通过新媒体等信息传播平台，互联网、物联网等现代信息技术，在信息空间中以大数据形式展现出来，再经由复杂高效系统的处理运算，把大数据便转换成人类可直接理解运用的、三维立体世界的数据印象，并通过脑机界面、人机界面等手段展现出来。大数据链接了当今世界的三个维度，使得人类的生活空间更加立体。❸

（2）大数据推动信息技术产业新一轮革命。

大数据技术平台、云计算平台、移动互联网（社交网络）平台等第三代信息技术平台，是新一代信息技术产业基础。根据 IDC 预测，2013—2020 年期间，第三代信息技术平台推动的产业增长将占到整个 IT 产业增长的九成左右，市场规模在 21 世纪前 20 年就能够突破 53000 亿美元。❹

---

❶ 王元卓，靳小龙，程学旗.网络大数据：现状与展望[J].计算机学报，2013（6）：1128.
❷ 程学旗，靳小龙，等.大数据系统和分析技术综述[J].软件学报，2014（9）：1902.
❸ 程学旗，靳小龙，等.大数据系统和分析技术综述[J].软件学报，2014（9）：1889.
❹ 同上。

（3）大数据既是"第二经济"的核心内涵也是其关键支撑。

第一经济即为人们所熟知的物理经济，附着之上的现代经济的"神经层"便是第二经济的本质；第二经济是指将现代经济有机联系起来的一系列执行器、传感器、链接器、处理器，与以之为基础进行经济活动所共同形成，区别于物理经济运行原理的经济形态，这一概念是美国著名经济学家 Auther 在 2011 年正式提出的。第二经济推动整个国民经济的智能化，国民经济形态因此实现了自 19 世纪 70 年代电气化以来的最大转变。根据 Auther 预测，大数据将会成为第二经济在运行和发展过程中的主要支撑，由于大数据的种种特性，劳动生产率的竞争将不再是第二经济形态下经济竞争的主要方面，而知识生产率的竞争将决定经济竞争的成败；大数据作为一种产业资源不但不会枯竭，其丰富度还会不断提升。得益于大数据，第二经济将会实现持续迅猛增长，其规模在 21 世纪前 30 年就将与第一经济相当。❶

8.1.2 西南区域大数据技术发展概况

《大数据发展行动纲要》的发布，表明国家开始从战略高度对大数据发展工作进行系统部署。西南各省（区、市）也将大数据作为实现经济、社会跨越式发展的一个重要突破口，将大数据产业的发展推上了快车道。

2015 年 9 月 20 日，"云南农业大数据中心"宣布正式启用，"农业基础数据库群""特色产业数据库群"等 8 大数据库，以及"农业大数据分析管理平台""云南省农产品价格调查系统"和"农情直报与分析系统"等大数据软件产品也已经开发完成。❷ 在此之前云南省早已"牵手"阿里，开发旅游大数据，云南省成为第十四个引入阿里云的省（市）；阿里巴巴集团总裁金建杭在接受媒体采访时曾表示，他希望在阿里巴巴云计算和大数据技术的支持下，将云南省境内游客的住宿、餐饮、娱乐、旅游、购物等消费行为全面数据化，并通过在线化云计算与大数据分析处理，为政府部门的决策分析提供可靠数据信息支持，进而为云南省提供更为精准、个性化的服务❸；此外，根据协议，依托阿里云的"飞

---

❶ 程学旗，靳小龙，等．大数据系统和分析技术综述［J］．软件学报，2014（9）：1889．

❷ 云南开启农业大数据时代［EB/OL］．（2015-09-20）［2015-11-29］．http：//daily.clzg.cn/html/2015-09/20/content_525600.htm．

❸ 旅游大省云南牵手阿里云 开发旅游大数据［EB/OL］．（2015-04-20）［2015-11-29］．http：//tech.huanqiu.com/cloud/2015-04/6282520.html．

第 8 章　利用大数据技术促进西南少数民族文化数字创意产业发展

天"自主核心技术,云南省将在政务民生服务、社会管理、智慧产业、位置信息服务等领域,探索建立统一的云计算、大数据平台和示范应用业务,并逐步开放用于民生服务的政务服务数据;此外,双方将探讨共建云计算和大数据产业园,鼓励企业以云计算方式开展业务,培育和促进云南省云计算和大数据产业的健康发展。❶

贵州省成为"大数据产业发展模式探索基地","数谷"也成为贵阳这座发展相对落后的山城新的称谓。❷目前,已经有 360 多家与大数据相关的企业"落户"于贵阳市大数据广场,汇聚于此的创客团队已超过 50 个,大数据广场已经成为贵州省发展大数据产业的重要载体。这仅是近两年来贵州省积极推进大数据战略、实现大数据产业迅猛发展的一个缩影。自 2014 年以来,贵州省着力发展数据中心,建设 200 万台服务器已经成为一个既定目标;在大数据产业带动下,贵阳 2014 年地区生产总值增长 13.9%,总值达 2497.27 亿元。❸2015 年 2 月,首个国家级大数据产业集聚示范区在贵安新区挂牌,❹这势必推动贵州省大数据产业的加速发展。

四川省根据省政府最新计划将全面推进大数据应用,该计划涵盖基础建设、公共安全、食品安全、居民医疗等 20 多个领域,全省的大数据集群将在成都形成,一批具有核心竞争力的大数据骨干企业和众多新型企业将实现集聚发展;成都成为继广州、沈阳之后第三个设立大数据管理局的城市,大数据产业将成为四川省的核心竞争力之一。❺2015 年 5 月 16 日,首届大数据产业联盟高峰论坛在成都召开,"旨在为川内外企业和行业建立大数据服务平台,为大数据产业提供信息交流和经验推广"的四川省大数据产业联盟正式成立。❻联盟主席赵勇在接受专访时表示"从四川大数据产业发展路线图开始规划的时间来说,走在了全国前列",而且他坚信"随着省市政府以及整个西部对大数据的认识的提升和相关

---

❶ 旅游大省云南牵手阿里云 开发旅游大数据［EB/OL］.（2015-04-20）［2015-11-29］.http://tech.huanqiu.com/cloud/2015-04/6282520.html.
❷ 国家大数据战略——习近平与"十三五"十四大战略［EB/OL］.［2015-11-29］.http://www.ccln.gov.cn/hotnews/160487.shtml.
❸ 同上。
❹ 首个国家级大数据产业集聚示范区在贵州挂牌［EB/OL］.［2015-11-29］.http://gz.people.com.cn/n/2015/0227/c194827-24009585.html.
❺ 20 多个领域全覆盖 大数据将成四川核心竞争力［EB/OL］.［2015-11-29］.http://sichuan.scol.com.cn/dwzw/201512/54170494.html.
❻ 四川省大数据产业联盟在蓉成立［EB/OL］.（2015-05-16）［2015-11-29］.http://sc.people.com.cn/n/2015/0516/c345167-24886168-2.html.

政策的出台，四川的大数据必将走在全国首列"❶。

重庆直辖市在 2013 年 8 月 5 日发布了《重庆市大数据行动计划》，对当地大数据发展工作做了系统的部署。根据该计划，大数据产业将成为带动全市经济发展的重要增长极之一；重庆市将借助大数据技术形成城市管理、民生服务和经济建设三领域融合发展的新模式，大数据技术在全市各支柱产业的发展过程中，在民生服务与城市管理日益完善的过程中将被广泛应用。

广西壮族自治区早在 2011 年便成立了全国第一家以数据命名的数据学会，即广西数据技术学会。该学会"致力于专研数据内容业、数据服务业和数据软硬件研发制造业的有关学术课题，为广西数据产业的发展提供有价值的学术指导及建议；在数据技术应用提升的基础上为本行业提供优秀的学术建议，同时参与广西、全国的交流和有关数据技术课题研究，发挥广西数据技术应用优势，推动广西科技、社会、经济、文化发展"❷。广西壮族自治区人民政府与阿里巴巴集团的战略合作协议在 2014 年 4 月 21 日正式签订，双方以打造"数字互联网广西"为目标，在大数据与云计算等领域开展合作，云计算成为大数据基础设施建设的重点。阿里巴巴将利用核心技术，为广西电子政务、城市管理、民生服务、商贸服务等领域提供统一的数字化服务平台，广西政府也将推广云计算的应用，推动政务、电商、旅游、交通、医疗、教育等领域的智能化、无线化。在 2014 年 12 月，广西又宣布将建设"全国首个大数据与宏观统计监测中心，搭建大数据技术应用平台，增强采集、分析和利用海量大数据的能力，建设一个完整、统一、高效的广西宏观经济信息资源库，实现大数据信息资源共享，促进科学决策和新兴产业发展"，而且广西希望将这个中心建为国家统计华南数据中心。❸

8.1.3 大数据技术发展趋势

大数据是一场"革命"，牛津大学教授维克多·迈尔·舍恩伯格在《大数据

---

❶ 四川省大数据产业发展将领先全国［EB/OL］.［2015-11-29］.http：//www.chinastock.com.cn/yhwz_about.do?methodCall=getDetailInfo&docId=5067977.

❷ 广西成立首家数据技术学会［EB/OL］.（2011-04-21）［2015-11-29］.http：//finance.ifeng.com/roll/20110421/3914058.shtml.

❸ 广西将建全国首个大数据宏观统计监测中心［EB/OL］.（2014-12-08）［2015-11-29］.http：//www.chinanews.com/df/2014/12-08/6856935.shtml.

第8章 利用大数据技术促进西南少数民族文化数字创意产业发展

时代》一书中如是写到。❶许多国家和组织已经认识到大数据实在或潜在的巨大影响,都将大数据纳入国家战略规划之中,甚至将其作为与黄金、煤炭、石油等对等的新型战略资源。美国奥巴马政府早在2012年3月就宣布了一项"大数据研发计划",奥巴马政府认为要想维持美国在未来的竞争力并确保国家安全,就必须加强对海量数据的收集、筛选和分析能力;相关资料表明,美国为确保整体商业创新能力,已经对本国政府50多个门类的数据进行了开放,在大数据方面的政策已推进实施了三轮。《数据价值链战略计划》则是欧盟正在全力推行的大数据发展战略,该计划的全面实施将使该区域增加约320万个就业岗位。日本也试图以"大数据"为突破口寻求对经济下行风险进行对冲的方法,运用大数据技术对国家治理体系进行良性科学改造,就是目前正在积极谋划的重要项目。联合国也正在积极推动运用大数据技术对一些地区的疾病暴发和失业风险等进行预测的项目,以促使援助工作更具前瞻性,这一项目被形象地命名为"全球脉动"。在世界范围内,针对政府数据制订了开放计划的国家在2014年4月就达到了63个,这些政府数据开放计划的制订意味着各国正积极适应大数据时代的发展潮流,主动推动本国政府的治理模式从传统的"权威治理"转变为更加科学合理的"数据治理"。❷

国务院印发的《促进大数据发展行动纲要》将我国大数据发展的未来趋势和方向概括为三点,即"大数据成为推动经济转型发展的新动力""大数据成为重塑国家竞争优势的新机遇",以及"大数据成为提升政府治理能力的新途径"。❸课题研究认为大数据的发展趋势还可以具体细化为以下几点。

1. 大数据分析领域将迎来快速发展

(1) 深度学习领域取得重大发展。

在大数据时代,海量数据需要用更加复杂的多层次模型去表征和解释。深度学习就是"利用层次化的架构学习对象在不同层次上的表达",对于更加抽象和

---

❶ 大数据:国家竞争的前沿[EB/OL].[2015-11-29].http://wenku.baidu.com/link?url=HC4Wi7sZjZBZHRljvwpqpAmqabrdgPgSEmFVITzryRqu4F5mOx8cAEUVl45WVnLougEgPWfpfGWSNmUdkkx4C0A6J-HluhlF0ct8cw-YYfa&from_mod=copy_login.

❷ 大数据文摘.国务院印发《国家大数据战略——习近平与"十三五"十四大战略》[EB/OL].(2015-11-12)[2015-11-29].http://www.ccln.gov.cn/hotnews/160487-1.shtml.

❸ 国务院印发《大数据发展行动纲要》(全文)[EB/OL].(2015-09-05)[2015-11-29].http://www.gov.cn/zhengce/content/2015-09/05/content_10137.htm.

复杂的问题，运用这种层次化的表达能够更加有效地解决。❶目前，在自然语言的理解、语音的认知、图像的分析等方面，甚至在情感分析领域，深度学习技术的研究都已取得重大进展，相关技术已经被应用于诸多信息技术产品中，如百度设立的IDL（深度学习研究院）就在深度学习算法研究上取得了显著成果，在图像搜索、OCR识别、人脸识别、语音识别等深度学习技术应用领域，已有多项产品上线。❷

（2）知识计算成为研究热点。

所谓知识计算就是在海量数据信息中对有价值的知识予以萃取，并以这些知识为基础构建知识库，既可以支持简单的查询，也可以支持相应分析和计算，当前已经有50余种知识库被世界各国和各个组织陆续建立起来，至少上百种与知识计算相关的应用系统已经开始运作。❸大数据背景下的知识计算面临着知识高速更新的挑战，一方面新知识高速滋生，另一方面原有知识快速演化。当前的知识计算技术远远达不到客户对知识更新及时性甚至实时性要求，随着知识计算成为热点，数据更新的自动化感知技术领域将会取得重大突破，知识库会自动感知、识别知识变化并做出动态响应。

（3）在线社会计算取得全方位进步。

新媒体对信息传播模式的颠覆式变革，使在线社会计算成为大数据领域备受关注问题之一。社会计算研究包括网络社区结构分析、在线社会网络信息传播模型研究和构建、社会媒体中信息检索与数据挖掘等方面。❹在社区研究分析中，一系列社区发现方法"在人工构造的测试网络和一些小规模的真实网络上取得了很好的效果"；在信息传播模型研究中传染病模型已经得到了广泛深入的研究和修正，随机游走模型也受到了相应的关注，但是当前仍然缺乏对于信息传播机理的深入理解，与之相关的有效建模更是罕有，统计建模和实证分析仍旧是对在线社交网络中信息传播研究的主要方法；信息检索和数据挖掘受到新媒体所带来的信息传播模式变革的挑战，但研究人员已针对信息传播新特点在"传统信息检索与数据挖掘技术基础上提出了一系列新模型"，国内许多大学和研究机构已在信

---

❶ 程学旗，靳小龙，等．大数据系统和分析技术综述［J］．软件学报，2014（9）：1897．
❷ 程学旗，靳小龙，等．大数据系统和分析技术综述［J］．软件学报，2014（9）：1897．
❸ 程学旗，靳小龙，等．大数据系统和分析技术综述［J］．软件学报，2014（9）：1898．
❹ 程学旗，靳小龙，等．大数据系统和分析技术综述［J］．软件学报，2014（9）：1900．

息抽取和分类、社会化多媒体检索、协作搜索和推荐等领域取得一定进展。❶

（4）大数据可视化技术研究成为大数据时代的"显学"。

可视化技术及工具能方便用户对分析后的大数据更简易的理解，使业务员面对操作系统能够轻松上手，自主分析海量数据，及时了解数据动态，这其中有两项技术值得重点关注，分别是交互式的展示和超大图的动态化展示。❷大数据可视化面临的最大挑战便是数据规模，当前在该领域的研究工作就是通过数据转换和视觉转换这两种主要手段开发新的可视化方法，力求对于海量规模、来源广泛、多样变化、超高维度的信息实现有效分析，一系列新的算法和分析工具已被创造出来。但是，目前针对复杂信息流数据的转换方法尚十分匮乏，可视化算法亟待进一步拓展，以弥补在动态、多维度、大数据流可视化技术上的不足。总体来说，大数据可视化技术的发展仍旧处于初始阶段，要想实现高效的大数据可视化交互，实时辅助用户决策，还需要在数据信息交互方式上进行大胆革新。❸

2. 大数据与云计算进一步融合

当前学界对于云计算也无确切定义，美国国家标准与技术研究院（NIST）对云计算的界定在目前被广泛接受。根据这一定义云计算可以代指这样一种服务模式：用户在按使用量付费的前提下，可获得"进入可配置的计算资源共享池"的网络访问，相应网络访问按需设置便捷可用，用户在与服务供应商极少交互且极少进行管理的情况下，便可快速获取其所需要的资源，这些资源包括一系列应用软件、服务器，相应的网络、服务，以及巨大的存储空间等。❹

单台计算机根本无法承载大数据的海量规模，使得分布式计算架构成为大数据处理的必然选择，即必须依托云计算的分布式处理、分布式数据库、云存储和虚拟化技术，才能发挥大数据对于海量数据进行分析和挖掘优势。因而，大数据与云计算的关系从技术本质上而言是紧密而不可分割的，论及大数据就一定会谈到云计算。❺

---

❶ 程学旗，靳小龙，等.大数据系统和分析技术综述［J］.软件学报，2014（9）：1900.
❷ 同上。
❸ 同上。
❹ 云计算的发展［EB/OL］.［2015-11-29］.http：//wenku.baidu.com/link?url=dTypMkAunQSDk_LZGWBUYHf0i1XmUW1o8bUHzCFe4GKfSORT086ACR4DhzISqzXrU7VM01CWSqxu05UjIThZ80svkjvHyLuS5Tg0EzSDzyC.
❺ 带您了解大数据［EB/OL］.［2015-11-29］.http：//wenku.baidu.com/link?url=fM0QvW8674bsmfWA6fYA1zmCbAkCAtpEA-Fw7NMogay5KuNVyN22v1jTQM0PF0MdN-65Y4s3j7Pks6zZDKhJpEdQS-uJDI5vy4WA5mHo77W.

Informatics 执行副总裁兼首席营销官 Margaret Breya 女士曾预测,云分析将大行其道:"企业如果要获得竞争优势,就必须善于利用手中的数据,并迅速形成明智的决策。卓越的决策出自能够驾驭大数据的企业。"❶现在看来,这一趋势已初露端倪,腾讯云分析、百度云分析、亚马逊 AWS 等云分析平台已开通相关数据分析服务,竞相争夺海量数据云分析市场❷。

3. 开源大数据技术平台将被广泛应用

开源即开放源代码,开源系统可以让用户通过利用源代码在其基础上修改和学习,实现软件的个性化运行。开源系统的用户只需自主地在原程序基础上进行修改便可完成系统完善升级,而闭源系统由于源代码经过加密处理,只能依赖系统开发商进行完善;随着大数据时代的来临,数据规模激增,应用面也随之增多,用户对数据处理系统出现多样化需求,对于开源系统的用户来说,只需在程序源代码基础上修改,对软件进行一个二次开发,便可使系统实现个性化运行,满足用户的个性化需求。

4. 大数据安全将备受关注

在大数据时代,数据成为企业核心资产的重要组成部分,企业的发展将更多依托企业所获取并可分析利用的数据,对企业数据资源的侵犯必然给企业带来巨大损失。在新媒体时代,人们对于诸多新媒体平台的运用使得个人生活信息,尤其是隐私信息被以数据形式储存于诸多大数据存储系统中,针对数据的犯罪将侵犯公民隐私权等合法权益。Margaret Breya 女士曾断言,数据泄露将会泛滥。她认为在大数据时代,大小企业都应该对"安全"重新审视和定义,在仅仅加强数据保存最后环节的安全措施效果不佳的情况下,所有企业都需要在创建数据之初便进行安保考量,唯有如此,其自身和客户的数据信息安全才能得到保障。Margaret 估计至少有 50% 的世界财富 500 强企业将会聘用专门的首席信息安全官;此外,Margaret Breya 女士根据当时情况还曾悲观地预测数据泄露事件的数量在 2015 年将较 2014 年增长一倍。❸目前虽尚无法证实她的这一预测是否准确,但

---

❶ 2015 年大数据发展八大优势 [EB/OL].(2015-02-18)[2015-11-29].http://www.donews.com/media/201502/2880502.shtm.

❷ 各巨头竞相争夺海量数据云分析市场 [EB/OL].(2011-09-07)[2015-11-29].http://www.csdn.net/article/2011-09-07/304182.

❸ 2015 年大数据发展八大优势 [EB/OL].[2015-11-29].http://www.donews.com/media/201502/2880502.shtm.

近年来数据泄露的数量确实正在以骇人的速度持续增长。

更重要的是"大数据成为重塑国家竞争优势的新机遇","数据已成为国家基础性战略资源",对于大数据的侵犯,很可能意味着国家安全受到威胁。因此,国务院印发的《大数据发展行动纲要》强调要"增强网络空间数据主权保护能力,维护国家安全","健全大数据安全保障体系"并"强化安全支撑"。

5. 大数据改变现代经济形态

大数据改变传统产业形态。"互联网+"的本质要求之一便是"大数据+",大数据与传统产业的结合,从研发设计到售后服务,在整个产业链上进行运用,将更好地对用户需求进行感知和分析,全面提升产品价值,甚至能够打造"智能工厂"❶。

大数据催生一系列新兴产业。如《大数据发展行动纲要》就指出要"大力培育互联网金融、数据服务、数据探矿、数据化学、数据材料以及数据制药等新业态"❷。

大数据催生一系列新职业。如 Margaret Breya 女士就预测 CDDMO(首席数据驱动市场官)将会出现。

8.2 利用大数据技术促进西南少数民族文化数字创意产业融资

本书第 5 章已就西南少数民族文化数字创意产业面临着项目与资金相隔离的状况,特别是创意项目融资困难的情况作过简述,此种状况如长此以往必然对产业发展产生抑制、阻碍作用。搭载了技术创新和文化创意两翼的数字创意产业自身处在最新技术快速发展的互联网时代,应该通过最先进技术应用来认真探寻打破这种产品与受众相隔离的困境,寻找促进西南少数民族文化数字创意产业融资困难的最新解决途径和方案。本书认为,在技术创新和文化创意的推动下,在大数据技术高速发展的基础上,利用大数据技术促进西南少数民族文化数字创意产

---

❶ 国务院关于印发促进大数据发展行动纲要的通知[EB/OL].(2015-09-05)[2015-11-29]. http://www.gov.cn/zhengce/content/2015-09/05/content_10137.htm.

❷ 同上。

业融资,正是熊彼特所言"把一种从来没有过的关于生产要素和生产条件的新组合引入生产体系"❶,是一种产业创新构思和创新行为。

8.2.1 利用大数据技术促进西南少数民族文化数字创意项目与众筹融资结合

众筹融资作为一种互联网时代新兴的融资模式正在引起人们的关注,但当前众筹融资模式在西南少数民族文化数字创意产业中未能得到充分利用,需要寻求一种技术手段让众筹融资模式与创意项目实现"对接"。而通过上面章节的论述不难发现,正在给整个产业形态带来革命性变化的大数据技术,无疑能够很好地扮演将二者结合起来的桥梁角色。

1. 众筹融资内涵与运行模式类型

为了能够很好地运用网络时代的融资方式以解决创意产业中的资金问题,有必要分析众筹融资的内容与特点,并分析运行方式、类型与存在的风险,以便于在解决民族文化数字创意项目融资资金问题时,能够结合互联网时代新型融资方式特点,寻找适合西南少数民族文化数字创意产业发展的融资新路径。

为了便于探索如何实现民族文化创意项目的众筹融资,需要先认识与理解众筹融资运行的方式与种类,才能分析如何结合数字创意项目与众筹融资的特点,运用现代信息技术进行有针对性的运用。

(1) 众筹融资的含义与特点。

Crowdfunding 是"众筹"的英文词源,首次使用该词的是美国学者迈克尔·萨利(Michael Sullivan)。2006 年这位美国学者构建了一个可供筹资人播放相关视频并吸引项目融资的平台,这一平台被命名为 Fundavlog,其核心思想就是 Crowdfunding,中文直接释意就是"群众筹资"。2009 年 9 月,在维基百科中迈克尔·萨利将该词汇定义为"群体性的合作,人们通过互联网汇集资金,以支持他人或组织发起的项目";2011 年,在《创业帮》杂志中作家寒雨才首次用"众筹"一词翻译 Crowdfunding,"众筹"由此开始在业界流传开来。❷ 众筹可以利用互联网和 SNS 传播的特性,让小企业、艺术家或个人对公众展示他们的创意,争取大家的关注和支持,进而获得所需要的资金援助。因此,众筹融资的内

---

❶ 约瑟夫·熊彼特.财富增长论[M].李默,译.西安:陕西师范大学出版社,2012:88.
❷ 汪莹,王光岐.我国众筹融资的运作模式及风险研究[J].浙江金融,2014(4):62.

涵可以理解为："主要是利用互联网的开放平台发布筹款项目，并募集资金，将产业和金融链接起来"❶，以支持企业或个人创意的达成。众筹融资与传统金融相比较，主要特点在于：具有化解信息不对称、扩大中小企业融资渠道，降低融资风险，为民间投资搭建便利平台，"具有非中介化"融资等❷的特点和作用。可见，众筹融资作为一种互联网时代的新型融资模式，具有一定的实际应用价值，尤其是对中小企业和个人居多的数字创意产业，是一种值得尝试的融资途径。

（2）众筹融资运作模式类型。

众筹融资参与者可分为三方：项目发起人、众筹平台和投资人。项目发起人即筹资者包括中小企业与个人，他们怀揣创意，但苦无资金，往往达不到传统银行金融机构的贷款条件，需要借助于网络众筹平台推介创意与项目，筹集包括资金在内的发展资源（当前的众筹已不仅仅是筹集资金）；投资人是持有闲散资金理财投资者，用手中"闲钱"通过网络平台向自己感兴趣的项目进行投资；众筹平台是服务于项目发起人和投资人双方的开放式平台，既是审核、展示筹资人所发起项目的平台，也是投资人了解意向项目内容、资金用途及风险的地方。通常情况下，众筹平台只是为项目发起人和投资人搭建的中立媒介，本身并不经手资金流转❸。

我国目前主流众筹融资运行模式的流程可以分为三个阶段：融资预备阶段、项目融资阶段与项目运营阶段。❹ 具体流程可用图8.1表示。

众筹融资模式分为四种类型：奖励类众筹、股权众筹、债权众筹和公益众筹。❺

①奖励类众筹又称为商品众筹，"一般是指项目发起人将仍处于研发设计或生产阶段的产品或服务进行预售，投资者对项目或公司进行投资，获得产品或服务"❻，也是当前我国融资的主流模式。根据众筹平台服务项目的种类和投资人获得商品及服务是否具有"垂直性"，又可分为综合类众筹和垂直类众筹❼；而根据融资总量是否达目标资金额对于筹资者获得融资的影响，其又可分为KIA（keep

---

❶ 孙学立.我国众筹融资模式、风险及对策研究［J］.浙江金融，2015（6）：16.
❷ 黄健青，辛乔利."众筹"——新型网络融资模式的概念、特点及启示［J］.金融前沿，2013（9）：65.
❸ "众筹"可能颠覆传统融资模式［EB/OL］.（2014-07-19）［2015-11-30］.http：//www.ycwb.com/ePaper/ycwb/html/2014-07/19/content_497508.htm?div=-1.
❹ 汪莹，王光岐.我国众筹融资的运作模式及风险研究［J］.浙江金融，2014（4）：63.
❺ 2014年中国众筹模式上半年运行统计报告［EB/OL］.（2014-07-19）［2015-11-30］.http：//www.ycwb.com/ePaper/ycwb/html/2014-07/19/content_497508.htm?div=-1.
❻ 孙学立.我国众筹融资模式、风险及对策研究［J］.浙江金融，2015（6）：17.
❼ 2014年中国众筹模式上半年运行统计报告［EB/OL］.（2014-07-19）［2015-11-30］.http：//www.ycwb.com/ePaper/ycwb/html/2014-07/19/content_497508.htm?div=-1.

it all）模式和 AON（all or nothing）模式❶。运作流程可由图 8.2 表示。

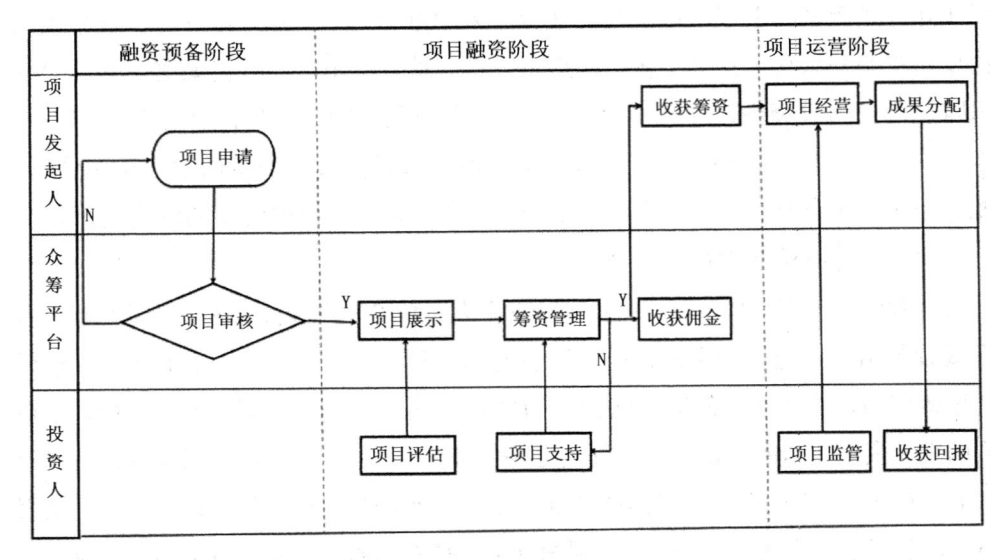

图 8.1　众筹融资运行模式流程

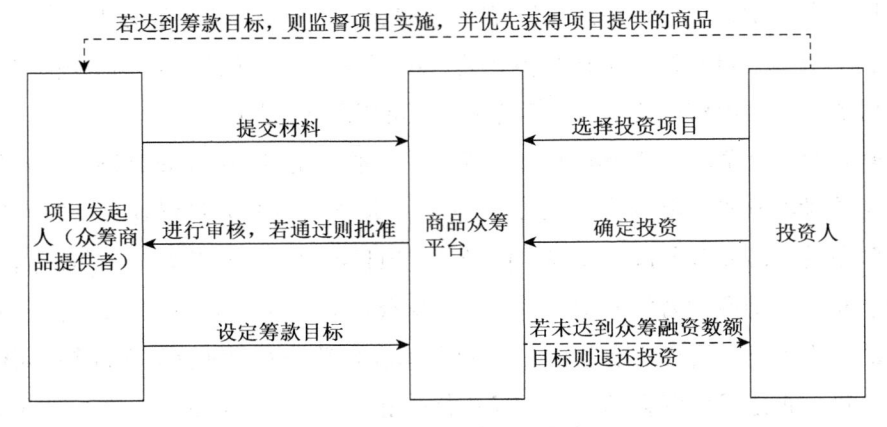

图 8.2　商品众筹运作模式

②股权众筹是指"把融资企业放到众筹平台（网站）上，设定在一定时间内，吸引投资者对项目或公司进行投资，并按出资多少出让一定比例的股权"❷。股权众筹相对来说是一种新型的众筹模式，也是一种备受期待的众筹模式。美国

---

❶　黄健清，刘雪霏，等.众筹项目成功的关键因素——基于 KIA 与 AON 融资模式的实证研究［J］.财贸经济，2015（9）：75.
❷　孙学立.我国众筹融资模式、风险及对策研究［J］.浙江金融，2015（6）：17.

JOBS 法案的出台使得"初创公司和小企业通过众筹方式向普通美国公民发行股票融资进入实施阶段"❶。2014 年 5 月,我国明确了证监会对于众筹进行监管,并出台监管意见稿;2014 年 11 月 11 日,李克强总理在主持召开国务院常务会议时,首次提出"开展股权众筹融资试点";2014 年 12 月 18 日,《私募股权众筹融资管理办法(试行)(征求意见稿)》由中国证券业协会发布❷;在 2015 年 7 月 18 日,中国人民银行等十部门联合发布《关于促进互联网金融健康发展的指导意见》,将股权众筹纳入互联网金融监管范畴❸,自此股权融资成为金融融资组成部分。股权众筹的运作模式大致如图 8.3 所示。

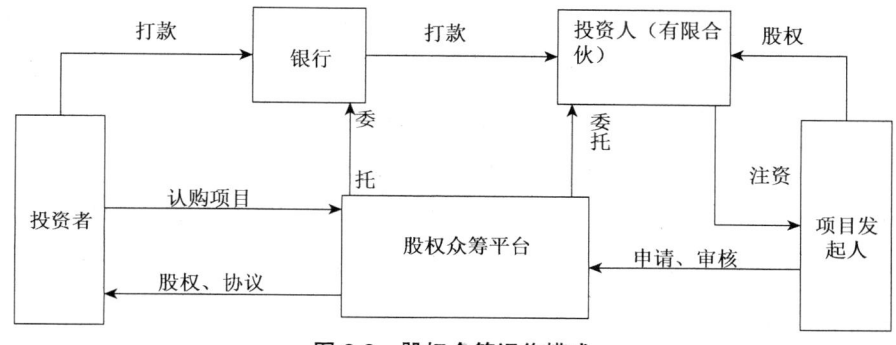

图 8.3 股权众筹运作模式

③债权众筹就是指大众投资者对于某项目或公司进行投资,获得一定的债权,在项目投入运营后投资者可收回本金并获取利息。❹

④公益众筹,又称为捐赠众筹,是指投资者对项目或公司、组织等无偿捐赠。这种融资模式已成为某些公益性非营利组织获取资金的主要方式之一。

(3)众筹融资的风险。

众筹融资具有一定的法律风险,甚至可以说众筹融资,尤其是股权众筹与非法集资只有一线之隔。由于我国《刑法》《公司法》《证券法》等法律法规限制,新发布的《私募股权众筹融资管理办法(试行)(征求意见稿)》专门对股权众筹融资做了严格的限制。

---

❶ 邱勋,陈月波.股权众筹:融资模式、价值与风险监管[J].新金融,2014(9):58.
❷ 证券业协会发布《私募股权众筹融资管理办法(试行)(征求意见稿)》[EB/OL].[2015-11-30].http://stock.cngold.org/jianguan/c2955174.html.
❸ 股权众筹 VS 债权众筹,谁更稳健?[EB/OL].[2015-11-30].http://stock.cngold.org/jianguan/c2955174.html.
❹ 股权众筹 VS 债权众筹,谁更稳健?[EB/OL].[2015-11-30].http://stock.cngold.org/jianguan/c2955174.html.

① 众筹融资投资者有投资风险。众筹很多情况下面对的是初创项目和初创企业，对于投资者来说，十个初创项目中有一两个能"到下一轮"已经很不错了，而大多数初创企业更是撑不过5年❶，所以众筹融资投资风险极大，"血本无归"的投资案例在众筹融资领域并不鲜见，尤其是股权融资。

② 众筹融资对项目发起者而言存在知识产权侵权风险。众筹融资项目吸引力源于创意性，所以在众筹融资过程中必须充分展现项目创意，而创意本身极容易被窃取模仿，当前我国知识产权制度对创意保护并不完善，所以在众筹融资过程中，项目发起者创意被窃取模仿而又无法以法律途径寻求保护的风险极高❷。

③ 众筹融资具有"道德风险"❸。筹资者可能为了筹资成功而掩盖项目的缺陷、风险，夸大项目优势与回报，将项目包装得尽善尽美；融资平台也可能会为了增加收益而降低融资门槛，使根本不适合的项目进入平台融资。同时由于信息获取存在一定的不对称性，投资者对相关项目认知度不高，增加了投资风险。

通过对众筹融资风险的分析可以得出一个结论：尽管众筹融资发展势头正好，国家、社会对其认可度也越来越高，适用面较广，但也是一个充满风险的融资手段，需要企业与公众谨慎对待。

因此，本书结合众筹融资各阶段特点，分析如何能够降低风险、加大实施可行性，探求一种能够将大数据技术运用于这种新兴融资方式，并与西南少数民族文化数字创意项目结合的最佳途径。

2. 利用大数据促进西南少数民族文化数字创意项目与众筹融资模式相结合

（1）构建专用化大数据处理引擎对接众筹融资不同阶段。

众筹融资过程可以分为融资预备、项目融资与项目运营阶段。不同阶段有不同阶段性目标，对数据处理要求也不同：在融资预备阶段，需要对项目数据资料进行整理，按照项目申报、审核要求进行准备；在项目融资阶段需要整理申请项目相关数据信息，对项目进行全方位展示，也要对投资人相应信息进行整理，以便推荐适合双方的融资项目；项目运营阶段需要对项目经营状况数据信息进行追踪收集分析，对项目进行合理监管。

在数字创意产业运用大数据信息平台进行众筹融资时，应当根据融资三个阶

---

❶ 股权众筹 VS 债权众筹，谁更稳健？[EB/OL].[2015-11-30].http://stock.cngold.org/jianguan/c2955174.html.

❷ 作者注：针对创意的保护，课题研究将专门在本书第9章9.3进行分析、论述。

❸ 孙学立.我国众筹融资模式、风险及对策研究[J].浙江金融，2015（6）：18.

段对数据不同的处理要求，建立相应的专用化数据处理引擎，而不沿用传统的通用体系。"趋向专用化架构技术"，是当今大数据处理系统发展的一大趋势，"国内外的互联网龙头企业都在基于开源系统开发，面向典型应用的大规模、低成本、强扩展的专用化系统"，事实也证明数据处理引擎专用化确实能够"降低成本，提高能效"❶。但专用化技术运用并不是简单的分立，由于众筹融资各个阶段是紧密联系的，根据各阶段要求建立的数据处理引擎也是相互连通的，分析处理的数据信息可以相互交流，仍然形成一个完整的大数据处理系统。

（2）根据众筹融资模式分别构建四类大数据处理系统。

众筹融资四类模式运作流程各不同，对项目要求展示的侧重点也有所不同，要求达到的目的也不同，因此对数据信息的处理流程、处理方式、处理目标等方面要求必然不一样。因此，在数字创意项目进行众筹融资时，应针对不同众筹模式建立不同的大数据处理系统，依据对数据信息的处理分析，构建针对性的融资激励机制。如对奖励类众筹，利用大数据着重展现未来产品或服务的超值性；对于股权类众筹，利用大数据全面展现企业或项目的成长性；对于债权众筹，重点在于用翔实数据证明筹资者的资信状况；在公益众筹中，需要强调项目服务社会的重要性与体现，激发支持者的社会责任支持公益项目。

虽然上述数据处理系统，在不同阶段的数据信息处理分析侧重点不同，但要求数据信息相互连通，在数据信息分析处理时资源互享。一是因为能够得到更多的数据意味着分析结论更准确、全面、合理；二是因为一个数字创意项目可以同时运用多种模式进行众筹。

（3）创建专门知识库。

建立专门性知识库，可以有效消除众筹融资时信息获得的不对称性。为了促进西南民族文化数字创意项目众筹融资顺利开展，应建立专门的知识库。对少数民族文化数字创意项目数据进行筛选，提取有价值的信息，并将其构建成"可支持查询、分析和计算知识库"❷。目前，"世界各国各个组织建立的知识库多达50余种，相关的应用系统更是达到了上百种"❸，但专门收录少数民族文化数字创意项目的众筹融资数据代表性知识库尚未建立。

---

❶ 程学旗，靳小龙，等.大数据系统和分析技术综述[J].软件学报，2014（9）：1896.
❷ 程学旗，靳小龙，等.大数据系统和分析技术综述[J].软件学报，2014（9）：1898.
❸ 同上。

建立的专门性知识库至少要包含三个基础性板块：第一板块要收录众筹项目相关数据信息，包括项目发起人资信记录、项目创意详细介绍、项目已融得资金情况等；第二板块收录投资人相关信息，包括投资人投资兴趣、主要投资方向、相关投资经历等；最后一个板块要收录众筹融资平台的相关信息，包括该平台订立的众筹规则、过往的融资服务记录、当前服务的融资项目和投资人情况等。

（4）利用大数据管理社交网站分析数据信息。

利用大数据管理西南少数民族文化数字创意项目众筹融资的SNS❶社区并挖掘分析数据信息。SNS社区通常很难控制用户的言论选择，但社区管理者完全可以利用大数据系统，筛除与西南少数民族文化数字创意项目众筹融资无关的信息，明确社区主题提高数据信息价值密度；对于不实信息，管理者亦可在法律允许前提下利用大数据技术追踪、查找虚假信息传播源，抑制虚假信息传播，使投资者能够对创意项目有一个真实、可靠、全面的认识。

另外，少数民族文化数字创意项目发起者可以利用大数据分析技术中的"在线社会网络的结构分析"❷，对SNS社区中相关数据分析，利用图数据处理系统进行处理，构建社区用户社会网络关系图辅助创意项目发起人及众筹平台，向已关注该项目的投资人关系人推介创意项目，有利于扩大与增加参与项目的众筹融资投资人的范围与数目。

（5）利用大数据为众筹融资构建垂直平台。

利用大数据技术在合法前提下分析、发现创意项目投资人的投资特点、投资喜好、投资需求等，据此改进项目内容、设计与宣传，对投资人实现项目的精准化、个性化推介，为投资者提供更全面、细化的服务，形成独特众筹融资文化，将能够大大提高项目众筹融资成功率。

数字创意项目在众筹融资平台上展示时，创意极容易被窃取、剽窃，可以运用大数据技术对创意项目进行全面比对、分析，拒绝有"抄袭"嫌疑项目进入融资市场，可以让项目发起人更放心大胆也更愿意运用众筹融资模式突破资金困境。

（6）以大数据为基础建立众筹融资征信平台。

西南少数民族文化数字创意产业可利用大数据构建征信平台，全方位收集、

---

❶ 作者注：SNS专指帮助人们建立社会性网络的互联网应用服务，也指社会现有已成熟普及的信息载体，如短信SMS服务。SNS的另一种常用解释：全称Social Network Site，即社交网站或社交网。

❷ 程学旗，靳小龙，等.大数据系统和分析技术综述[J].软件学报，2014（9）：1899.

处理、分析、展示推介创意项目企业或个人的信用信息。"在大数据信用理论中，企业的信用是一种客观存在，信用不应该仅存在于抵质押和担保资源之中，更多地应该体现在企业的经营行为中，具体而言是存在于每一份订单、货单、仓单、税单、账单、工资表、社保表、水电缴费记录等的各项明细数据中。"❶ 在大数据技术支持下，可以对众多项目发起人的海量信用数据信息进行处理分析并加以储存，筹资者的信用状况应该成为投资者预测投资风险的一个重要客观依据。这样就能够淘汰一批资信状况不良的筹资者，而为信用状况良好者进行众筹融资提供相对可靠的信用担保，使众筹融资投资人能放心大胆地对项目进行投资。

（7）利用大数据分析技术促进项目众筹成功。

利用流式和交互式数据处理分析技术实现数字创意项目与项目支持者的速配。众筹融资市场形势瞬息万变，各方借助大数据以流式计算处理分析海量数据，分析结果辅助众筹参与人做出实时决策。如数字创意项目发起人可根据流式数据结果即时调整项目宣传方向，圈定可能进行融资的投资者群体作为主要宣传对象；众筹平台可采用交互式数据处理分析技术，与筹资者和投资人进行"人机对话"，筹资人向融资平台输入融资需求，平台根据需求给出分析结果——符合条件的投资人信息，投资人向平台输入投资要求，要求推荐相应项目。这样便能实现众筹平台推介服务的精准化、个性化，实现数字创意项目与项目支持者的速配。

因此，利用大数据促进众筹融资模式与西南少数民族文化数字创意项目相结合，是解决西南少数民族文化数字创意产业融资困难的一种新选择。

8.2.2 利用大数据技术促进西南少数民族文化数字创意产业融资方式多元化

1. 西南少数民族文化数字创意产业可运用的融资方式

西南少数民族文化数字创意产业可运用的融资方式除传统的银行借贷融资和众筹融资外，主要还有如下几种。

（1）运用 P2C 网贷进行融资。

典型的 P2C（Person to Company）网贷作为一种融资借贷模式是专用于个人

---

❶ 范晓忻. 大数据征信与小微企业融资［J］. 中国金融，2014（22）：81.

与企业之间的，其基本运作模式是：P2C 平台对于优质的中小企业客户进行线下发掘，对于普通的个人投资者进行线上搜寻，在项目获得有实力的融资性担保机构担保后，个人投资者通过网贷平台向其中意的企业进行投资。作为一种互联网金融创新模式，一种线上线下（O2O）相结合的金融新概念，正规的 P2C 网贷是平等透明且安全高效的，目前比较知名的 P2C 网贷平台有爱投资网、爱互融网、有利网等。

（2）运用 P2P 信贷进行融资。

P2P（Peer to Peer）信贷就是需要借款的个人，通过 P2P 平台，以信用贷款的方式向有理财投资意愿且有空闲资金的其他个人借贷资金的融资借贷模式。作为中介机构的 P2P 信贷平台可以对借款方收取相应费用，如服务费、账户管理费等，P2P 对借款方经营管理水平及其所经营项目的发展前景、经济效益也要详细考察。美国的 PROSPER、英国的 ZOPA 是这类小额借贷平台的典型代表；在我国国内，P2P 信贷也已实现了从无到有，目前已初具规模。

（3）可尝试吸引天使投资。

所谓天使投资（Angel Investment），一般专指小型初创企业或概念独特、具有专门技术的原创项目所吸引的某些富有个人的一次性的前期投资，这类投资作为权益资本投资的一种而存在，是风险投资的一种形式。使投资人与创业者聚合交流的平台就是天使投资平台，其可分为线上平台、线下平台，以及线上与线下结合平台三种形式。创业项目在天使投资平台上进行推介，大量的天使投资人也会在天使投资平台上寻找优质项目；在天使投资平台上，许多投资都能快速达成。雷军、周鸿祎、李开复等都是国内著名的天使投资人。

（4）争取私募股权基金的融资支持。

私募股权基金一般指从事非上市公司股权投资的基金（Private Equity，PE）。私募股权基金的募集对象可以是个人投资者，也可以是机构投资者。与公募基金相比，其资金募集对象的范围通常会小很多，但私募基金的投资人都是资本构成质量较高且资金实力雄厚的机构或个人，公募基金所募集的资金质量与数量都未必能够超过私募基金。目前软银、A3 国际亚洲电影基金、韦恩斯坦（TWC）亚洲电影基金、"铁池"私募电影基金等都已涉足中国文化创意市场投资。

（5）利用新三板市场进行融资。

最早在"新三板"市场中挂牌的企业，都是中关村科技园区中进入代办股份系统进行转让试点的高科技企业。它们虽非上市股份有限公司，与在原STAQ、NET系统挂牌的公司以及诸多原转让系统内的退市企业还是有本质不同的，因此，这个市场被形象地称为"新三板"。现在，"新三板"的挂牌企业早已不再局限于中关村科技园区、天津滨海、武汉东湖以及上海张江等试点地的非上市股份有限公司，"新三板"市场已经成为全国范围内中小微型企业进行融资的重要平台，全国范围内的非上市股份有限公司均可在这一市场进行股权交易。

新三板市场也是十分适合西南少数民族文化数字创意企业利用的融资方式。

2. 大数据促进西南少数民族文化数字创意产业与上述融资模式相结合。

本书认为，大数据可以促进西南少数民族文化数字创意产业与上述融资模式相结合，建立起多渠道的现代融资体系。具体而言，应开展以下工作。

（1）为各种融资方式构建专门化的大数据系统，或在技术成熟的前提下，以大数据为基础，构建综合性融资平台。

各种融资方式的特点、市场情况乃至参与融资各方所欲达成的目的不同，对数据的处理流程、处理目标等方面的要求自然大不相同。因此，为各种融资方式构建专门化大数据系统，并以此为支撑构建专门化、垂直化融资平台是当今融资领域发展的总体趋势。本书认为，在技术条件成熟的前提下，亦可以大数据为基础，为西南少数民文化数字创意产业构建综合性融资平台，在综合性平台上再为每种融资方式设置提供专门化、垂直化融资服务的板块，这样更容易让整个产业综合利用各种融资方式，建立立体化融资体系。

（2）分别针对不同融资方式的特点，为西南少数民族文化数字创意产业融资构建专门性知识库。

为各种融资方式构建专门性知识库，能够为根据不同融资方式的特点对各类融资数据进行高端分析奠定基础；也能够有效收录各类融资中创意项目发起人及投资人的数据信息，消除融资过程中各方信息获取不对称的情况。同时，各专门性知识库应该是相互连通的，这样可以使各方能够获取更加全面的融资信息，从而促进建立立体化融资体系。

（3）利用大数据处理分析技术促进西南少数民族文化数字创意产业与上述融资方式相结合。

首先，利用批量数据处理技术对长久积累的批量数据进行处理，可以发现融资市场长期发展特点与长期发展趋势，从而有针对性地制定长期融资策略；利用流式数据处理技术处理海量流式数据,可辅助参与融资的各方做出实时决策;而采用交互式数据处理技术可以使各方能够以"人机对话"的方式搜寻适合的融资合作对象。其次,利用大数据处理分析技术,可建立相关数据模型,辅助参与融资的各方进行合理的融资选择。此外,利用大数据可视化技术将融资市场数据信息的处理分析结果直观、动态地向参与融资的各方展示出来,让各方能够更清楚地认识市场走势,做出合理融资选择。最后,西南少数民族文化数字创意产业可利用大数据处理分析技术进行融资协调,选择最佳的融资方式组合,从而建立合理的多元化融资体系。

(4)以大数据为基础,为西南少数民族文化数字创意产业融资构建综合性征信平台。

一方面,该平台可全方位的收集、处理、分析、展示推介少数民族文化数字创意项目的企业或个人的信用信息,既为诚信的筹资者提供"信用担保",也使得无信用的筹资者在融资市场上"无所遁形";另一方面,该平台也可全方位的收集、处理、分析、展示投资者的投资信息,避免数字创意产业中的筹资者因盲目融资而招致经营风险。如在吸引天使投资时,筹资者可以通过对平台收录的投资者投资信息的查询,筛除鲨鱼型天使投资人、官司型天使投资人等"恶天使"。征信平台的构建,可极大地控制各方参与融资的风险,为西南少数民族文化数字创意产业立体化融资体系的建立提供最基本的安全保障。

8.3 利用大数据技术促进西南少数民族文化数字创意产品与受众点对点结合

8.3.1 利用大数据技术促进创意产品与电子商务模式相结合

1. 实现产品与受众点对点结合的电子商务模式

当前,能够实现产品与受众点对点结合的营销模式主要有以下几种。

(1)O2O(Online to Offline,线上到线下)模式。

这一概念起源于美国,将互联网平台作为线上交易平台,实现线下商务机会与互联网结合。此模式核心在于在线预付，服务或产品提供者通过线上揽客，在线下提供服务或产品。消费者可以在线筛选产品，满足自己的个性化需求，既享受在线优惠价格，又享受线下直接服务，实现产品与自身需求完美契合。而且在O2O模式下，产品生产者可以追查产品推广效果，追踪每一笔交易，根据反馈数据信息及时调整推广策略，改进产品质量，实现产品或服务与受众需求更好的对接。

（2）B2C模式。

B2C就是"Business to Customer"的缩写，中文简称为"商对客"，是电子商务的一种模式，也是通常所说直接面向消费者销售产品和服务的商业零售模式，即企业通过互联网为消费者提供一个新型购物环境——网上商店，消费者通过网络进行网上购物、网上支付等消费行为。我国出现最早的电子商务模式是B2C模式，天猫、京东等均属此类电子商务平台。在B2C模式下，网上商城可以通过构建垂直商店，设置导购引擎、提供在线商品定制服务等方式，满足消费者个性化需求，实现产品和受众的点对点结合。

（3）B2B模式。

B2B是"Business to Business"的缩写，指企业对企业之间的营销关系，现代B2B marketing的主要表现形式就是电子商务。B2B网站作为将企业内部网与客户紧密结合起来的媒介，可以充分发挥网络快速反应优势，使客户企业能够从生产企业获得更好服务。随着B2B门户网站逐步深入行业营销，对供应商、采购商的实力、信用评估体系进一步革新、完善，企业信用、实力状况更加透明，采购商有更多机会选择合适的产品供应商，生产企业也可以更多了解产品采购企业的需求。许多线下服务还会深入到企业内部，进行一对一的培训服务、实地评估、市场调研等。这种模式使产品与采购者能够实现点对点对接。现在比较著名的B2B网站有阿里巴巴、中国制造网、中国供应商等。❶

（4）C2C模式。

C2C即"Customer to Customer"的缩写，指个人与个人之间的电子商务关系。CZC网站通过店铺分类、主体分类、商品推荐、宣传页面制作及搜索引擎优化（SEO，Search Engine Optimization）等方式，促进个人生产产品与同为个

---

❶ 浅谈P2P、P2C、O2O、B2C、B2B、C2C的区别［EB/OL］.（2015-07-07）［2015-11-30］.http://mt.sohu.com/20150707/n416316776.shtml.

人的受众点对点结合。目前比较有代表性的 C2C 电子商务平台有淘宝网、易趣网和拍拍网等。❶

（5）P2C 模式。

P2C 就是"Production to Customer"的缩写，可简称为"商品和顾客"，是继 B2C、B2B、C2C 之后出现的电子商务新模式，产品从生产企业直接送到顾客手中，没有任何中间环节。在 P2C 模式下，消费者在电子商务平台上选购自己需要的产品，订单信息会同时发往物流公司和产品生产企业，随后物流公司根据订单信息直接从生产企业仓库中取货发往消费者，订单信息及出货信息将会汇总至生产企业，企业对此类数据信息进行分析及时调整产品类型、产量、各地产品存货量及产品生产结构，而且消费者所购产品出现问题及解决途径也反馈至生产企业，企业根据实际情况对产品进行改进，以求能满足消费者个性化需求。在 P2C 电子商务模式中，产品流转过程中去除所有中间商，产品流转成本降到最低，产品直接与受众点对点紧密结合，有人预测 P2C 是真正的未来产品销售终极模式。

2. 以大数据为基础利用电子商务模式进行创意产品点对点营销

现阶段，西南少数民族文化数字创意产品生产者应注重对产品营销数据信息的收集、挖掘，并建立专门知识库。

目前西南少数民族文化数字创意产业尚未建立专门电子商务平台，数字创意产品营销的电子商务化和精准化，需要借助于既有的电子商务网站，利用主动提供或有偿提供的大数据服务。在这一阶段，创意产品生产者需要学习已取得巨大成功的电子商务网站经验，注重对产品营销数据信息的收集与挖掘，并建立本产业专门知识库。阿里巴巴在为中小企业提供电子商务平台的传统业务中，收集了大量"客户交易行为数据，建立起国内最为丰富的中小企业数据库和信用记录，基本实现了通过云计算平台对客户信息的充分分析、挖掘"❷。事实证明阿里巴巴对客户交易行为数据的收集与挖掘，为它旗下几乎所有业务的开展都带来了极大数据优势。

创意产品生产者不仅要注重对本产品营销数据信息的收集，还要关注关联产

---

❶ 浅谈 P2P、P2C、O2O、B2C、B2B、C2C 的区别［EB/OL］.（2015-07-07）［2015-11-30］. http：//mt.sohu.com/20150707/n416316776.shtml.

❷ 陶亚娜.互联网金融发展研究［J］.金融发展评论，2013（11）：65.

品信息，为少数民族文化数字创意产品的"捆绑式营销"提供数据分析指导。目前在零售业已出现类似的大数据应用典型案例，如沃尔玛在对消费者购物行为进行数据分析时，发现男性在买婴儿尿片时会顺便给自己买啤酒，于是便推出了将啤酒和尿布捆绑销售的促销手段。这对创意产品的营销具有一定启发意义。

能够实现产品与受众点对点结合的电子商务模式多种多样，西南少数民族文化数字创意产品生产者可以通过对诸多电子商务平台反馈数据的收集、处理和分析，选择最适合自身行业特点的模式；也可以根据数据处理分析结果，综合采用多种模式进行产品营销，实现产品与受众最大限度点对点结合。

现阶段利用既有电子商务平台进行营销，收集挖掘产品营销数据信息并建立知识库，是构建大数据系统并对数据进行高端分析的基础。电子商务本质上是新媒体平台的一种，大数据是建立电子商务平台基础技术之一，收集营销数据建立专门性知识库，既是出于分析数据信息指导精准化营销需要，也是出于为将来建立专门性西南少数民族文化数字创意产品电子商务平台提供大数据支持的需要。

从长远来看，有必要以大数据为基础，建立多种模式专门化的西南少数民族文化数字创意产品电子商务平台，以大数据为支撑，适应大数据背景下消费行为的新特点[1]，促进创意产品与受众点对点结合，具体做法如下。

（1）推出数字创意产品电子商务平台移动客户端，加强对移动购物数据的挖掘、收集、处理、分析，适应当前消费移动化的特点。

在 2015 年双十一购物狂潮中，天猫交易额突破 912.17 亿元，其中移动端交易占比 68%，2014 年同期的数字仅为 42.6%[2]。中国电子商务研究中心高级分析师莫岱青对此感慨道："移动购物时代真正意义上来临了。"[3] 西南少数民族文化数字创意产业可以以大数据技术为基础，推出电子商务平台移动客户端，使创意产品受众能够彻底打破空间局限，借助移动互联网挑选、购买创意产品；同时，销售者加强对移动购物数据的收集、处理和分析，发现创意产品受众个性化需求与

---

[1] 王其和.大数据背景下企业营销战略再分析与营销策略新内涵［J］.统计与决策，2014（24）：198-199.

[2] 2015 年双十一天猫交易情况分析：移动平台占总交易额 68%［EB/OL］.（2015-11-13）［2015-12-05］.http：//www.askci.com/news/chanye/2015/11/13/154030g9ou.shtml.

[3] 莫岱青：2015 年双 11 意味移动购物时代来临［EB/OL］.［2015-12-05］.http：//www.mcmore.com/news-2570.html.

消费特点，增加推送产品信息精准性。

（2）以大数据技术为基础，创建社区化电子商务平台，运用大数据社会计算对平台数据信息分析，适应当前消费社交化特点。

艾瑞咨询调研表明，84.7%的用户愿意使用社交化购物网站，其中72.9%的用户会逐渐增加对该类网站功能的使用。❶一般情况下，消费者在购物时，所信赖的人的建议和推荐会在很大程度上影响消费选择，社交化购物网站能打破时空局限，更广范围的消费者可以在平台上实现"虚拟交往"，分享购物体验，寻求购物建议或进行购物推荐。因此，可以参考"蘑菇街""美丽说"等购物网站，构建专门社区化电子商务平台，让西南少数民族文化数字创意产品受众及潜在受众，能够交流分享对产品的消费体验，让更多人能够深入了解相关产品，实现创意产品与受众更紧密结合，也让更多潜在受众转化为消费者；同时也要注重大数据社会计算对平台数据信息进行分析，通过在线社会网络结构分析探知购物社区的整体情况和相关特征，通过对用户评论、购物行为等数据信息进行分析，发现受众个性化需求及消费特点，并据此进行优化，最大程度促进创意产品与受众的点对点结合。

（3）利用大数据打破传统的单向灌输式营销模式，适应消费者购物主动化的特点。

首先，西南少数民族文化数字创意产品电子商务平台为产品受众构建性能优越的搜索引擎，使产品受众能主动在平台连接知识库中实现大范围搜索，在短时间内了解各类创意产品，提供选择适合自身需求产品的空间；其次，平台可以用大数据为消费者建立科学的定量化价格分析模型，消费者能够对同类产品的性价比迅速进行横向比较，理性购买性价比适合需求的创意产品；最后，消费者能够主动在平台表达自己对文化数字创意产品的需求，促使生产者可以对创意产品进行优化。这样，受众就主动实现与西南少数民族文化数字创意产品的点对点结合。

（4）产品销售者通过对电子商务平台数据分析，获得观察整个营销过程的"巅峰视角"，全面有针对性地了解客户需求，适应当前消费个性化的特点。

科学化是大数据时代营销的一个主流发展方向，将"往日纷繁复杂的营销行

---

❶ 王其和.大数据背景下企业营销战略再分析与营销策略新内涵［J］.统计与决策，2014（24）：198.

第8章 利用大数据技术促进西南少数民族文化数字创意产业发展

为日益演变为一系列的数据运算和相关分析"❶。以大数据技术为支撑,创意产品营销可精确到个人,产品受众在平台上浏览、搜索,以及后续使用产品的行为都将被知识库记录并挖掘分析;在云端上这些行为数据信息就转化为受众的性别、年龄、收入、爱好、品牌偏好、个性化需求等清晰的属性标签,据此产品销售者可以筛选出目标客户及核心客户,并归纳出客户个性化消费需求及购物特点,从而确保产品内容、促销折扣等信息的准确传达,实现个性化营销。❷

(5)利用大数据适应电子商务模式发展新趋势,促进创意产品与受众点对点结合。具体而言,主要包括如下内容。

① 注重前瞻性营销,运用大数据预测受众未来需求。大数据的核心就是"基于相关关系分析法的预测"❸。创意产品受众在电子商务平台进行消费时,购物行为数据信息被大数据系统记录下来,通过数据信息放入相关模型中进行大数据分析,可分析受众的性格、购物偏好和兴趣,可以借此预测出受众下一个消费行为。著名在线影片租赁提供商 Netflix 就曾宣称要动用其 2900 万用户的庞大数据库进行分析,对用户的喜好和视频选择方面进行分析和预测。❹ 创意产品生产者根据对受众需求及购物行为的预测分析,对数字创意产品进行前瞻性开发。

② 利用流式数据处理技术,适应电子商务即时速配发展。"利用批量数据挖掘合适的模式,得出具体的含义,制定明智的决策,最终做出有效的应对措施实现业务目标是大数据批处理的首要任务。"❺ 当今电子商务市场形势瞬息万变,尤其是创意产品"新陈代谢"速度极高,电子商务平台更应注重流式数据的处理分析,不断向产品生产者、销售者及受众推送即时处理结果,实现创意产品与受众即时速配。

③ 利用大数据技术适应电子商务营销"脱媒化"发展趋势。所谓"脱媒"(disintermediation),是指在进行交易时跳过所有中间人而直接在供需双方间进行。上文所述的 P2C 模式便是"脱媒化"电子商务营销的典范,此外,类似模式还有 F2C、M2C 等。数字创意产品电子商务平台可借鉴上述模式成功经验,

---

❶ 贾利军,许鑫.谈"大数据"的本质及其营销意蕴[J].南京社会科学,2013(7):19.
❷ 张洁梅,李丽珂.试论大数据时代企业的营销模式[J].党政干部学刊,2014(12):66-67.
❸ 张洁梅,李丽珂.试论大数据时代企业的营销模式[J].党政干部学刊,2014(12):64.
❹ 聂磊.新媒体环境下大数据驱动的受众分析与传播策略[J].新闻大学,2014(2):131.
❺ 程学旗,靳小龙,等.大数据系统和分析技术综述[J].软件学报,2014(9):1890.

以大数据为纽带实现受众、创意产品生产者、物流公司以及电商平台的联动，使得创意产品生产者与受众直接对接，去除所有中间商，将创意产品流转成本降至最低。

④ 利用大数据引导西南少数民族文化创意企业，以顾客需求为中心进行开发，适应生产销售方与消费者价值共创和价值共享趋势。西南少数民族文化数字创意产品电子商务平台应利用大数据，引导商家以顾客需求为中心进行产品开发、生产和销售，让创意产品受众同时成为产品生产参与者，以适应当前电子商务营销中，生产销售方与消费者价值共创和价值共享的发展趋势。在大数据时代，几乎所有的产品营销都是由消费者需求触发的，因此，最适宜的营销模式就是以受众需求为中心的营销模式。从创意产品方向、创意产品脚本设计开始就要让受众充分参与，才能在脚本方案设计中充分体现受众群体的个性需求；同时，受众亲自参与创意脚本设计和情节设置，有利于增强受众自我肯定意识，使其从心理认同和现实需求上都实现与创意产品的点对点结合。❶ 近来兴起的 C2B（Consumer to Business，即消费者到企业）便属于此类商务模式。有人认为 C2B 模式和传统的 DSM（Demand Supply Model，即供需模式）完全相反，是一种消费者贡献价值（Create Value），而产品生产者消费价值（Consume Value）的商务模式。该过程"通常情况为消费者根据自身需求定制产品和价格，或主动参与产品设计、生产和定价，产品、价格等彰显消费者的个性化需求，生产企业进行定制化生产"，在这一过程中消费者与产品生产者、销售者共同创造了产品价值，并共同分享了产品价值，是一个价值共创和价值共享的商务过程。目前许多电子商务平台都融合了 C2B 式的营销服务，如 B2C 模式下的在线商店便可实现定制服务，M2C 平台也可以"满足消费者的 DIY 欲望"，消费者可以对其所需要的产品进行自定义。

西南少数民族文化数字创意产品电子商务平台可以借鉴 C2B 模式，在整个创意产品创造过程中，受众可以通过大数据技术对生产各个环节进行即时决策，确保自己与创意产品实现最紧密、最彻底的点对点结合。这样在产品生产者、销售者获取产品经济价值时，创意产品受众可以以最合理的价格最大限度地获得产品的使用体验价值。

---

❶ 王其和.大数据背景下企业营销战略再分析与营销策略新内涵[J].统计与决策，2014（24）：200.

8.3.2 利用大数据技术促进创意产品精准营销与新型社交媒体相结合

1. 利用大数据处理分析社交媒体数据，对产品受众实时响应

在新媒体时代的少数民族文化数字创意产品营销必然要利用新型社交媒体，如微信、微博等为产品创造热点话题，引发社会广泛关注。新型社交平台用户在运用平台搜索、关注相关话题时，与媒体接触的各个环节为大数据系统所记录、监测和分析处理❶，新媒体使得信息传播和呈现方式更加"碎片化"，但大数据可以将碎片化信息进行高度聚合，精确圈定出创意产品的受众及潜在受众，并发现他们（她们）的个性化需求、喜好，以及当前关于产品话题的舆情态势。数字创意产品营销者可以根据分析结果即时调整营销策略，实时响应受众需求，使产品最大限度引起社会关注，实现与受众及潜在受众点对点对接。

2014年上映影片《后会无期》便是利用新型社交媒体发起"话题营销"的典型案例，先是导演韩寒本人在微博上不断为电影制造热门话题，制作方也通过在微博上逐一曝光演员，并附上剧照、人物海报等方式，不断引爆社交讨论，受众的好奇心与兴趣点让制作方的营销活动调动起来；随后电影营销方利用大数据分析技术对这些数据资源进行了监测，追踪话题传播路径，发现电影营销期间，关键词"后会无期"、主题曲与主创人员等内容的关注度急剧上升，并通过数据分析验证关键词关注度与影片关注度间的正相关关系，甚至还分析出"电影的主要关注人群为"80后""90后"，且他们具有重视参与、思想独立、表达个性、游戏感强等典型特征"，随后营销方便"有针对性地突出话题营销点，制造'流行金句'"，精准对接"80后""90后"受众的偏好、需求，进一步引发话题的大规模扩散。❷ 这种精准对接受众需求的营销方式值得西南少数民族文化数字创意产品营销者借鉴。

2. 对新型社交媒体网络社区数据进行在线社会网络结构分析

西南少数民族文化数字创意产品营销者可以利用大数据分析技术中的"在线社会网络的结构分析"❸，对新型社交媒体社区中相关数据进行分析，并结合大数据处理系统，将社区数据的处理结果构建出社区社交网络关系图，运用关

---

❶ 李晓英. 大数据时代互动式整合传播营销体系的建构[J]. 当代传播，2015（4）：81.
❷ 周宾. 从"受众本位"的视角看大数据时代的电影营销[J]. 当代电影，2015（7）：189-190.
❸ 程学旗，靳小龙，等. 大数据系统和分析技术综述[J]. 软件学报，2014（9）：1899.

系图甄别出与产品受众有紧密关系和相似喜好的社交媒体用户，将他们（她们）作为潜在受众，针对性推送产品推介信息，实现产品营销与潜在受众点对点结合。

3.运用大数据分析新型社交媒体"意见领袖"，使其成为创意产品网络社交圈"推销员"

数字创意产品营销者要真正运用新型社交平台进行成功的话题营销，必须重视大数据技术分析出社交圈的"意见领袖"，并先让创意产品实现与意见领袖的点对点结合，满足"意见领袖"们的需求、偏好，让他们（她们）获得良好消费体验，这样才能够在各自的社交圈中不自觉地成为产品的"推销员"；圈中其他成员基于对"领袖意见"的信赖，也会优先选择创意产品。

8.3.3　实现西南少数民族文化数字创意产品大数据智能营销

大数据营销是指通过互联网采集大量的行为数据，首先帮助广告主找出目标受众，以此对广告投放的内容、时间、形式等进行预判与调配，并最终完成广告投放的营销过程。大数据、云计算等新概念和新范式正掀起互联网新一轮革新浪潮，西南少数民族文化数字创意产业要想借力实现产品的推广、传播，必须为创意产品选择适应时代潮流的营销方式——大数据营销。

在新媒体时代，信息都是多平台、立体交互式传播，数据信息传播、分布高度分散化、碎片化。西南少数民族文化数字创意产品的营销信息传播、分布也不例外，产品营销者要运用大数据技术对多平台的营销数据信息进行收集、处理、分析、整合，实现对高度"碎片化"数据信息的整合与分析，从中筛选产品目标受众，并归纳受众的需求、偏好及消费行为等特点，针对性适时推送个性化、类型化的创意产品广告或其他的创意产品推介信息。

第9章 西南少数民族文化数字创意产业发展实施对策及措施

西南少数民族文化数字创意产业发展面临的一系列深层的问题，不仅严重阻碍了西南少数民族文化数字创意产业的发展，其中很多问题也是我国数字创意产业整体存在的问题。因此，采取有效对策及措施解决上述问题，不仅是打开西南少数民族文化数字创意产业发展空间的迫切要求，也是促进我国整个数字创意产业持续健康发展的必然要求。

9.1 对"创意"进行准确界定和实施相应举措

本书第5章已论及对创意实质认识不清给产业发展造成的一系列严重消极影响。作者认为，要消除这些影响，必须对"创意"进行深入认识和准确界定，然后再根据创意的本质实施相应举措。

9.1.1 "创意"研究现状概述

截至2016年7月16日，超星数字图书馆收录的书名含有"创意产业"字样的书籍有79本，中国知网中国期刊全文数据库收录标题含有"创意产业"字样的文章有11928篇、含有"创意"字样的文章有47802篇。数量如此多的研究中，但对"创意"给出定义的非常少见，而提出概念核心要点的则更加稀少。

创意的不确定性、模糊性、内隐性和激情性，使对其下定义变得十分困难。在现有的论文和相关书籍中，对创意的解释大都是望文生义式的词义描述，如创作、创造、原创、创新、新意、新意念、新意境、新思维等。

在创意产业学类相关专著和专论中，对创意的定义差别巨大或直接不予定义。

厉无畏（2006）在《创意产业导论》❶、(2009)《创意改变中国》中区分了创意的两种类型即文化创意和科技创意（创新），认为"文化创意是通过观念、情感和品位的传达，赋予文化产品和文化服务某种独特的'象征意义'"❷。

郭辉勤（2007）的《创意经济学》则简洁界定："以字释义，'创'指创造前所未有的事物，'意'即意想、意识、意念，即思维。创意即创造性思维。"❸

孙启明（2008）的《文化创意产业的形成与历史沿革》着重分析了创意、创新与创造的异同："三者都体现了形成新事物的过程，所不同的是，'创意'强调的是灵感与构思的过程……强调的是源头的产生，即人脑中的新思想的诞生以及成熟的过程。"❹

魏鹏举（2010）的《文化创意产业导论》则主张："拘泥于某一特定概念并不是明智之举，纠缠于细微的定义区别显然也是不合时宜的。我们需要把更多的精力和智慧投注到文化创意产业的发展实践上。"❺

赵锐（2012）《创意产业的知识产权保护研究》中的界定强调了文化形式上的创新："创意是以知识、文化为元素，整合多种学科，利用不同的载体而构建的创新性的文化形式。"❻

至今为止中国知网收录的研究文章中，对创意论述最详尽的当属钱磊（2009）的博士论文《试论创意的基本命题及逻辑关系》❼。该论文十分周全详尽论述了创意产业中的创意的内涵、创意的心理学、创意实践和创意的逻辑等，涉及了创意的意义、价值和符号等方面的深入讨论，然而也并未形成清晰的概念和有效表达。

因此，提炼一个简明扼要的文化创意概念核心要点来进行界定，从而避开对创意主体的创意内隐过程的不必要研究，明确创意过程结束后所产生的成果对于客体意味的内涵，是十分必要的。

---

❶ 厉无畏.创意产业导论[M].上海：学林出版社，2006：4.
❷ 厉无畏.创意改变中国[M].北京：新华出版社，2009：10.
❸ 郭辉勤.创意经济学[M].重庆：重庆出版社，2007：90.
❹ 孙启明，郭玉锦，刘宇，曾静平.文化创意产业前沿[M].北京：中国传媒大学出版社，2008：4-5.
❺ 魏鹏举.文化创意产业导论[M].北京：中国人民大学出版社，2010：19.
❻ 赵锐.创意产业的知识产权保护研究[M].北京：知识产权出版社，2012：4.
❼ 钱磊.试论创意的基本命题及逻辑关系[D].武汉：武汉理工大学，2009.

9.1.2 从文化符号的角度界定文化"创意"概念

符号是人用来表达感受、经验和知识的工具，而这些符号和符号的组合或结构的表达就形成文化内容。

"符号化的思维和符号化的行为是人类生活中最富于代表性的特征，并且人类文化的全部发展都依赖于这些条件"❶。恩斯特·卡西尔认为：人以符号为媒介，创造出各种形式的文化；人是能利用符号去创造文化的动物；人的符号化活动实际上也就是人的活动符号化的过程，同时也是一个形成人类文化世界的过程。❷

因此，文化创意实际上就是人用创造文化符号的方式，创造了具有创新意义的文化。

文化"创意"概念的核心要点应包括：

（1）创意的对象是文化内容。

（2）创意是内隐的心理活动，即情感感受或思维。

（3）创意是创造性活动。

（4）创意必须具有文化上、经济上和传播上的意义。

一般而言，创意是个人的内隐创作过程，影响因素包含个人情感、审美情趣和文化素养等。就数字创意产业而言，创意更多是围绕主创人员的基础创意进行创意价值评价、交流碰撞、理性选择，以达到累积质变的提升，重要内容就是创作人员与整合策划人员在创意标准和创意价值上的统一认识。

基于以上考虑及对产业实践的观察，本书按以下方式给出创意产业所指的创意定义：创意的本质是创新，是对文化内容内隐的创造性智慧活动，其结果必须同时创造了新的文化符号（文化符号的新结构）、新的文化意义及新的文化价值。

9.1.3 对"少数民族文化创意"标准进行探索

少数民族文化中许多极富文化魅力的内容是民族民间传统文化和历史文化。随着我国现代化和城镇化的高速发展，少数传统生产生活方式逐渐改变，少数民族传统文化中处于文化表层上的民族习俗、民族艺术等就会与现实生活脱离开

---

❶ 恩斯特·卡西尔. 人论[M]. 李琛，译. 北京：光明日报出版社，2009：26.
❷ 恩斯特·卡西尔. 人论[M]. 李琛，译. 北京：光明日报出版社，2009：35.

来，而少数民族传统文化内核中富有生命力和创造力的文化精神，则在不可避免的全球化和现代化进程中，通过冲突、交流、重构、融合等文化调适过程，完成自身的创新发展。如果不能深入理解少数民族文化离开传统后的现代建构和文化现代化，就会偏向于对少数民族传统文化的创意，而缺乏对少数民族现代文化及其发展的关注和表现。这类认为少数民族传统文化的发展一定依附在传统之上的观点，实际上是将民族文化内在精神与文化表层上的文化习惯、文学艺术、生活习俗等等同起来，往往给现代少数民族文化的创意带来很大的负面影响。

因此，在对少数民族文化内容进行创意时，一方面要谨慎创作；另一方面要坚持把文化焦虑转移到文化现代建构上来，充分利用现代科技，为民族文化核心价值和内在精神在现代条件的传播、传承与发展、创新，为保持少数民族文化的调适能力和创造能力、为中华文化的整体发展做出贡献。

在上述背景下，从文化符号或者文化符号的新结构、新的文化意义及新的文化价值分析的角度出发，本书认为"少数民族文化创意"应具备以下标准。

1. 充分体现民族文化的核心价值

民族文化本质上就是一个民族的生活方式、生产方式的历史积淀和集体人格，它能够沟通、调节民族群体与生存环境（自然、外族）、民族社会群体内部、民族个体与社会之间的多重关系，并塑造着民族社会的理想人格，为个体提供归属感和心理上的依托，因此民族文化价值对于不同主体而言具有多重属性。对民族文化所有人或传承人而言，它更多表现为身份认同和情感归宿，但对于民族文化所有人或传承人之外的人来说，民族文化价值更多表现为审美价值等外在价值形态。虽然民族文化价值具有多重属性，但在民族文化的价值层面，必须是以民族文化所有人或传承人（文化主体）的价值观为核心和基础，也只有以此为基础才能产生其他价值。而以民族文化为创意素材的文化创意，本质上是在民族文化基础上对民族文化内容进行内隐的创造性智慧活动。少数民族文化创意，应充分体现民族文化核心价值、弘扬民族精神、传承民族文化，为民族文化可持续发展持续注入内源性动力。

2. 创造新的文化符号或者文化符号的新结构

从符号学的角度而言，任何一类文化都属于一种符号，都是由符形、符义和符用三个层次组成的。作为符形部分的民族歌舞、民族工艺、民族习俗与民族服饰等，是通过有形的形式为人们所感知与体验；符义是符号中传递出的文化内涵与核心。因而，具备优质创新度的文化创意应该在确保符义原生性的前提下，对文化的符形内容进行恰当的重组编码与改造演绎，从而构建文化符号新结构甚至于创造新的文化符号。

3. 符合社会主义文化场域要求，满足少数民族集体情感需要

在当前文化商业化的影响下，很多地方的民族文化在发展过程中面临破碎化、躯壳化的风险，甚至出现了低俗、媚俗、庸俗的现象。这些现象严重侵害了民族感情，破坏了民族文化的核心价值，对民族文化和民族文化产业的发展产生了不利影响。因此对于以民族文化为创意核心元素的创意脚本来说，在立意上应树立与当前主流意识形态相符合的标准，在这个标准的指导下，梳理民族文化的特色，将其中最能表现人们真挚情感、浪漫情怀和美好愿望等的部分，以本真而艺术的表现形式凸显出来，寻找那些能体现民族文化核心价值观的民族文化符号和连接各民族的文化新符号，强化和巩固民族集体认同感，增进民族感情，促进社会和谐发展。

4. 有效提升创意产品的观念价值

少数民族文化创意将民族文化元素融入民族文化创意产品中，能大大提升创意产品的观念价值，从而大幅提升了创意产品附加价值。观念价值是指包含在创意产品中的，能满足受众个性化需求并能与受众产生心理共鸣的无形附加物，譬如品位、情趣、偏好等。根据马斯洛的需求层次理论，人的需求由低到高大致分为生存需求、发展需求和精神需求，低层次的需求满足之后便向高层次发展。因此，在现代文化环境下，文化作品的观念价值很大程度上决定了其价值的高低。创意产品中融入了民族文化元素，在传播的过程中往往会引起广大文化受众者的共鸣而使自身的价值倍增。

9.1.4 对民族文化资源进行符号化分类整理

每个民族都善于使用文化素材构建文化，也善于用符号创造文化。在少数民族文化创意中，一直存在着将"视角的创新"视为"创意的创新"的误区，原因就是对文化创意必须产生新的文化符号或新符号结构的本质不了解。因此，有必要在认清文化创意本质的基础上，将西南少数民族文化以符号化形式进行精选提炼和分类整理，以便在文化创意时能对创意及创意品质产生清晰直观的感受。

9.1.5 从少数民族文化创意和整合策划的视角培养创意人才

由于对"创意"认识不清，致使数字创意产业由于人才教育和培训方向产生偏差，面临着人才过剩和人才匮乏并存的困境。本书认为西南少数民族文化数字创意产业的人才教育培训，应在正确认识"创意"的基础上，从少数民族文化创意和整合策划的视角重点培养产业所需人才。

创意人才是数字创意产业的核心生产要素之一，西南产业发展需要大量增加创意人才的数量以提高民族文化创意实力，让丰富的民族文化资源转化为产业可用的文化创意内容资源。

创意人才一般指五类人才：原始创意人才、创意整合策划人才、创意生产管理人才、创意生产制作人才与创意营销人才。在正确认识"创意"的前提下，根据西南产业发展战略要求，应该把西南高校普遍的创意人才培养定位，从注重培养生产制作人才转向重视培养原始创意人才和整合策划人才，师资力量和课程体系设置应调整侧重于文学创作、剧本编写和创意脚本写作等方面。

综上所述，"十一五"期间我国数字创意产业高速发展得益于政府的大力推动，而在"十二五"期间以及进入"十三五"以后的市场化发展阶段，则有赖于创意能力和市场化程度的提高。加强对创意属性研究与对创意产业发展规律的研究具有同等重要性。因为仅仅掌握了产业发展规律，可能出现创意产品数量高、质量低的局面，企业盈利将十分艰难；如果数字创意产业相关人员对创意研究透彻，企业文化创意产品质量高，就能得到文化市场受众的接受与认可，产业发展就能够在市场这只"看不见的手"主导的发展规律下持续推进。因此，韩国模式以政府这只"看得见的手"推动产业发展的优点要吸收，但要"两只手"都重视，而且在"十三五"期间应坚定地坚持市场——"看不见的手"的首要性位置。不能轻视、忽视或放弃市场经济规律的作用，而简单地认为只要有文化资源、政策到位、资金到位、人才到位、产业聚集，数字创意产业自然而然就发展起来了。如果不充分重视创意的地位和市场经济规律，就可能出现政府这只"看得见的手"一直进行干预与推动，违背了市场经济发展的客观规律。因为我国整个文化产业在生产方式方面正经历着根本性的变革，数字创意产业也即将整体进入市场发展阶段。而在数字创意产业的创意"一意多用"的背景下，创意对产业的发展更加至关重要。

9.2 从价值链的角度对数字创意产业链进行重新认识

在本书第 5 章中，已论及对数字创意产业链现有认识存在的偏差和不利影响。数字创意产业作为独立的产业分类，具有内在一致的产业特性，即具有相同的产业链与价值链特性。价值链包括有形价值链和无形价值链。数字创意产业是对文化内容的创新生产过程，其有形价值链（物质价值链）不是价值链的主体，而以创意价值流动和增值为主体的无形价值链（虚拟价值链），才是数字创意产业价值链的核心主体。

因此，为消除对数字创意产业产业链认识偏差的不利影响，应从价值链的角度对数字创意产业链重新进行深入认识和深化理解。

9.2.1 对数字创意产业价值链重新界定

产业形成过程即产业链和价值链的形成过程，产业链即包含了价值链。迈克尔·波特 1985 年在《竞争优势》一书中提出价值链的概念。价值链从货币形态反映产业的规模和企业之间的竞争合作关系，其研究重心从产品生产过程转移到产品价值贡献、价值增值和价值分配过程。

本书在对数字创意产业价值链进行深入研究和重新认识后，认为可采用图 9.1 来进行界定。

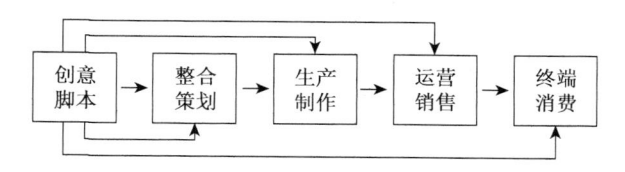

创意脚本 → 整合策划 → 生产制作 → 运营销售 → 终端消费

图 9.1　数字创意产业价值链示意图

如图 9.1 所示，第一链节为"创意脚本"核心链节，包含创意想法、创意脚本、创意脚本类产品和前端创意产品（普遍的情况是：预留故事发展空间的第一集作品）；第二链节为"整合策划"中心链节，这个链节在传统线性价值链中的地位尚不明显，但在现代模块化网络状价值链中却有着不可比拟的组织中心作用；第三链节为生产制作；第四链节为运营销售；第五链节为终端消费。

需要说明的是，数字创意产业的创意有"一意多用"的特性，往往一种创意在一种产品形式中获得市场认可时,其他形式的产品也较容易获得成功;获得成功的创意,还能在衍生品开发中获得更大甚至于成为主要的利润来源;数字创意产品的视听形象,还可通过授权使用方式获得收益。

9.2.2 深化对"创意脚本"链节和"整合策划"链节重要性的认识

本书研究界定的数字创意价值链节所形成的数字创意产业价值链,与迈克尔·波特的产业价值链的四个链节相比(见图9.2),多出一个"整合策划"链节,而非"营销推广"链节。

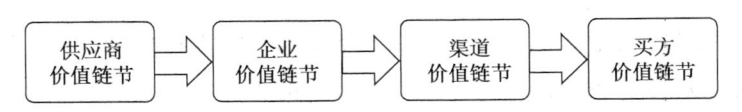

供应商价值链节 → 企业价值链节 → 渠道价值链节 → 买方价值链节

图 9.2 迈克尔·波特产业价值链示意图

与前文第五章中论及的刘刚对产业链节的界定(2008)[1]相同的是,几乎所有研究数字创意产业产业链或价值链的学者,都涉及"营销推广"这一链节,但大多数学者都将其置于"生产制作"链节之后。

厉无畏(2006)提出了创意产业的基本价值链[2](见图9.3)。

内容创意 → 生产制造 → 营销推广 → 传播渠道 → 终端消费

图 9.3 创意产业基本价值链示意图

杨晓兰(2008)把厉无畏(2006)提出的创意产业的基本价值链移植运用到动漫产业,提出与之基本相一致的动漫产业基本价值链[3](见图9.4)。

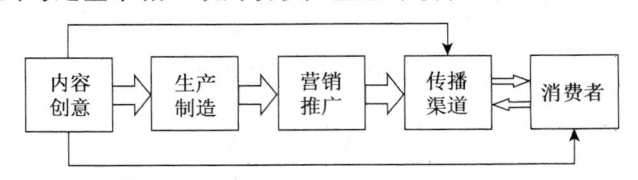

内容创意 → 生产制造 → 营销推广 → 传播渠道 ⇄ 消费者

图 9.4 动漫产业基本价值链示意图

---

[1] 作者注:见本书第五章"5.5.1 当前学界对数字创意产业链的认识"部分:"在有关数字创意产业产业链的研究中,刘刚(2008)在论文《我国新媒体产业链相关问题与对策思考》中对产业链节的界定最具代表性"。

[2] 厉无畏.创意产业导论[M].上海:学林出版社,2006:194.

[3] 杨晓兰.动漫产业价值链重构[M]//孙启明,郭玉锦,刘宇,曾静平.文化创意产业前沿(希望:新媒体崛起).北京:中国传媒大学出版社,2008:123.

第9章　西南少数民族文化数字创意产业发展实施对策及措施

上述研究状况表明，学者们将迈克尔·波特的价值链四个链节增加"营销推广"链节后移植运用到数字创意产业时，仍然将传统产业的"项目可行性分析——资金预算——计划制订——生产制作——营销推广——销售渠道——消费实现"的生产过程，移植运用到了数字创意产业上。这种思路假定：项目是预先在前期调研中被论证是可行的，然后才进入生产环节；这样，数字创意产业的"生产制作"就在"营销推广"之前进行了。然而，在国内外数字创意产业实践中，情况却大多与此相异。实际上，在国内外数字创意产业领域，一般以创意脚本类产品作为市场需求的风向标而进行大量脚本创作，而且大都以漫画开始，其优势为创意方向自由、成本低、创意空间大。经过创意脚本前期市场测试和反馈统计，市场需求较为容易把握，甚至可以直接买断从众多创作中脱颖而出的创意脚本进行生产。这样创意项目风险可以被预评估，就能较为有把握地进行大规模资金量的投资，打造品质上乘的精品，因此创意产品投资更容易成功。这种思路在产业实践中的运用，早已在美国电影业的辉煌业绩中得到证实，如美国电影的产量只是全球的 7%，却占全球 90% 以上的市场份额❶。

"创意脚本"链节不仅能低成本测试市场，而且能繁荣创意、增加产业资源。如能深入分析国内外数字创意产业实践而将"创意脚本"链节设为数字创意价值链的第一链节，学者们便不会将"营销推广"这一数字创意产业销售环节的措施类手段，设为独立链节而置于"生产制作"之前了。这一看似不重要的疏忽，可能导致企业在生产实践中走入误区，造成参与产业发展的众多企业忽视了通过"创意脚本"链节来生产创意产品，从而支付巨大的产品试错成本。毕竟成品出来后的"营销推广"不再起多大作用，况且只能是措施手段，可融合在运营销售中进行。

当然，中国数字电影、数字电视、动漫产业每年生产的产品，大部分不能播出或在院线影院放映，而使数字创意产业的大部分投资成为沉没成本、产业整体盈利状况很不理想的现状，是有如下多方面原因的。

（1）数字创意产业需求的不确定性，使市场调研难以进行。

（2）地方政策统计文化产业发展时，往往注重于计算生产的电影部数和电视集数，动漫则计算分钟数并以此为奖励或补贴的依据，导致部分生产企业并不注重创意而注重产量。

---

❶ 张妍. 如何提高我国文化软实力［EB/OL］.（2012-08-29）［2012-09-07］. http://www.qstheory.cn/wh/whzl/201208/t20120829_178338.htm.

（3）创作者、经营者对创意概念和实际判断标准模糊不清，造成只能先生产然后再在市场中进行试错。

然而，在价值链中对"创意脚本"链节的忽视，却是中国数字创意产业产出多、盈利少的前置原因之一。

尽管有学者先后提出过营销优先于生产的思路，但却因第一链节只能通过推广营销活动间接得到样本少、可靠度低的受众反馈，而不能得到通过创意脚本所创造的新文化符号或文化符号的新结构带来的新文化意义与新文化价值，在真实市场环境下直接给受众带来直接体验的真实反馈，因此可行性不强。

李思屈（2006）❶提出在供大于求的大众市场上，以"营销中心论"替代"生产中心论"，并提出先进行营销，再以市场需求为出发点组织生产。这类营销强调市场调研、产品定位和宣传推广。然而，就数字创意产业的众多中小企业来说，在调研营销效果经需求不确定性的成本耗散抵消后，基本没有可操作性，因为在充分竞争的市场条件下多次调研营销的成本累积后风险会变得很大。

杨晓兰（2008）❷在厉无畏创意产业价值链基础上，通过横向重组提出了动漫产业价值链体系（见图9.5）。

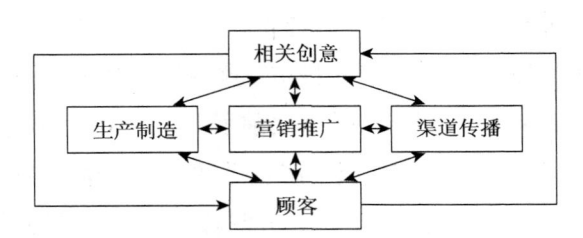

图9.5 动漫产业价值链体系示意图

图9.5中"营销推广"链节处于价值链的中心，成为整个价值链体系的网络中心节点。这个思考基本接近了现代知识型企业组织的网络状结构，但将"营销推广"链节作为核心链节，仍然是没有解决数字创意产业消费不确定性带来的试错成本问题。

在产业实践中，"整合策划"是整个产品生产的核心链节。例如，制片人具有对各种相关业务的知识和鉴赏水平，对资金融资、投资回报、成本管理、制作

---

❶ 李思屈.数字娱乐产业［M］.成都：四川大学出版社，2006：109-110.
❷ 杨晓兰.动漫产业价值链重构［M］//孙启明，郭玉锦，刘宇，曾静平.文化创意产业前沿（希望：新媒体崛起）.北京：中国传媒大学出版社，2008：123.

人员组合、二次创意要点、产品风格、受众的趋势、营销渠道、营销手段、时机气氛营造等具有统筹性的管理才能，很大程度上决定一个原始创意是否能成为一个优质产品。

综上所述，在数字创意产业价值链节中应以"创意脚本"链节和"整合策划"链节的组合，替代传统产业中"需求、选题、调研"链节、"生产、制作"链节和"营销、推广"链节组合，从观念上、学理上重新构建符合数字创意产业发展实际的基础产业链环，凸显出具有成本低、创意繁荣、产业资源丰富而项目可靠性强、利于扩大投资规模、提高产品品质的"创意脚本"与"整合策划"的经济特性。

9.2.3 明确数字创意价值链中"生产制作"链节即为团队二次创意过程

数字创意产业的价值链实际上就是创意价值在各个链节上的传递，从原始创意开始到创意脚本，再到整合策划、制作生产，最后到营销实现消费、衍生品创意等，都是一次次的创意过程。以由数字技术放大的原始创意为价值核心，不断地附加过程创意价值，最后实现整个产品创意价值。文化资源的价值，在文化旅游产业、文化内容产业、传统文化创意产业中处于核心地位，而在数字创意产业中其核心价值地位则被创意价值所取代。

创意脚本链节中的创意，是基础创意，如主要故事情节、核心人物形象、场景风格等。数字创意产业的"生产制作"链节，相比传统工业生产具有很大不同。传统工业生产的相应链节，基本是在设计图纸、原材料供应、生产线设备及技术生产管理人员、技术工人等齐备的状况下，在图纸设计严格控制下，按照图纸所标明的功能、质量、样式等严格地进行生产制作。而数字创意产业的"生产制作"链节，基本是一个由"整合策划"链节组织起来的团队整体二次创意的过程，如对原故事的剧本改编、原核心形象的剧本创作，以及导演的深化演绎、演员的个性表演表现等。这个过程不仅赋予了创意脚本艺术血肉，并且形成了新的演绎，使创意产品真正达到能为市场受众接受的品质。

9.3 以微型产品化创意脚本的形式保护思维性创意

在现有产业环境下,从现有法律制度、法律扩展和行业制度三方面构建的思维性创意保护,都因难以实施而缺乏实效性。因此有效解决创意保护的核心问题,为数字创意产业发展提供良好创意环境,必须从创意保护困难的根本原因入手。

思维性创意难以保护的根本原因,就在于思维性创意的内隐创新性与不完整性,使其难以被认定为"作品"而受到现有法律的保护,而思维性创意的巨大潜在价值又使其在网络条件下更容易受到侵害。因此,既能低成本将思维性创意转化成"作品"甚至产品,而又不用生产为成品形式的产品就能受到有效保护,才是切实可行的保护途径。

本书研究结合产业实践和产业发展趋势,提出将思维性创意通过低成本生产成微型产品的保护方法,即以微型产品化的创意脚本形式,来保护思维性创意。微型产品化创意脚本,具有脚本、作品和产品三重属性和微型的特点,即只有脚本的体量和脚本的形式,但又是完整的作品,同时还是可供消费的微型产品。这样的创意脚本就毫无争议地拥有相关法律法规界定创意"作品"所需具备的条件,也就很容易地被相关法律法规的有效保护所覆盖了。

9.3.1 微型产品化创意脚本形式的思维性创意的法律保护优势

作为微型产品化创意脚本形式的思维性创意,可被明确认定为"作品"而受到相关法律的保护,因此微型产品化创意脚本形式的思维性创意在法律保护层面上,比一般思维性创意更具有优势。

广义的知识产权是一种无形财产权,指权利人对其所创作的智力劳动成果所享有的专有权利。我国知识产权法律体系中的核心法律主要是《著作权法》《商标法》和《专利法》。微型产品化创意脚本一般是微型动漫作品、微型影视作品、微型网络小说、手机动漫、Flash❶动漫游戏等形式的微型产品,经过相关管理部门审核合格,在合法网络媒介发表而受到著作权保护。《著作权法实施条例》第

---

❶ 作者注:Flash 是美国的 MACROMEDIA 公司于 1999 年 6 月推出的优秀网页动画设计软件。它是一种交互式动画设计工具,用它可以将音乐、声效、动画及富有新意的界面融合在一起,以制作出高品质的网页动态效果。

二条规定："著作权法所称作品,是指文学、艺术和科学领域内具有独创性并能以某种有形形式复制的智力成果。"独创性是作品的实质要件,只要创意主体的创意脚本符合创意的界定标准,即创造了并形成了可以与其他作品(或材料)明显区别的表现形式,便具有了作品的属性。创意主体可以依法享有创意产品的财产权利和人身权利。已在合法网络媒介合法发表的微型产品化创意脚本,避开了关于"作品"完整性和独创性认定的巨大困难而天然地具备了著作权,是符合著作权法规定要件的作品,是明确纳入著作权保护范畴的。而且,对于微型产品形式的创意脚本的衍生产品,符合我国的《专利法》或者《商标法》的保护条件的,还可以用《专利法》或者《商标法》来保护。

9.3.2 将思维性创意转化为微型产品化创意脚本的经济性优势

创意产品是创意思维的结果,也是创意产业的前提。微型产品化创意脚本,是在思维性创意产生后,由创意者自己或交由具有信任基础的合作者生产制作成的脚本式微型产品。创意者可能是个人,也可能是企业创作人员。思维性创意通过数字技术用缩写式、片段式、场景式或形象化手段,生产转化成符合标准的完整作品,具有脚本的性质,同时又是符合标准的微型文化产品,是具有文化附加值且能够提供给市场,被人们使用和消费,并能满足人们某种需求的有形物品、无形服务、组织形式、观念或它们之间的组合,具有原创性、独特性和不可替代性。将思维性创意创作成微型产品化创意脚本,除了创意因具备"作品"基本条件,而能够受知识产权法律有效的保护外,对推动数字创意产业的发展也具有明显的经济性优势。

9.4 柔性拓展少数民族文化创意空间

在前面章节中论及,民族文化创意的约束已成为西南少数民族文化数字创意产业发展的隐性瓶颈,扩展民族文化创意空间是解决这个关键性问题的必由之路。以贵州数字动画行业发展情况为例,可以看出拓展民族文化创意空间对数字创意产业发展的重要性。贵州省2007年建立的集原创动漫游戏产品和动漫外包服务业务于一体的贵阳数字内容产业园,建立多年以来未采用本省原创的脚本生产发行过动画片❶，而只承接外包的动画制作业务。这说明以多彩少数民族文化资源为优势的贵州数字创意产业的生产制作能力尚可，但在文化创意能力上特别是少数民族文化创意能力上竞争力较弱。贵州数字创意产业的现实状况，说明采用不符合比较优势原则的产业发展战略的原因，并不是来自于产业经济基础本身，而是由于高品质的民族文化创意脚本缺乏，即来自少数民族文化创意空间的拓展不够。

9.4.1 少数民族文化创意空间拓展途径探析

拓展西南少数民族文化创意空间，首先必须在符合国家民族文化政策的原则性要求的前提下进行，无社会属性和文化属性约束的民族文化创意，可能会带来很多重大问题而使文化创意被迫停滞。

（1）从我国少数民族文化产业发展的历程和相关硬性要求来看，等待从上到下的政策性约束的宽松，是很难实现的。因此，采用从下到上的主动而谨慎的探索，形成经验后再推广运用，是西南少数民族文化创意空间拓展的现实途径。

（2）跨越式的空间拓展不具备现实性，采用渐进式的创作方式的边界软化和叙事范式边界的消解和重构，来逐步探索我国少数民族文化创意的道路，则较为可行。

（3）重要的创意拓展可能体现在探索民族文化创意范式方向上，如从审美式的静态文化向发展式的思辨文化发展，从献礼式的主旋律模式向参与式的共同建构发展，从原生态文化形式向奇幻及魔幻等大众文化范式发展等。

西南少数民族文化创意空间的从下到上的渐进式的柔性拓展，是现实条件下的可行途径。进一步落到措施层面，则体现在大力促进民族文化创意主体数量的快速增长和加强创意脚本创作、传播的妥善管理上。

9.4.2 建设有少数民族作家积极参与的民族文化创意团队

汉族作家在进行民族文化创作或创意时，有着顺向表现的取向，在运用民族文化符号演绎文化冲突时，往往存在力所不及之处。如就在云南作家王公浦完成著名的少数民族电影《五朵金花》（合作）和《摩雅傣》（合作）剧本后，在20

---

❶ 作者注：根据国家广电总局 2008—2013 年动画片生产发行的统计资料。

世纪 90 年代创作《金沙恋》时，几位彝族青年老师和作家就向前来寻求建议的王公浦直言不讳地表示，他们希望《金沙恋》成为一部能够批判本民族文化糟粕、鞭挞本民族旧习、破除当前迟滞不前困境的作品。对此，王公浦认为，对于少数民族文化，他只能尽力去认识、了解和热情地拥抱，并予以衷心地赞美和真诚地歌颂；至于对少数民族文化进行批判并促使其进步的崇高使命，"只有靠本民族的作家去实现"[1]。因此，本民族作家参与本民族文化创意才能较好避开这类障碍，而且有能力承担创作和创意任务。在西南少数民族地区，民族作家是促进文学事业发展繁荣和文化产业发展壮大的骨干力量。

然而完全以民族作家作为民族文化创意主体，也有着很大的局限，数字创意产业消费的不确定性以及内容、形式和创作方式的变化，使创意脚本创作对已成名的民族作家而言是一个挑战。依据以往少数民族影视业发展的情况来看，没有文化资本的参与和推动，少数民族作家转型做创意写作或影视编剧的可能性非常小。普遍的情况是民族作家本人的小说获得大众认可后对该小说进行改编，而专业做少数民族文化数字创意产业脚本创意的民族作家几乎没有。况且，数字创意产业的大众文化属性与严肃文化的分界，使少数民族作家在情感上对民族文化创意存在认识上的隔阂。另外，传统少数民族文学作家并不一定能自然地适应数字创意产业完全不同的叙事方式及其创意规律，反倒可能因为已经形成的文学价值理念和成熟的写作风格，而妨碍少数民族文化创意脚本的写作。因此完全期待民族作家对民族文化的各个方面进行关注，或单独承担民族文化现代建构和创新发展的重任也是存在局限性的。

9.4.3 推行内、外网分级传播制度

少数民族文化创意广泛的受众反馈，对创意价值的鉴定和创意本身的合理性及合规性检验具有重大意义；而少数民族文化创意的诸多禁忌又要求创意作品或脚本自身不能违背国家安全、统一，民族团结等基本原则。通过在民族高校组建学术和创作专用内网，可以较好地解决这个矛盾，如各民族高校可创建少数民族文化创意网、各类细分专业协会网、校园创作网等。

在内网上符合相关政策要求的、获得合格评价的创意脚本才能流入外部网

---

[1] 王公浦. 谈谈民族电影创作 [M] // 中国电影家协会. 论中国少数民族电影——第五届中国金鸡百花电影节学术研讨会文集. 北京：中国电影出版社，1997：32-33.

络，以获得真实产业环境下的广泛受众反馈。这样可以有效解决少数民族文化创意中的禁忌与广泛受众反馈的矛盾问题。这类柔性拓展创意空间措施符合"摸着石头过河"的改革发展思路，并能尊重民族文化发展规律，能极大增加现代化进程中传统民族民间文化在现代媒介中的存在感。

任何形态的民族文化都是历史发展的产物。在很大程度上，各民族所处的人文社会及地理环境决定了文化的特性；同时，对自己的"文化材料"锻造方法的不同也会在某种意义上导致民族文化特性的差异。❶ 单纯而静态的文化产品，塑造单纯而静态的文化人格；富有创新进取精神且多样发展的文化，塑造生机勃勃的文化人格。在民族文化创意的多种约束下，以适当的途径拓展民族文化创意空间，吸收各民族优秀文化传统，借鉴外国优秀文化成果，使民族文化创意脚本的题材、风格、内容等更加多样化，是发展西南少数民族文化数字创意产业的关键对策之一。

9.5 促进西南少数民族文化数字创意产业发展的针对性对策措施

基于西南区域经济发展水平相对较低、数字创意产业发展相对较慢的现实，以及对文化创意产业整体认识不深的观念环境，西南少数民族文化数字创意产业发展要思想上、理论上形成突破，在战略性和经济性上达到平衡，就必须采取深入产业微观层面的、针对关键性突破点的发展措施。

9.5.1 深化对文化产业、文化创意与文化发展之间关系的认识

对文化产业、文化创意与文化发展之间的关系认识不清的现象，在全国范围内都存在。在汉文化地区，特别是东部沿海地区，各种外来文化与汉文化在冲突中和谐交融，带有文化禁忌的不同文化元素之间冲突的尖锐性，被盛行的娱乐文化和消费文化中实用性与多元性所消解，变得无伤大雅；而所有文化的观念冲突消解后，文化的人性伦理和审美价值却留存下来，以瑰丽多姿的方式滋养人心，浸染人性。在少数民族地区，把文化资源转化为数字创意产品，以数字创意文化

---

❶ 弗朗兹·博厄斯.原始艺术[M].金辉，译.贵阳：贵州人民出版社，2004：3.

产业的方式进行生产和传播，则不容易被部分少数民族群众理解和支持。对文化创意产业的种种误解，滋生了很多滞后观念与认识，对少数民族文化数字创意产业的发展产生约束。这些滞后观念的产生起源于对文化产业的文化属性认识不清。因此，深入认识文化产业，尤其是数字创意产业的文化属性的意义以及相关关系，才能厘清有关文化产业的滞后观念。

1. 数字创意产业既是经济发展方式也是文化发展方式

一方面，在文化经济背景下，文化需求是文化产业的主导力量，文化产业的生产活动围绕文化需求的实现展开。除具有新闻性、教育性、技术性、记录性等要求的文化内容外，作为产业内容的文化要素往往不能再以原态出现在文化产品中，而是经创意后才能满足消费者的需求。在消费推动下，数字创意产业成为文化产业中发展最快速的部分，引领着文化形态升级和文化经济形态发展。

另一方面，"我们首先是文化的生产者，但是，由于一种反作用的结果，文化也生产了我们"，可以说人与文化之间的相互塑造作用构建出了一个十分"强有力的因果循环系统"[1]。从人类文化发展的历史来看，一个民族的文化生活和文化发展长期只掌握在少数人手中，这个民族的文化将呈现相对封闭、相对停滞的状态，直至被生产力的发展（内部发展或外部传入）强行拉裂；而族群大众广泛参与文化活动和文化发展，更能使民族文化具备内生自然演化能力。从大众文化的意义上看，数字创意产业是西南少数民族族群大众享受文化生活、参与文化发展、提高文化开放性、增强文化融合及调适能力的良好途径，同时也是坚持民族文化核心内涵在现代条件下的文化发展新途径。

2. 数字创意产业意义上的文化创意即为文化创新

少数民族文化数字创意产业中创意的意义，不能仅仅简单理解为文化资源提炼升华，而是已经远远超出文化创意本身，体现在民族文化现代创新能力和建构能力上。在全球化、现代化和城市化的快速进程中，少数民族传统文化正在不可避免地与其所依存的生活传统相分离，文化焦虑的张力和精神失落正严重影响少数民族地区群众对现代社会生活的适应。在文化传统逐渐消失和纸媒介逐渐退出的情况下，民族文化调适和民族文化在现代条件下的重新构建，显然是数字内容产业不能承担的。因为民族文化在数字媒介中静态的存在，只是一种文化记忆和

---

[1] 米夏埃尔·兰德曼. 哲学人类学[M]. 张乐天, 译. 上海: 上海译文出版社, 1988: 217.

原态传播，而非是现代生活下的重构。而数字创意产业正好可以在现代化进程中为西南少数民族族群提供民族文化表达表现、民族文化现代化和重新建构的文化创新空间。

3. 数字媒介是文化现代化传播载体

从纸媒介、电子媒介到数字媒介，媒介革命一次次改变了文化自身的形态，亦使文化逐步媒介化，媒介越来越能影响到文化的传承和建构。随着互联网络和通信网络的广泛覆盖，数字媒介相关的文化产业（内容如门户网站、新闻网站、博客、虚拟社区、移动媒体、电子出版、网络教育、数字影视、数字音乐、网络文学、数字动漫、电脑辅助设计、电脑特技、网络游戏等）已成为为大众提供文化生活和使之能广泛参与文化发展的媒介空间。以数字技术、互联网络技术和数字通讯技术为技术基础的数字媒介，以空前的媒介文化深刻地影响了人类关于自身和他者的观念及文化认同，深刻地影响了人们世界观和价值观的塑造，深刻地影响了意识形态构建。

现在数字媒介已深刻地影响了整个人类社会，加速了全球化进程，使人类文化趋于同质化，但同时也为文化多样性的发展提供了可能。这种"可能"，很大程度上基于多样性的文化能否附着于自身的文化核心内涵在数字媒介中传播，从而参与影响本族群自身和其他族群的文化现代构建。我们不能想象一种在纸媒介繁荣时代坚持口传文化的民族文化影响力的持久性，同样也不可想象一个在数字媒介高度发展时代坚持只用纸媒介传播文化、坚持只按自身原有的文化形态发展文化的民族能够长期依照本民族的文化核心内涵传承和构建本民族文化。对每个少数民族的文化而言，如果不想在加速发展的数字媒介中被继续加速边缘化，数字媒介无疑是本民族文化传播、传承和发展不可或缺的新空间，有效利用主流数字媒体，是传播传承与发展民族文化的根本之道。

9.5.2 创造驱动创意人才聚集的局部优势

美国创意经济学家理查德·佛罗里达曾提出，文化创意产业的发展受三个关键因素的影响：人才、技术和宽容的社会文化环境，其中人才因素在文化创意产业发展中十分重要[1]；西南少数民族文化数字创意产业在开发运用绚丽多彩的少

---

[1] 文嫮，胡兵. 中国省域文化创意产业发展影响因素的空间计量研究[J]. 经济地理，2014（2）：102.

数民族文化资源时恰是面临着人才匮乏的窘境。本书认为，要想深入挖掘和合理利用稀有独特的少数民族文化资源，西南少数民族文化数字创意产业就一定要着力培养、聚集以下三类人才。

1. 职业经理人

这些职业经理人要具备准确把握文化创意市场走势的能力，要能够在营销过程中着重推介创意产品的少数民族文化特性并彰显出创意产品的独特魅力。

2. 综合性数字创意人才

这些综合性人才一要具备选取创意产品文化内容的娴熟技巧和丰富经验；二要对数字信息技术有深入的研究，并对相关的高新技术具有丰富的应用经验；三要具备较高的创意天赋和创意技巧。总而言之，这类人才要能够从繁多的少数民族文化素材中选取合适的创意产品文化内容，并能够进行高层次的数字化创意开发。

3. 研究西南区域少数民族文化资源的专门性人才

西南少数民族文化资源浩繁广博，而且有些独特少数民族文化元素十分隐晦难解，唯有让专门性人才对其进行长期的研究，方才能够提炼出其精髓。

西南少数民族文化数字创意产业在培养、聚集各类创意人才时，也应关注到少数民族地区的诸多少数民族民间文化艺术大师，这些民族民间大师是西南少数民族文化数字创意产业开发少数民族稀有文化的"活宝藏"。他们成长于民间，长期汲取少数民族文化艺术营养，较为完整地承传了上辈的文化艺术技法及其蕴含的精神内涵，并常常会结合自己的见解进一步凝练，形成新颖独特的自我风格；他们是现成的对于少数民族文化具有深入研究，对于稀有少数民族文化内容具有丰富改造演绎经验的专门性人才。[1] 这些民间文化艺术大师的文化演绎内容往往来源于生活，取材于现实，贴近于少数民族群众，是比较容易改造为数字创意作品的优质内容题材。

创意人才大多年纪轻、头脑活，一般不会固守在某个工作岗位上，而是经常会去寻求更大的发展空间。同时，许多创意行业的生产组织形式表现为松散的个体劳动和简单的集体协作，该领域的从业人员大多属于自由职业者，一般不从属于某个固定的经济体。这些特征决定了创意人才的高流动性。

数字创意产业强省强市在创意人才的聚集上，采用的是产业聚集——人才流

---

[1] 王沛志，等.云南少数民族文化产业研究［J］.大理学院学报，2007（2）：20.

动——伴随性资本流动——伴随性技术流动的聚集模式,因此更注重人才培养。对于西南区域而言,因总体经济规模和经济发展程度的限制,不可能在产业投资和产业规模上具有竞争力,所以不能利用产业聚集来驱动人才流动。西南少数民族文化数字创意产业要提高创意人才的聚集程度来提高发展能力,必须利用有限的资金投入、采用特殊的路径来获得人才竞争的局部优势:自主投资——创业条件改善——人才流动——伴随性资本流动——伴随性技术流动——产业聚集,这个模式更注重的是人才创意环境条件。否则,没有创业环境的改善,人才驱动是外向的,人才培养也是为现有的其他产业聚集地而培养。

数字创意产业的高效益伴随着高风险;改善创意人才的创业条件,更多地表现在对创意人才及其创意的直接投资,同样具有很大的风险。在"自主投资——创业条件改善——人才流动——伴随性资本流动——伴随性技术流动——产业聚集"的人才流动驱动模式下,投资改善创意人才的创业环境是地方政府作为的第一推动力,为整个西南少数民族文化数字创意产业的人才聚集提供启动力和初速度,该战略性的投资应当通过恰当方式来达到投资有效性与经济性的平衡。对创意人才及创意的经济价值必须有高度的认识,承认创意才能、经营管理才能可作为无形资产成为项目的股份,才能达到对创意人才的利益驱动,实现投资的有效性,产生创意人才流动的驱动力。同时,可采用分阶段投入的方法,既可取得对项目的控股权又可合理的规避风险,实现投资的经济性。例如对创意人才的创意方案、经营管理方案进行创业性合约招标,可吸引众多创意人才聚集和参与。以上都是西南少数民族文化数字创意产业在现有条件下,创造人才流动驱动力局部优势的切实可行的恰当方法。

9.5.3 大力发展网络电视剧

网络电视剧,一般简称为网络剧。所谓的网络剧,其定义有广狭之分,广义的网络剧包括任何主体制作的,以网络为唯一或核心播出平台的连续剧;而狭义的网络剧仅指具有相关资质的制作主体,以网络为唯一或核心播出平台的连续剧。❶ 其发展现状可概述为以下几点。

---

❶ 上海艾瑞市场咨询有限公司.2016年中国网络剧行业研究报告[EB/OL].[2016-07-15]. http://wenku.baidu.com/link?url=3h47JRX4iWiebPy3k1XYi_EgtmWOayDFvXeYYpCkhQU4zW2gVNt1Art-JFk7Y8MIPBVlhCNLOQC4LOjWBC-2mk5beOR9nyCMQ8giaUwxuoe.

1. 网络电视剧产业发展迅速

网络电视剧的发展速度十分惊人，仅从 2011 年至今，就完成了从无到有，从萌生到繁荣的整个发展过程。2014 年全年网络剧产量为 374 部，5263 集，这一年也被称为网络剧的"元年"；而 2015 年的网络剧产量仅从部数来说已接近传统电视剧的年产量；据估计，2016 年网剧将继续呈现出"爆发式"发展势头，网络剧市场集数规模很可能达至 1 万集左右。❶

2. 网络电视剧产业链已基本形成 ❷

在网络剧的产业链中，负责网络剧生产制作的主要是网络剧的专业制作机构，其中在线视频媒体旗下制作机构一般以工作室或者独立制片人的形式存在，由在线视频媒体进行投入，并以工作室或者独立制片人为中心搭建内容生产制作团队；专业网络（影视剧）制作机构，是专注于网络剧或影视剧生产制作、推广发行的专业机构，如典型企业是万和天宜，广告客户与在线视频媒体分别由其对接。网络剧的运营平台则负责整合各类资源（包括编剧、导演、演员等）并推动制作项目运行，同时也与内容生产方相联系，为其提供营销发行等服务，如"芭乐"就是这类典型的平台企业。而网络剧的广告客户，有可能将广告费直接向网络播出平台投放，也有可能会将广告费投向专业的制作机构和运营平台。

3. 相较于传统电视剧受众，网络剧受众更为"优质" ❸

（1）网络剧受众比传统电视剧受众未婚者更多，占比达 56.1%，一般来说未婚者可支配时间更多。

（2）相对于传统电视剧，网络剧受众更加年轻化，网络剧的受众中也因此有更高比例的网络主力人群。

（3）网络剧受众相较于传统电视剧受众而言，高学历者所占比例更大，素质相对更高。

（4）相对于传统电视剧，网络剧受众中学生群体所占比例更大，这一群体通常都更为活跃。

---

❶ 火鸟课堂．广电总局：网络剧产业链初成，专业影视制作公司入场［EB/OL］．（2016-07-08）［2016-08-15］．http：//www.360doc.com/content/16/0708/14/32351304_574023276.shtml.

❷ 上海艾瑞市场咨询有限公司．2016 年中国网络剧行业研究报告［EB/OL］．［2016-07-15］．http：//wenku.baidu.com/link?url=3h47JRX4iWiebPy3k1XYi_EgtmWOayDFvXeYYpCkhQU4zW2gVNt1Art-JFk7Y8MIPBVlhCNLOQC4LOjWBC-2mk5beOR9nyCMQ8giaUwxuoe.

❸ 同上。

目前，西南区域尚未推出有影响力的网络剧作品，以西南少数民族文化为内容题材的网络剧更是"难觅踪迹"，而且西南区域也不是网络剧受众的重点分布区，西南五省（区、市）中仅有四川省的网络剧受众总数进入全国前十位。❶

从以上方面来看，西南地区发展网络剧是毫无优势的。但本书研究认为，西南少数民族文化数字创意产业仍然要重视网络剧的制作推广，将网络剧作为产业拓展的一个重要组成部分，其理由主要有以下几点。

1. 网络剧具有诸多营销优势

（1）网络剧互动性高。

网络剧要想获得营销成功就必须在制作时高度契合受众喜好，因此网络剧的一大特征就是网络剧创意者与受众的"紧密"互动。制作网络剧形式的民族文化数字创意产品，能够"倒逼"相应产品创意者与受众更好地互动，从而生产出贴近社会热点、契合受众偏好的创意产品，在产品生产阶段便消除"营销困难"。

（2）网络剧能够为赞助商提供更为多元及一站式的营销服务。

西南少数民族文化数字创意产业面临的一个严峻问题，即资金短缺。而网络剧能够为广告客户提供包括常规广告、植入广告甚至是定制剧等多元及一站式的营销服务，因此，制作生产网络剧有利于吸引更多的赞助商，缓解整个产业的资金匮乏困境。

（3）网络剧灵活新高。

大部分网络剧制播合一且拍摄周期短，这使得其制作和播出相较于传统电视剧更为灵活。西南少数民族文化数字创意产业生产少数民族文化题材的网络剧，可以利用其灵活性更好地配合各种营销计划，以实现良好的营销效果。

（4）网络剧受众聚集度高。

网络剧的受众在年龄方面具有较高的聚集度，其受众多为30岁以下的年轻人，这在一定程度上使得网络剧受众的兴趣聚集度也很高。创意者制作生产网络剧形式的民族文化数字创意产品能够利用受众兴趣聚集度高的特点，用最少的创意形式，获取最大范围的受众认可。

---

❶ 上海艾瑞市场咨询有限公司.2016年中国网络剧行业研究报告［EB/OL］.［2016-07-15］. http://wenku.baidu.com/link?url=3h47JRX4iWiebPy3k1XYi_EgtmWOayDFvXeYYpCkhQU4zW2gVNt1Art-JFk7Y8MIPBVlhCNLOQC4LOjWBC-2mk5beOR9nyCMQ8giaUwxuoe.

2. 网络剧产业先发优势不明显

目前，在视频领域，用户对产品内容忠诚，但对平台并不忠诚，只要优质内容转移，用户就随之转移。因此只要西南少数民族文化数字创意产业创作出优质产品，用户自然就会转移到本产业的平台上。从这个意义上说，在网络剧领域，尽管东部个别地区相对于西南区域具有先发优势，但优势并不明显。

3. 西南少数民族文化数字创意产业有开发出完整 IP 的可能

年轻的受众定位使得网络剧的 IP（Intellectual Property，知识产权）价值远高于传统电视剧，IP 竞争在当前的电影和游戏市场中已成白热化态势。在这种情况下，向上寻求有价值的 IP 就成为 CP（Content Provider，内容提供商）的必然选择。网络剧的市场空间和效益通过与电影和游戏市场联动发行，IP 价值得到成倍地放大。❶这种网络剧与游戏、网络剧与电影联动发挥网络剧 IP 价值的成功案例已有不少，如《盗墓笔记》游戏、《十万个冷笑话》电影版均已大获成功。但到目前为止，我国网络剧行业尚未出现一个真正"打通"全过程，完整开发出来的 IP，有业内人士甚至直言不讳地说在我国网络剧领域"IP 这个概念本身是被炒作出来的"，当前所谓的 IP 产业完成度其实很低。❷我国网络剧产业的这个缺口，实际上是给了西南少数民族文化数字创意产业一个在网络剧领域实现"赶超"的机会，只要生产出优质网络剧，并完整地开发 IP 价值，网络剧领域就会成为产业发展的突破口，整个产业都会因此而获得极大收益。

4. 西南区域具有发展网络剧的大数据技术优势

一部网络剧要想成功，其就必须高度契合受众的喜好；而要判定受众的喜好及其变化，最可靠的方式就是收集与受众互动时，以及受众观看相应视频时产生的大量数据并从中分析出受众所偏好的信息。而要获取翔实完整的数据并做出准确恰当且及时的分析，就必须运用大数据技术。

在西南地区，贵州省在积极推进大数据战略，贵阳作为中国"数谷"可能成为未来西南区域乃至是整个中国的大数据产业增长极，西南其他四省（区、市）也不同程度地在推动大数据技术的发展。目前来看，西南地区拥有一定大数据技术优势，掌握了开发网络剧的基础技术资源优势，在开发网络剧时便可以最大限

---

❶ 搜狐公众平台.最深度网络剧行业深度报告［EB/OL］.（2015-07-21）［2016-07-21］.http://mt.sohu.com/20150721/n417220004.shtml.

❷ 扬子晚报.网剧那么火，制作方居然不赚钱？［EB/OL］.（2015-08-01）［2016-07-21］.http://news.163.com/15/0801/06/AVTMV5T900014AED.html.

度地争取最大范围的受众。

9.5.4 民族文化创意与旅游产业结合

西南少数民族文化具有新奇性、差异性、稀缺性和原生态性的特点，是价值极高的文化资源。在西南区域传统文化产业中，民族文化旅游和自然风光旅游占有较大比重，是西南各省（区、市）的支柱产业。因此，在进行少数民族文化创意时，应优先创作与民族民间文化旅游和自然风光旅游相关的创意脚本，带动西南各省（区、市）的旅游业发展，对西南文化产业整体发展有着重要意义。如创意者可从西南少数民族诸多浪漫优美的神话故事、民间传说中提取优质的创意素材，创作出以此为脚本的主要文化内容的网络游戏及奇幻电影，再参照西南地区诸多有开发价值的景点，创意出游戏或电影场景。这样，数字创意产业的发展就可带动西南旅游业发展。

9.5.5 在"媒体适配"原则下以核心项目实行"点式突破"

西南区域是我国少数民族种类最多的区域。西南复杂多样的地理地貌和自然条件，造就了苗族、壮族、彝族、藏族、侗族、布依族、土家族、羌族、傣族、白族、纳西族等34个世居少数民族丰富多彩的民族民间传统文化。西南少数民族文化具有丰富多样的特点，作为一种具有多样性、差异性和独特性的隐性产业资源，是西南少数民族文化数字创意产业发展有比较优势的生产要素。每一种少数民族文化所具备的特点和可用以创意的特性不同，因此创意的文化形式各不相同，所适配的媒介渠道也不尽相同。在进行少数民族文化创意时，必须以创作文化精品的态度深入理解该文化的特殊性，抛弃模式化的创作方式，以适配媒体的方式进行精确创意。在一定创意脚本累积的条件下，精选核心项目，集中人力财力，实现符合经济性原则的"点式突破"。

总之，基于对少数民族文化特性总结及运用，创意概念界定、区域产业经济分析、产业链节分析，以及数字创意产业模块化价值网络理论研究、大数据技术运用、思维性创意保护研究与少数民族文化创意空间拓展分析等一系列工作，经过实证的数据统计分析和有关概念、理论、范式的深入探讨，以及在一些领域的一定程度的理论创新，本书研究得出了有关西南少数民族文化数字创意产业发展战略、路径、对策和措施等方面的相应研究成果。

结　　语

　　我国数字创意产业在政策推动下经过"十一五"期间的高速发展,出现了"高产低质"的困境。一方面是国产文化产品大量生产出来却不能播出,另一方面是我国文化受众却在大量消费国外文化产品。在西南区域,以西南少数民族文化为内容的民族电影在国外频频获奖,而以西南少数民族文化为内容的数字创意文化产品却十分稀缺,具有新奇性、差异性和独特性的西南少数民族绚烂多彩的文化资源未能得到充分运用。面对这样的产业状况,全国和西南的文化产业理论研究陷入了学术疲劳。一方面是地方政府和文化企业对产业理论指导的渴望,另一方面却是文化产业学术界的产业理论在产业实践中作用不大。

　　本书经过对产业实践的充分调研和对产业数据的深入分析后提出:我国文化产业发展进入困境的状况,实际上是我国文化产业正经历由政策推动发展阶段向市场推动发展阶段转换的过程。

　　笔者认为西南少数民族文化数字创意产业存在的问题具有多层次多维度嵌套和因果累积循环的特征,存在于不同层次、不同维度、不同结构和不同阶段的不同问题,在累积循环中共同对产业的发展产生影响,因此容易让人产生因果关系倒置的错觉。

　　基于以上对产业发展阶段的判断和对西南区域数字创意产业发展因果关系的分析,围绕西南区域数字创意产业生产整体相对逐步下滑的趋势,对比分析了西南数字创意产业"十一五"期间和"十二五"期间产业规划,发现西南产业规划未明确开发利用民族文化资源、未认识到分工合作的重要性、未认识到产业阶段转换。本书深入分析创意产品"高产低质"现象,发现数字创意产业理论界和产业界对创意的本质没有正确的认识,从而相对规范地界定了创意的概念,认为创意的本质是创造了新的文化符号或新的文化符号结构;本书研究重新深入认识了相关产业理论,发现我国文化产业理论界对数字创意产业价值链节认识的错位,提出以"创意链节"和"整合策划链节"为核心链节的产业链节划定；基于思维性创意保护的困难，提出微型产品化创意脚本的创意保护路径；通过对比分析重庆与浙江之间、重庆与安徽之间动画产业发展状况，提出我国数字创意产业正在形成模块化网络状产业组织形式，并提出拆开"旧木桶"、构建"新木桶"的区域产业发展战略选择；从西南民族电影发展的下行趋势，提出柔性扩展西南少数民族文化创意空间的对策；通过分析西南产业面临的新局面，提出不再进行物质性生产要素投入而是抓住新媒体带来的新机遇、以微型产品化创意脚本为手段构建民族文化创意模块和整合策划模块；通过对西南区域经济发展水平和产业发展水平相对较低的考虑，本书提出了针对性产业发展着力点的重点突破式的一系列实施对策措施。

  在结束本书内容之际，作者认为，如果把所有相关重要因素再作分析提炼的话，在实施西南区域数字创意产业合作竞争的区域发展战略和紧跟技术与业态前沿发展后，少数民族文化创意无疑是有效推动西南少数民族文化数字创意产业长期发展的关键。因为没有开放的曼妙诗意的民族文化创意，就没有大量的绚丽多彩的民族文化创意脚本，也就无从论及西南少数民族文化数字创意产业长期持续的蓬勃发展。

参考文献

一、中文原著

[1] 厉无畏.创意产业导论[M].上海：学林出版社，2006.

[2] 厉无畏.创意改变中国[M].北京：新华出版社，2009.

[3] 费孝通.盘村瑶族·序[M].北京：民族出版社，1983.

[4] 费孝通，王同惠.花篮瑶的社会组织[M]//费孝通.六上瑶山.北京：中央民族大学出版社，2006.

[5] 费孝通.论人类学与文化自觉[M].北京：华夏出版社，2004.

[6] 索晓霞.并非两难的选择——贵州少数民族文化保护与开发问题研究[M].贵阳：贵州人民出版社，2003.

[7] 胡绳.中国民族文化源新探[M].北京：社会科学文献出版社，1999.

[8] 庄锡昌，等.多维视野中的文化理论[M].杭州：浙江人民出版社，1987.

[9] 李思屈.数字娱乐产业[M].成都：四川大学出版社，2006.

[10] 于刃刚，李玉红.产业融合论[M].北京：人民出版社，2006.

[11] 王颖吉.闪客江湖：对中国网络动画的文化解读[M].桂林：广西师范大学出版社，2006.

[12] 韩栩，薛峰.影视动画视听语言[M].北京：电子工业出版社，2009.

[13] 罗德启.贵族民居[M].北京：中国建筑工业出版社，2008.

[14] 吴永章.中国南方民族文化流源史[M].南宁：广西教育出版社，1991.

[15]（清）徐家干.苗疆见闻录[M].（影印本）.上海：上海书店出版社，1994.

［16］廖海波.影视民俗学［M］.北京：北京大学出版社，2007.

［17］杨继红.谁是新媒体［M］.北京：清华大学出版社，2008.

［18］涂子沛.大数据：正在到来的革命，以及它如何改变政府、商业与我们的生活［M］.桂林：广西师范大学出版社，2013.

［19］盘剑，等.中国动漫产业发展报告［M］.北京：中国社会科学出版社，2010.

［20］申茂平.贵州非物质文化遗产研究［M］.北京：知识产权出版社，2009.

［21］李资源，等.中国共产党与少数民族传统文化保护和发展研究［M］.北京：人民出版社，2014.

［22］李资源，等.中国共产党少数民族文化建设研究［M］.北京：人民出版社，2011.

［23］黄德林.文化生态视野下布依族古歌生存价值研究［M］.北京：中国社会科学出版社，2015.

［24］高朋，雷兵."嵌入式"传承与精品化发展：少数民族文化传承与发展的再思考［M］.昆明：云南大学出版社，2014.

［25］黄泽.民族节日文化［M］.昆明：云南教育出版社，1995.

［26］施惟达，等.云南民族文化概说［M］.昆明：云南大学出版社，2004.

［27］云南省少数民族语文指导工作委员会.云南民族语言文字现状调查研究［M］.昆明：云南民族出版社，2001.

［28］张岱年.中国文化概论［M］.北京：北京师范大学出版社，2004.

［29］雷兵.哈尼族文化史［M］.昆明：云南民族出版社，2002.

［30］向云驹.人类口头和非物质文化遗产［M］.银川：宁夏教育出版社，2004.

［31］张晓明，王家新，章建刚.文化蓝皮书：中国文化产业发展报告（2015—2016）［M］.北京：社会科学文献出版社，2016.

［32］向宝云，张立伟.四川蓝皮书：四川文化产业发展报告（2016）［M］.北京：社会科学文献出版社，2016.

［33］姚慧琴，徐璋勇.西部蓝皮书：中国西部发展报告（2015）［M］.北京：社会科学文献出版社，2015.

［34］姚慧琴，徐璋勇.西部蓝皮书：中国西部发展报告（2014）［M］.北京：社会科学文献出版社，2014.

［35］姚慧琴，徐璋勇.西部蓝皮书：中国西部发展报告（2013）［M］.北京：社会科学文献出版社，2013.

［36］姚慧琴，徐璋勇.西部蓝皮书：中国西部发展报告（2012）［M］.北京：社会科学文献出版社，2012.

［37］姚慧琴，徐璋勇.西部蓝皮书：中国西部发展报告（2011）［M］.北京：社会科学文献出版社，2011.

［38］卢斌，郑玉明，牛兴侦.动漫蓝皮书：中国动漫产业发展报告（2015）［M］.北京：社会科学文献出版社，2015.

［39］卢斌，郑玉明，牛兴侦.动漫蓝皮书：中国动漫产业发展报告（2014）［M］.北京：社会科学文献出版社，2014.

［40］卢斌，郑玉明，牛兴侦.动漫蓝皮书：中国动漫产业发展报告（2013）［M］.北京：社会科学文献出版社，2013.

［41］卢斌，郑玉明，牛兴侦.动漫蓝皮书：中国动漫产业发展报告（2012）［M］.北京：社会科学文献出版社，2012.

［42］卢斌，郑玉明，牛兴侦.动漫蓝皮书：中国动漫产业发展报告（2011）［M］.北京：社会科学文献出版社，2011.

［43］叶朗.中国文化产业年度发展报告（2015）［M］.北京：北京大学出版社，2015.

［44］叶朗.中国文化产业年度发展报告（2014）［M］.北京：北京大学出版社，2014.

［45］叶朗.中国文化产业年度发展报告（2013）［M］.北京：北京大学出版社，2013.

［46］叶朗.中国文化产业年度发展报告（2012）［M］.北京：北京大学出版社，2012.

［47］叶朗.中国文化产业年度发展报告（2011）［M］.北京：北京大学出版社，2011.

［48］叶朗.中国文化产业年度发展报告（2010）［M］.北京：北京大学出版社，2010.

［49］叶朗.中国文化产业年度发展报告（2009）［M］.北京：金城出版社，2009.

［50］张京成.中国创意产业发展报告（2015）［M］.北京：中国经济出版社，2015.

［51］张京成.中国创意产业发展报告（2014）［M］.北京：中国经济出版社，2014.

［52］张京成.中国创意产业发展报告（2013）［M］.北京：中国经济出版社，2013.

［53］张京成.中国创意产业发展报告（2012）［M］.北京：中国经济出版社，2012.

［54］张京成.中国创意产业发展报告（2011）［M］.北京：中国经济出版社，2011.

［55］张京成.中国创意产业发展报告（2010）［M］.北京：中国经济出版社，2010.

［56］张京成.中国创意产业发展报告（2009）［M］.北京：中国经济出版社，2009.

［57］张京成.中国创意产业发展报告（2008）［M］.北京：中国经济出版社，2008.

［58］张京成.中国创意产业发展报告（2007）［M］.北京：中国经济出版社，2007.

［59］张京成.中国创意产业发展报告（2006）［M］.北京：中国经济出版社，2006.

［60］于平，傅才武.文化创新蓝皮书：中国文化创新报告（2015）［M］.北京：社会科学文献出版社，2015.

［61］于平，傅才武.文化创新蓝皮书：中国文化创新报告（2014）［M］.北京：社会科学文献出版社，2014.

［62］于平，傅才武.文化创新蓝皮书：中国文化创新报告（2013）［M］.北京：社会科学文献出版社，2013.

［63］于平，傅才武.文化创新蓝皮书：中国文化创新报告（2012）［M］.北京：社会科学文献出版社，2012.

［64］于平，傅才武.文化创新蓝皮书：中国文化创新报告（2011）［M］.北京：社会科学文献出版社，2011.

［65］于平，傅才武.文化创新蓝皮书：中国文化创新报告（2010）［M］.北京：社会科学文献出版社，2010.

［66］于平，傅才武.文化创新蓝皮书：中国文化创新报告（2009）［M］.北京：社会科学文献出版社，2009.

［67］唐绪军.新媒体蓝皮书：中国新媒体发展报告（2016）［M］.北京：社会科学文献出版社，2016.

［68］唐绪军.新媒体蓝皮书：中国新媒体发展报告（2015）［M］.北京：社会科学文献出版社，2015.

［69］唐绪军.新媒体蓝皮书：中国新媒体发展报告（2014）［M］.北京：社会科学文献出版社，2014.

［70］唐绪军.新媒体蓝皮书：中国新媒体发展报告（2013）［M］.北京：社会科学文献出版社，2013.

［71］尹韵公.新媒体蓝皮书：中国新媒体发展报告（2012）［M］.北京：社会科学文献出版社，2012.

［72］袁同楠.视听新媒体蓝皮书：中国视听新媒体发展报告（2015）［M］.北京：社会科学文献出版社，2015.

［73］庞井君.视听新媒体蓝皮书：中国视听新媒体发展报告（2013）［M］.北京：社会科学文献出版社，2013.

［74］庞井君.视听新媒体蓝皮书：中国视听新媒体发展报告（2012）［M］.北京：社会科学文献出版社，2012.

［75］庞井君.视听新媒体蓝皮书：中国视听新媒体发展报告（2011）［M］.北京：社会科学文献出版社，2011.

［76］崔保国.传媒蓝皮书：中国传媒产业发展报告（2015）［M］.北京：社会科学文献出版社，2015.

［77］崔保国.传媒蓝皮书：中国传媒产业发展报告（2014）［M］.北京：社会科学文献出版社，2014.

［78］崔保国.传媒蓝皮书：中国传媒产业发展报告（2013）［M］.北京：社会科学文献出版社，2013.

[79] 崔保国.传媒蓝皮书：中国传媒产业发展报告（2011）[M].北京：社会科学文献出版社，2011.

[80] 崔保国.传媒蓝皮书：中国传媒产业发展报告（2010）[M].北京：社会科学文献出版社，2010.

[81] 崔保国.传媒蓝皮书：中国传媒产业发展报告（2009）[M].北京：社会科学文献出版社，2009.

[82] 张晓明，王家新，章建刚.文化蓝皮书：中国文化产业发展报告（2015—2016）[M].北京：社会科学文献出版社，2016.

[83] 张晓明，王家新，章建刚.文化蓝皮书：中国文化产业发展报告（2014）[M].北京：社会科学文献出版社，2014.

[84] 张晓明，王家新，章建刚.文化蓝皮书：中国文化产业发展报告（2012—2013）[M].北京：社会科学文献出版社，2013.

[85] 张晓明，胡惠林，章建刚.文化蓝皮书：中国文化产业发展报告（2010）[M].北京：社会科学文献出版社，2010.

[86] 张晓明，胡惠林，章建刚.文化蓝皮书：中国文化产业发展报告（2009）[M].北京：社会科学文献出版社，2009.

[87] 郝时远，王延中，王希恩.民族发展蓝皮书：中国民族发展报告（2015）[M].北京：社会科学文献出版社，2015.

[88] 郝时远，王延中，王希恩.民族发展蓝皮书：中国民族发展报告（2001—2006）[M].北京：社会科学文献出版社，2006.

[89] 武翠英，张晓明，任乌晶.文化蓝皮书：中国少数民族文化发展报告（2014—2015）[M].北京：社会科学文献出版社，2015.

[90] 武翠英，张晓明，任乌晶.文化蓝皮书：中国少数民族文化发展报告（2012）[M].北京：社会科学文献出版社，2012.

[91] 肖远平，柴立.少数民族非遗蓝皮书：中国少数民族非物质文化遗产发展报告（2015）[M].北京：社会科学文献出版社，2015.

[92] 景体华，陈孟平.中国区域发展蓝皮书：中国区域经济发展报告（2006—2007）[M].北京：社会科学文献出版社，2007.

[93] 赵弘.中国区域发展蓝皮书：中国区域经济发展报告（2015—2016）[M].北京：社会科学文献出版社，2016.

［94］梁昊光.中国区域发展蓝皮书：中国区域经济发展报告（2013—2014）［M］.北京：社会科学文献出版社，2014.

［95］梁昊光.中国区域发展蓝皮书：中国区域经济发展报告（2012—2013）［M］.北京：社会科学文献出版社，2013.

［96］姚慧琴，任宗哲.中国西部经济发展报告（2011）［M］.北京：社会科学文献出版社，2011.

［97］姚慧琴，任宗哲.中国西部经济发展报告（2010）［M］.北京：社会科学文献出版社，2010.

［98］姚慧琴，任宗哲.中国西部经济发展报告（2009）［M］.北京：社会科学文献出版社，2009.

［99］韦苇.中国西部经济发展报告（2006）［M］.北京：社会科学文献出版社，2006.

［100］杨建华.2007年中国省区发展报告［M］.北京：社会科学文献出版社，2007.

［101］李建国，金安江，吴大华.贵州文化产业蓝皮书：2014年贵州文化产业发展报告［M］.北京：知识产权出版社，2014.

［102］李建国，金安江，吴大华.贵州文化产业蓝皮书：2013年贵州文化产业发展报告［M］.北京：知识产权出版社，2013.

［103］李建国，金安江，吴大华.贵州文化产业蓝皮书：2012年贵州文化产业发展报告［M］.贵阳：贵州人民出版社，2012.

［104］王亚南，刘荣.云南蓝皮书·2013—2014云南文化发展蓝皮书［M］.昆明：云南大学出版社，2014.

［105］尹欣，纳麒.云南蓝皮书·2008—2009云南文化发展蓝皮书［M］.昆明：云南大学出版社，2014.

［106］广西壮族自治区文化厅.广西文化产业发展报告（2014）［M］.桂林：广西师范大学出版社，2014.

［107］侯水平.四川蓝皮书：四川文化产业发展报告（2015）［M］.北京：社会科学文献出版社，2015.

［108］侯水平.四川蓝皮书：四川文化产业发展报告（2014）［M］.北京：社会科学文献出版社，2014.

[109] 侯水平. 四川蓝皮书：四川文化产业发展报告（2013）[M]. 北京：社会科学文献出版社，2013.

[110] 侯水平. 四川蓝皮书：四川文化产业发展报告（2012）[M]. 北京：社会科学文献出版社，2012.

[111] 侯水平. 四川蓝皮书：四川文化产业发展报告（2011）[M]. 北京：社会科学文献出版社，2011.

[112] 侯水平. 四川蓝皮书：四川文化产业发展报告（2010）[M]. 北京：社会科学文献出版社，2010.

[113] 侯水平. 四川蓝皮书：四川文化产业发展报告（2009）[M]. 北京：社会科学文献出版社，2009.

[114] 侯水平. 四川蓝皮书：四川文化产业发展报告（2008）[M]. 北京：社会科学文献出版社，2008.

[115] 王兴骥. 贵州蓝皮书：贵州社会发展报告（2015）[M]. 北京：社会科学文献出版社，2015.

[116] 王兴骥. 贵州蓝皮书：贵州社会发展报告（2014）[M]. 北京：社会科学文献出版社，2014.

[117] 王兴骥. 贵州蓝皮书：贵州社会发展报告（2013）[M]. 北京：社会科学文献出版社，2013.

[118] 王兴骥. 贵州蓝皮书：贵州社会发展报告（2012）[M]. 北京：社会科学文献出版社，2012.

[119] 王兴骥. 贵州蓝皮书：贵州社会发展报告（2011）[M]. 北京：社会科学文献出版社，2011.

[120] 雷厚礼，王兴骥. 贵州蓝皮书：贵州社会发展报告（2010）[M]. 北京：社会科学文献出版社，2010.

[121] 肖琼，李克建，杨昳. 中国西南少数民族文化要略[M]. 成都：四川人民出版社，2011.

[122] 葛玉清. 对话虚拟世界：动画电影与跨文化传播[M]. 北京：中国传媒大学出版社，2011.

[123] 齐骥. 动画文化论[M]. 北京：中国传媒大学出版社，2009.

[124] 阮艳萍. 动画文化生存：一种媒介生态的角度[M]. 厦门：厦门大

学出版社，2010.

［125］李鸿然.中国当代少数民族文学史论（上、下）［M］.昆明：云南教育出版社，2004.

［126］魏国彬.民族电影的产业化——云南的历史、实践和理论［M］.昆明：云南大学出版社，2009.

［127］赵德光.阿诗玛文化重构论［M］.北京：中国社会科学出版社，2005.

［128］赵世林.云南少数民族文化传承论纲［M］.昆明：云南人民出版社，2011.

［129］中华人民共和国国务院新闻办公室.中国的民族政策与各民族共同繁荣发展［M］.北京：人民出版社，2009.

［130］中共中央统战部.民族问题文献汇编［M］.北京：中共中央党校出版社，1991.

［131］程宇宁.创意城市蓝皮书：重庆创意产业发展报告（2014）［M］.北京：社会科学文献出版社，2014.

［132］重庆市国有文化资产经营管理有限责任公司.文化蓝皮书：2012年重庆文化产业发展报告［M］.重庆：重庆出版社，2012.

［133］刘庆渝.文化蓝皮书：2009年重庆文化产业发展报告［M］.重庆：重庆出版社，2009.

［134］黄志勇.2014年广西蓝皮书：广西沿边地区开发开放报告［M］.南宁：广西人民出版社，2014.

［135］刘绍怀.云南蓝皮书：中国面向西南开放重要桥头堡建设发展报告（2011—2012）［M］.北京：社会科学文献出版社，2012.

［136］唐凯，杨森林.四川民营文化产业蓝皮书：2013年四川民营文化产业发展报告［M］.成都：电子科技大学出版社，2013.

［137］唐凯，杨森林.四川民营文化产业蓝皮书：2012年四川民营文化产业发展报告［M］.成都：电子科技大学出版社，2012.

［138］戴文年，杨民生，冒国安.贵州民族风情图鉴［M］.贵阳：贵州人民出版社，2002.

［139］刘品大.贵州民族风情辞典［M］.贵阳：贵州人民出版社，1994.

［140］杨圣敏，丁宏．中国民族志［M］．北京：中央民族大学出版社，2003．

［141］薛扬．动画发展史［M］．南京：东南大学出版社，2011．

［142］宋嘉．保护与迷失——中国动画荧屏配额政策研究［M］．北京：中国传媒大学出版社，2009．

［143］吴浩．中国侗族村寨文化［M］．北京：民族出版社，2004．

［144］谢蕴秋．云南境内的少数民族［M］．北京：民族出版社，1999．

［145］王钟翰．中国民族史概要［M］．太原：山西教育出版社，2004．

［146］毛磊．文化创意产业集群的演化与发展［M］．镇江：江苏大学出版社，2013．

［147］向勇．中国文化创意产业园区实践与观察［M］．北京：红旗出版社，2012．

［148］刘泓，袁勇麟．文化创意产业十五讲［M］．成都：四川大学出版社，2012．

［149］陈惠颖，陈本昌，徐海峰．文化创意产业发展的经济学研究［M］．北京：经济科学出版社，2012．

［150］谢名家，刘景泉．文化经济论——兼述文化产业国家战略［M］．广州：广东人民出版社，2009．

［151］金元浦，庄鹏涛，王林生．动漫创意产业概论［M］．北京：高等教育出版社，2012．

［152］刘潘．电影产业经济学［M］．北京：文化艺术出版社，2010．

［153］方李莉．费孝通晚年思想录——文化的传统与创造［M］．长沙：岳麓书社，2005．

［154］张泽洪．文化传播与仪式象征——中国西南少数民族宗教与道教祭祀仪式比较研究［M］．成都：四川出版集团，巴蜀书社，2008．

［155］伍略，韦文扬．仰阿瑟［M］．北京：作家出版社，2001．

［156］李兴秀．贵州西部彝族礼俗研究［M］．贵阳：贵州民族出版社，2009．

［157］何积全．彝族古代文论研究［M］．北京：民族出版社，2012．

［158］谢彬如，等．文化艺术生态保护与民族地区社会发展——关于贵州

民族文化保护与发展的研究［M］.贵阳：贵州民族出版社，2004.

［159］贵州省彝学研究会，贵州民族古籍整理办公室.跨世纪的彝学探索［M］.贵阳：贵州民族出版社，2009.

［160］胡惠林，施惟达，田立立.文化产业概论［M］.昆明：云南大学出版社，2007.

［161］李法宝.影视受众学［M］.广州：中山大学出版社，2008.

［162］施惟达，等.文化与经济：民族文化与产业化发展［M］.昆明：云南大学出版社，2011.

［163］李军.文化产业与文化管理［M］.北京：经济日报出版社，2005.

［164］李江涛，等.当代文化发展新趋势研究［M］.北京：中央编译出版社，2009.

［165］王传东，郑琳.动漫产业分析与衍生产品研发［M］.北京：清华大学出版社，2012.

［166］孙启明，郭玉锦，刘宇，曾静平.文化创意产业前沿［M］.北京：中国传媒大学出版社，2008.

［167］吴德坤，吴德杰.苗族理辞［M］.贵阳：贵州民族出版社，2002.

［168］潘定智，杨培德，张寒梅.苗族古歌［M］.贵阳：贵州人民出版社，1997.

［169］贵州省少数民族古籍整理办公室.侗族大歌［M］.贵阳：贵州民族出版社，2003.

［170］贵州省少数民族古籍整理办公室，黔南州民族事务委员会，黎汝标，黄义仁.布依族古歌［M］.贵阳：贵州民族出版社，1998.

［171］《民族问题五种丛书》贵州省编辑组，《中国少数民族社会历史调查资料丛刊》修订编辑委员会.苗族社会历史调查（三）［M］.北京：民族出版社，2009.

［172］国家民委《民族问题五种丛书》编辑委员会，《中国少数民族》编写组，《中国少数民族》修订编辑委员会.中国少数民族（修订本）［M］.北京：民族出版社，2009.

［173］郝时远，任一飞，陈英初.中国少数民族发布图集［M］.北京：中国地图出版社，2002.

［174］何星亮.世界文明通论：中华文明·中国少数民族文明（上、下）［M］.福州：海峡出版发行集团，福建教育出版社，2010.

［175］李灵，刘杰，王新春.中西文化精神与未来走向［M］.上海：上海人民出版社，2010.

［176］叶舒宪.文化与符号经济［M］.广东：广东省出版集团，广东人民出版社，2012.

［177］吴存东，吴琼.文化创意产业概论［M］.北京：中国经济出版社，2010.

［178］胡建绩.产业发展学［M］.上海：上海财经大学出版社，2008.

［179］鄢卫东.创意生产的思维模板［M］.成都：四川大学出版社，2009.

［180］王铭铭.民族、文明与新世界：20世纪前期的中国叙述［M］.北京：世界图书出版公司，2010.

［181］潘瑞芳，秦爱红.泛动漫创意与人才培养研究［M］.北京：中国广播电视出版社，2010.

［182］蒙爱军.水族经济行为的文化解释［M］.北京：人民出版社，2010.

［183］余秋雨.艺术创造学［M］.武汉：长江出版传媒，长江文艺出版社，2013.

［184］邹广文，徐庆文.全球化与中国文化产业发展［M］.北京：中央编译出版社，2006.

［185］陈凯.区域经济比较［M］.上海：上海人民出版社，2009.

［186］李儒奇，蔡大明.动漫中的金蛋［M］.北京：中国经济出版社，2010.

［187］范周，齐骥，等.中国城市文化消费报告［M］.北京：社会科学文献出版社，2010.

［188］罗明.画图成意 画图成都——历史文化资源的文化符号与文化产业创意［M］.成都：四川出版集团，巴蜀书社，2010.

［189］程郁儒.民族文化传媒化［M］.北京：中国社会科学出版社，2012.

［190］胡惠林，陈昕.中国文化产业评论（第11卷）［M］.上海：上海人民出版社，2010.

［191］芮明杰，李想.网络状产业链构造与运行：基于模块化分工和知识

创新的研究［M］.上海：格致出版社，上海人民出版社，2009.

［192］陈雅兰，等.原始性创新理论与实证研究［M］.北京：人民出版社，2007.

［193］杨昳，李克建，肖琼.中国西南少数民族文化要略［M］.成都：四川出版集团，四川人民出版社，2011.

［194］罗懿群，吴启禄.仡佬族古歌：叙根由［M］.贵阳：贵州民族出版社，2009.

［195］邱若龙.漫画·巴莱——台湾第一部雾社事件历史漫画［M］.台北：远流出版事业股份有限公司，2011.

［196］田明才.支嘎阿鲁传［M］.贵阳：贵州民族出版社，2006.

［197］杨晓辉.贵州民间美术传承与发展［M］.贵阳：贵州人民出版社，2006.

［198］降边嘉措，吴伟.格萨尔王宝传（上卷）［M］.北京：五洲传播出版社，2006.

［199］降边嘉措，吴伟.格萨尔王宝传（下卷）［M］.北京：五洲传播出版社，2006.

［200］丹增.文化产业发展论［M］.北京：人民出版社，2005.

［201］魏鹏举.文化创意产业导论［M］.北京：中国人民大学出版社，2010.

［202］芮明杰.中国产业发展的战略选择［M］.上海：格致出版社，上海人民出版社，2010.

［203］余东华.模块化企业价值网络［M］.上海：格致出版社，上海人民出版社，2008.

［204］徐家力.知识产权在网络及电子商务中的保护［M］.北京：人民法院出版社，2006.

［205］黄玉烨.民间文学艺术的法律保护［M］.北京：知识产权出版社，2008.

［206］管育鹰.知识产权视野中的民间文艺保护［M］.北京：法律出版社，2006.

［207］陈少峰，朱嘉.中国文化产业十年（1999—2009）［M］.北京：金

城出版社，2010.

［208］卢世菊，吴海伦．民族文化旅游创意产业发展研究［M］．北京：中国社会科学出版社，2014.

二、中文译著

［1］安东尼·吉登斯．现代性的后果［M］．田禾，译．南京：译林出版社，2000.

［2］海德格尔．世界图象的时代［M］//海德格尔选集（下）．孙周兴，译．上海：上海三联书店，1996.

［3］丹尼斯·麦奎尔．受众分析［M］．刘燕南等，译．北京：中国人民大学出版社，2006.

［4］马歇尔·麦克卢汉．理解媒介：论人的延伸［M］．何道宽，译．北京：商务印书馆，2000.

［5］维克托·迈尔－舍恩伯格，等．大数据时代［M］．盛杨燕，等，译．杭州：浙江人民出版社，2013.

［6］马林诺夫斯基．巫术科学宗教与神话［M］．李安宅，译．北京：中国民间文艺出版社，1986.

［7］阿雷恩·鲍尔德温．文化研究导论［M］．陶东风，等，译．北京：高等教育出版社，2004.

［8］斯帕克斯．媒介效果研究概论［M］．何朝阳，王希华，译．北京：北京大学出版社，2008.

［9］罗兰·巴尔特．符号学原理［M］．李幼蒸，译．北京：中国人民大学出版社，2008.

［10］威尔伯·施拉姆，威廉·波特．传播学概论［M］．何道宽，译．北京：中国人民大学出版社，2010.

［11］尼尔·波兹曼．娱乐至死·童年的消逝［M］．章艳，吴燕莛，译．桂林：广西师范大学出版社，2010.

［12］马歇尔·麦克卢汉．理解媒介——论人的延伸［M］．何道宽，译．南京：译林出版社，2012.

［13］斯科拉·拉什，西莉亚·卢瑞．全球文化产业——物的媒介化［M］．

要新乐，译.北京：社会科学文献出版社，2010.

［14］赵志裕，康莹仪.文化社会心理心理学［M］.刘爽，译.北京：中国人民大学出版社，2011.

［15］奈杰尔·拉波特，乔安娜·奥佛林.社会文化人类学的关键概念［M］.（第二版）.鲍雯妍，张亚辉，译.北京：华夏出版社，2009.

［16］丹尼斯·麦奎尔.受众分析［M］.刘燕南，李颖，杨振荣，译.北京：中国人民大学出版社，2011.

［17］麦克斯·缪勒.宗教的起源与发展［M］.金泽，译.上海：上海人民出版社，2010.

［18］迈克尔·波特.竞争优势［M］.陈小悦，译.北京：华夏出版社，2012.

［19］约瑟夫·熊彼得.财富增长论［M］.李默，译.西安：陕西师范大学出版社，2012.

［20］路德维希·冯·密赛斯.人类行为的经济学分析（上）［M］.赵磊，李淑敏，黄丽丽，译.广州：广东经济出版社，2010.

［21］路德维希·冯·密赛斯.人类行为的经济学分析（下）［M］.赵磊，李淑敏，黄丽丽，译.广州：广东经济出版社，2010.

［22］约瑟夫·R.多米尼克.大众传播力学——数字时代的媒介［M］.（第七版）.蔡骐，译.北京：中国人民大学出版社，2009.

［23］Arnold·P.Lutzker.创意产业中的知识产权——数字时代的版权和商标［M］.（第二版）.王娟，译.北京：人民邮电出版社，2009.

［24］维克多·迈尔·舍恩伯格，肯尼斯·库克耶.大数据时代：生活、工作与思维的大变革［M］.杨盛燕，周涛，译.杭州：浙江人民出版社，2013.

［25］爱德华·萨义德，戴维·巴萨米安.文化与抵抗：萨义德访谈录［M］.梁永安，译.上海：上海世纪出版集团，2009.

［26］林毅夫.新结构经济学——反思经济发展与政策的理论框架［M］.苏剑，译.北京：北京大学出版社，2012.

［27］Allison Cerra Easterwood，Jerry Power.商业模式重构：大数据、移动化和全球化［M］.朱莹莹，廖晓红，陈晓佳，译.北京：人民邮电出版社，2014.

［28］欧内斯特·盖尔纳.理性与文化［M］.周邦宪,译.贵阳:贵州人民出版社,2009.

［29］彼得·戴维.美国漫画脚本写作教程［M］.梁卿,译.上海:上海人民美术出版社,2010.

［30］罗伯特·比尔.藏传佛教象征符号与器物图解［M］.向红笳,译.北京:中国藏学出版社,2007.

［31］塞缪尔·亨廷顿.文明的冲突与世界秩序的重建(修订版)［M］.北京:新华出版社,2010.

［32］奥布赖恩.文化政策:创意产业中的管理、价值和现代性［M］.魏家海,余勤,译.大连:东北财经大学出版社,2016.

［33］艾尔·巴比.社会研究方法［M］.邱泽奇,译.北京:华夏出版社,2009.

三、中文论文

［1］杨义.中华民族文化发展与西南少数民族［J］.民族文学研究,2012(1).

［2］顾江,吴建军,胡慧源.中国文化产业发展的区域特征与成因研究——基于第五次和第六次人口普查数据［J］.经济地理,2013,33(7).

［3］文嫮,胡兵.中国省域文化创意产业发展影响因素的空间计量研究［J］.经济地理,2014,34(2).

［4］张蔷.中国城市文化创意产业现状、布局及发展对策［J］.地理科学进展,2013,32(8).

［5］崔榕.新时期少数民族传统文化的开发利用与传承研究［J］.中南民族大学学报(人文社会科学版),2015,35(5).

［6］王英莉.新世纪西南少数民族题材电影的多元呈现［J］.大舞台,2012(2).

［7］张玉蓉,鲁皓,张玉玲.产业融合视域下旅游业与文化创意产业的互动发展研究［J］.理论与改革,2015(2).

［8］邢启顺.城镇化进程中少数民族城市文化产业化转型再构——以贵州凯里为例［J］.云南民族大学学报(哲学社会科学版),2014,31(6).

［9］金元浦,当代世界创意产业的概念及其特征［J］.电影艺术,2006(3).

［10］严卿方,姜葵.贵州少数民族动画的发展及网络传播［J］.贵州民族

研究，2012（6）.

［11］黄学，刘洋，彭雪蓉.基于产业链视角的文化创意产业创新平台研究——以杭州市动漫产业为例［J］.科学学与科学技术管理，2013，34（4）.

［12］何琦，高长春.论创意产品的价值特征与价值构成——基于市场价值实现视角［J］.商业经济与管理，2013（2）.

［13］厉无畏.论文化资本在创意产业中的作用［J］.中国地质大学学报（社会科学版），2011，11（2）.

［14］张泽洪.中国西南少数民族傩文化与道教关系论略［J］.贵州民族研究，2010，31（2）.

［15］杨文华，纳夏.云南发展民族文化产业的理论与实践［J］.云南社会科学，2015（1）.

［16］赵华，于静.新常态下乡村旅游与文化创意产业融合发展研究［J］.经济问题，2015（4）.

［17］刘学文，王铁军，鲍枫.文化创意产业发展现状及对策探析［J］.云南民族大学学报（哲学社会科学版），2013（6）.

［18］王曦.澳大利亚文化创意产业发展对我国的启示——以"昆士兰模式"为例［J］.中央财经大学学报，2013（1）.

［19］高永久，刘庸.城市化背景下西北少数民族文化的保护与开发利用［J］.西北民族大学学报（哲学社会科学版），2005（6）.

［20］王运生.对文化创意产业融资困境破解的思考［J］.征信，2012（4）.

［21］黄卢健.广西少数民族动漫文化创意产业的开拓与发展之我见［J］.中国报业，2011（9）.

［22］何琼.贵州少数民族地区经济发展的文化战略思考［J］.贵州社会科学，2006（4）.

［23］陈立鹏.苗族性格初探［J］.民族论坛，1993（1）.

［24］厉无畏.文化创意产业的投融资与风险控制［J］.毛泽东邓小平理论研究，2011（2）.

［25］胡晓鹏.文化创意产业的地区发展模式研究［J］.中国地质大学学报（社会科学版），2010，10（1）.

［26］王洪涛.文化差异是影响中国创意产品出口的阻碍因素吗——基于中

国创意产品出口 35 个国家和地区的面板数据检验［J］.国际经贸探索，2014，30（10）.

［27］曾祥慧.试析黔东南苗族服饰的文化整合［J］.贵州民族研究，2010，31（3）.

［28］郭占锋，罗树杰，李小云.少数民族村庄文化产业化发展的困境与出路——以广西瑶族 M 村为例［J］.西南民族大学学报（人文社会科学版），2010（11）.

［29］方菲，吴昊明，吕成果，沈杰.上海文化创意产业发展的阶段及其政策特征［J］.中州大学学报，2010，27（6）.

［30］陈洁民，尹秀艳.北京文化创意产业发展现状分析［J］.北京城市学院学报，2009（4）.

［31］张文洁.英国创意产业的发展及启示［J］.云南社会科学，2005（2）.

［32］李思屈.审美经济与文化创意产业的本质特征［J］.西南民族大学学报（人文社科版），2007（8）.

［33］唐金楠.文化产业必将成为支柱产业：访文化产业研究专家叶朗教授［J］.学术前沿，2006（4）.

［34］龚厚清，邢晶晶.少数民族文化产业发展面临的困难与问题研究综述［J］.四川民族学院学报，2012，21（4）.

［35］白明政.试论贵州少数民族文化产业的开发与保护［J］.贵州民族研究，2008（6）.

［36］祝国超.城乡统筹背景下重庆民族文化产业开发调查研究［J］.长江师范学院学报，2011（4）.

［37］周志平.我国文化创意产业的现状及发展对策［J］.改革与战略，2011（10）.

［38］曾言.创意保护的法律考量［J］.法治论丛，2008（1）.

［39］周国林.基于产业升级视角的文化创意产业发展策略［J］.湖北社会科学，2010（5）.

［40］胡晓鹏.技术创新与文化创意：发展中国家经济崛起的思考［J］.科学学研究，2006（1）.

［41］金元浦.文化创意产业的多种概念辨析［J］.同济大学学报（社会科学版），2009（1）.

［42］韩顺法，陶卓民，肖泽磊.我国区域文化创意指数的测度及经济增长效应［J］.经济地理，2012，32（4）.

［43］朱华晟，等.基于公私合作视角的城市创意产业公共治理——以北京工业设计业为例［J］.经济地理，2011，31（9）.

［44］杜海东，关冬梅，刘捷萍.中国创意产业发展战略：基于创意人才培养视角下的研究［J］.中国科技论坛，2008（8）.

［45］庹修明.贵州傩戏文化［J］.教育文化论坛，2010（3）.

［46］左伟.民族经济视域下的影视旅游开发［J］.贵州民族研究，2011（2）.

［47］岳晓英.中国少数民族题材动画片研究［J］.贵州社会科学，2010（4）.

［48］刘葵，刘琥.动画电影应重视民族文化题材［J］.新闻界，2011（6）.

［49］韩程.回归民族文化——浅谈中国动画的创作方向［J］.浙江传媒学院学报，2007（3）.

［50］王海霞.浅析西南少数民族民居建筑的装饰文化［J］.贵州民族研究，2014（8）.

［51］花建.文化创意产业与相关产业融合发展的四大路径［J］.上海财经大学学报，2014（4）.

［52］王欣，凌天宇，杨文华.文化创意产业与旅游业融合中政府作用的研究［J］.山西师范大学学报（自然科学版），2014，28（3）.

［53］荆艳峰.文化创意产业与旅游业的集成模式研究［J］.学术论坛，2012（1）.

［54］刘洁.文化创意产业与旅游业关系研究［J］.经济研究导刊，2010（1）.

［55］徐丹丹，孟潇，卫倩倩.文化创意产业发展的文献综述［J］.云南财经大学学报，2011（2）.

［56］王元卓，靳小龙，程学旗.网络大数据：现状与展望［J］.计算机学报，2013（6）.

［57］李国杰，程学旗.大数据研究：未来科技及经济社会发展的重大战略领域——大数据的研究现状与科学思考［J］.中国科学院院刊，2012，27（6）.

［58］梅国平，刘珊，封福育.文化产业的产业关联研究——基于网络交易大数据［J］.经济管理，2014（11）.

［59］赵炳新，尹栩，张江华.产业复杂网络及其建模——基于山东省实例

的研究[J].北京经济管理，2011（7）.

[60]聂磊.新媒体环境下大数据驱动的受众分析与传播策略[J].新闻大学，2014（2）.

[61]喻国明.解读新媒体的几个关键词[J].媒介方法，2006（5）.

[62]彭兰.大数据时代：新闻业面临的新震荡[J].编辑之友，2013（1）.

[63]安燕.贵州少数民族的仪式象征与影视创意[J].中共贵州省委党校学报，2010（3）.

[64]庄孔韶."虎日"的人类学发现与实践——兼论《虎日》影视人类片的应用新方向[J].广西民族研究，2005（2）.

[65]盖金洁.创意产业对民族文化的挖掘利用[J].大众文艺，2010（6）.

[66]赵鹏.创意启动未来：构建少数民族文化创意产业体系[J].中央民族大学学报（哲学社会科学版），2009，36（4）.

[67]黄玲，周勤.创意众筹的异质性融资激励与自反馈机制设计研究[J].中国工业经济，2014（7）.

[68]周宾.从"受众本位"的视角看大数据时代的电影营销[J].当代电影，2015（7）.

[69]颜茵.大数据时代贵州文化产业发展机遇探析[J].新西部，2015（11）.

[70]王可.关于中国高校动漫教育若干问题的思考[J].中国美术，2011（2）.

[71]葛玉清.动画电影艺术空间的本土化生存[J].当代电影，2012（4）.

[72]雷启立."微传播"时代的文化特质[J].编辑学刊，2010（4）.

[73]陈宪奎，刘玉书.2003—2014年中美自媒体研究和比较分析——基于数据挖掘的视角[J].新闻与传播研究，2015（3）.

[74]谢琳.国内自媒体研究现状综述[J].视听，2014（9）.

[75]代玉梅.自媒体的本质：信息共享的即时交互平台[J].云南社会科学，2011（11）.

[76]张美玲，罗忆.以微博为代表的自媒体传播特点和优势分析[J].湖北职业技术学院学报，2011（3）.

[77]李虹，刘志军.传播心理学视野下少数民族文化传播传者与受者关系新思辨[J].黑龙江民族丛刊，2011（5）.

[78]高卫华，杨兰.大众传媒传播少数民族文化的符号化结构功能[J].

当代传播，2012（5）.

［79］徐英.论贵州少数民族文化繁荣发展的"三要素"［J］.贵州民族研究，2012，33（3）.

［80］李倩岚，王瀚东.我国少数民族文化传播的现代转型探析［J］.理论月刊，2015（10）.

［81］张伟云，等.少数民族地区文化传播的影响因素分析——贵州省黔东南苗族、侗族自治州基层文化工作调研［J］.贵州文史丛刊，2003（4）.

［82］孙兰英.新媒体时代的文化软实力建设［J］.红旗文稿，2015（7）.

［83］罗兰.现代影像与少数民族文化传播［J］.中国传媒科技，2013（8）.

［84］杨光宗，等.建构传播少数民族文化新媒体平台的思考——以武陵民族地区为例［J］.中南民族大学学报，2012（4）.

［85］陈峻俊，等.论网络媒介语境下少数民族文化的传播［J］.新闻爱好者，2012（8）.

［86］彭岚嘉.中国西部文化产业发展现状及其对策［J］.中国文化产业评论，2009（2）.

［87］徐俊六.新媒体环境下民族节日的文化传承研究［J］.昆明学院学报，2015（1）.

［88］李世举.跨区域合作与西部民族地区传媒的发展对策［J］.当代传播，2011（4）.

［89］王瑶.微信与微传播［J］.传媒观察，2013（2）.

［90］吴江文.微传播时代受众要求的满足与培养［J］.当代传播，2014（2）.

［91］李达.新媒体时代少数民族文化传播的困境与策略［J］.湖北民族学院学报（哲学社会科学版），2015，33（2）.

［92］孙钰钦.新媒体时代少数民族文化传播渠道探索［J］.编辑之友，2013（8）.

［93］王哲，谭竺，孔荣娟.新媒体时代苗族文化传播渠道探索［J］.贵州民族研究，2013（4）.

［94］陈艳花，梅琼林.网络传播对渝东南少数民族文化传承与发展的影响［J］.中国广播电视学刊，2012（9）.

［95］航宇.全球化背景下少数民族文化的网络传播——以贵州民族文化网

上博物馆为例［J］．新闻爱好者，2010（16）．

［96］李克．媒介生态对西北少数民族文化的作用［J］．中国出版，2010（22）．

［97］温和琼．民族地区在少数民族传统文化传承和发展中的历史使命［J］．前沿，2011（6）．

［98］翁泽仁．大众媒介语境中的少数民族文化发展态势［J］．中国民族，2011（5）．

［99］龙丽双．传承还是消解——大众传媒在传承少数民族文化中的问题与思考［J］．新闻界，2013（16）．

［100］张治东．数字技术背景下民族文化的传播路径及困境分析［J］．宁夏社会科学，2013（5）．

［101］尹章池，李凯，覃春晓．刍议"自媒体"的兴起与少数民族文化网络传播策略的创新［J］．出版广角，2011（6）．

［102］王飞霞．生态批评视野下的湘西题材影视剧［J］．湖北民族学院学报（哲学社会科学版），2014（5）．

［103］张金华，于阳．少数民族题材电影的传播效应及基层反馈——针对西部少数民族大学生的调查报告［J］．贵州民族研究，2013（2）．

［104］吴发容．关于民族地区数字图书馆建立的思考［J］．湖北民族学院学报（哲学社会科学版），2007（3）．

［105］李娜．整体输出：文化传播的主动性——以纳西东巴文化数字化与国际传播项目为例［J］．传媒，2013（5）．

［106］黄新宇．广西龙州布傣天琴文化传播研究［J］．湖北民族学院学报（哲学社会科学版），2011（5）．

［107］仁青卓玛．新媒体时代少数民族文化传播的利弊研究——以藏族文化传播为例［J］．广州广播电视大学学报，2015（4）．

［108］李达．新媒体时代少数民族文化传播的困境与策略［J］．湖北民族学院学报（哲学社会科学版），2015（2）．

［109］刘洋．新媒体时代引发的民族文化传播思考［J］．贵州民族大学学报（哲学社会科学版），2013（4）．

［110］黄婷婷．新媒体时代四川旅游产品包装设计策略探究［J］．四川戏剧，2015（8）．

［111］吴艳，等.基于Web 3D的数字化产品包装设计的方法与实现［J］.出版与印刷，2010（6）.

［112］迟燕琼.云南少数民族传统节日文化保护与开发的现状和困境［J］.云南艺术学院学报，2008（2）.

［113］普丽春.云南少数民族非物质文化遗产传承模式构想［J］.云南民族大学学报（哲学社会科学版），2010，27（1）.

［114］阮金纯，杨晓雁.云南少数民族文化传承模式及其现代化进程中的困境［J］.云南民族大学学报（哲学社会科学版），2014，31（5）.

［115］林庆，李旭.云南少数民族非物质文化遗产保护与开发的对策［J］.云南民族大学学报（哲学社会科学版），2007，24（2）.

［116］黄鸣奋.泛动画形象的文化意蕴［J］.郑州大学学报（哲学社会科学版），2010（1）.

［117］尕藏才旦，扎西，蔡秀清，迭目阳藏.西部少数民族动画资源孵化路径探索［J］.西北民族大学学报（哲学社会科学版），2009（6）.

［118］岳晓英.中国少数民族题材动画片研究［J］.贵州社会科学，2010（4）.

［119］刘葵，刘琥.民族文化元素在中国西部动漫产业发展中的作用探讨［J］.新闻界，2010（2）.

［120］王翔.中国动画文化本土化研究［J］.安徽文学，2008（10）.

［121］陆盛章.关于动画创作中民族化、国际化和人性化的思考［J］.装饰，2007（4）.

［122］邓经武.民族文化生态悲歌——以四川少数民族文学为例［J］.西南民族大学学报（人文社会科学版），2010（12）.

［123］黎曦.存在并表达着——盘点当代少数民族文学［J］.中国民族，2002（6）.

［124］苏雪芹，张利涛.儒家文化影响下的青藏地区少数民族价值观及特征［J］.青海社会科学，2015（6）.

［125］潘建生.藏族传统价值观及其现代化探讨[J].西藏发展论坛,2005(1).

［126］张泽洪.文化传播视野下的西南少数民族宗教——以道教文化的影响为中心［J］.广西民族大学学报（哲学社会科学版），2009，31（2）.

［127］常晶晶.文化旅游与西南少数民族民间音乐传承［J］.黑龙江民族

丛刊，2013（6）.

［128］东人达.西南少数民族非物质文化遗产中的宗教要素［J］.贵州民族研究，2009（4）.

［129］徐天韵.西南少数民族题材动画与角色造型［J］.成都大学学报（社科版），2012（4）.

［130］张华明.滕健民族村寨旅游开发的模式——以西双版纳"中缅第一寨"勋景来为例［J］.贵州民族研究，2006（3）.

［131］吴大华.论民族习惯法的渊源、价值与传承——以苗族、侗族习惯法为例［J］.民族研究，2005（6）.

［132］张安迪.西南少数民族传统宗教文化在现代社会发展探究［J］.雪莲，2015（6）.

［133］王宏付，许莉莉.西南西北少数民族传统服饰文化的差异剖析［J］.装饰，2007（10）.

［134］莫福山.中国少数民族传统服饰文化的特色［J］.中央民族大学学报，1994（5）.

［135］吴峥，王义，杨士宏."十七年"时期南方少数民族题材电影的叙事研究［J］.科学之友，2007（9）.

［136］谢德明.云南电影风生水起独立寒秋薪露头角［J］.民族艺术研究，2008（1）.

［137］杨鹏."十七年"云南少数民族题材电影视觉造型特征分析［J］.电影文学，2011（11）.

［138］章家瑞，李柯，方颖.溶入个人情感与哲学思考的电影——关于《诺玛的十七岁》的创作（访谈）［J］.电影新作，2004（1）.

［139］张怀强.1949—2009年云南少数民族电影发展概述［J］.艺术探索，2011（2）.

［140］周根红.全球化时代少数民族电影的民族文化境遇［J］.民族艺术，2009（1）.

［141］陈艳花，梅琼林.网络传播对渝东南少数民族文化传承与发展的影响［J］.中国广播电视学刊，2012（9）.

［142］马修雯.云海上的艺术之花——评介电影《叶赫娜》［J］.中国民族，

1983（1）.

［143］柳迪善.十七年时期电影在农村的考察［J］.电影艺术，2013（3）.

［144］杨须爱.文化相对主义的起源及早期理念［J］.民族研究，2015（4）.

［145］熊宗仁.贵州研究夜郎五十年述评［J］.贵州民族研究，2000（1）.

［146］熊宗仁.关于建立泛珠三角夜郎文化旅游圈的构想［J］.贵州社会科学，2005（6）.

［147］索晓霞.略论文化资源利用与创造力培育［J］.教育文化论坛，2009（1）.

［148］胡晓鹏.国内外创意产业发展经验的解读与思考［M］//厉无畏，王如忠.创意产业：城市发展的新引擎.上海：上海社会科学院出版社，2005.

［149］普学旺.彝族毕摩文化遗产抢救保护发展战略思考［M］//云南彝学研究.北京：中国民族艺术出版社，2006.

［150］国家文物局法制处.国际保护文化遗产法律文件选编［M］.北京：紫禁城出版社，1993.

［151］张文勋.民族文化学论集［M］.昆明：云南大学出版社，1993.

［152］杨放.圭山撒尼人的叙事诗——阿斯玛［M］//赵德光.阿诗玛文献汇编.昆明：云南民族出版社，2003.

四、学位论文

［1］陈少峰.非物质文化遗产的动漫化传承与传播研究［D］.济南：山东大学，2014.

［2］邵杨.国产动画的文化传统重构［D］.杭州：浙江大学，2012.

［3］蔡亚南.日本动画产业特征研究［D］.济南：山东大学，2013.

［4］王嘉颖.试探析国内当下网络自媒体传播模式的后现代主义特征［D］.上海：复旦大学，2011.

［5］蔡文涛.国产动画中的民族文化传播研究［D］.南昌：江西师范大学，2011.

［6］佟盟.民族文化资源与中国动画传播［D］.长春：东北师范大学，2008.

［7］杜景芳.动画片中的云南少数民族文化传播研究［D］.昆明：云南师范大学，2013.

［8］李淼.论云南少数民族题材电影中的边疆想象、民族认同与文化建构［D］.上海：上海大学，2013.

［9］阿古达木.少数民族题材动画研究［D］.呼和浩特：内蒙古师范大学，2012.

［10］吴丽.云南少数民族题材电影发展历程研究［D］.昆明：云南大学，2014.

［11］杨娇.旅游产业与文化创意产业互动发展的研究［D］.杭州：浙江工商大学，2008.

五、报告

［1］中国互联网络信息中心.2013年度中国网民游戏行为调查研究报告［R］.中国互联网络信息中心，2013.

［2］中国互联网络信息中心.2014年农村互联网发展状况研究报告［R］.中国互联网络信息中心，2015.

［3］中国互联网络信息中心.2013年农村互联网发展状况研究报告［R］.中国互联网络信息中心，2014.

［4］中国互联网络信息中心.2013年中国社交类应用用户行为研究报告［R］.中国互联网络信息中心，2013.

［5］中国互联网络信息中心.2014年下半年中国企业互联网应用状况调查报告［R］.中国互联网络信息中心，2015.

［6］四川省互联网协会，中国互联网络信息中心.2011年四川省互联网络发展状况报告［R］.四川省互联网协会，中国互联网络信息中心，2011.

［7］中国互联网络信息中心.2014中国移动互联网调查研究报告［R］.中国互联网络信息中心，2014.

［8］中国互联网络信息中心.2013年中国企业互联网应用状况地区调查报告［R］.中国互联网络信息中心，2013.

［9］英国创意产业特别工作组（CITF）.英国创意产业路径文件［R］.英国创意产业特别工作组（CITF）1998.

六、报纸文章

［1］何勇，李立，孙祥飞，王其明，董娟，张淑芳.城市创意产业园乱象［N］.中国经营报，2008-03-10.

［2］简彪.文化创意产业融资依然老大难？［N］.中国高新技术产业导报，2010-01-18.

［3］周洪涛.从《功夫熊猫》看传统文化资源保护［N］.中国知识产权报，2008-08-13.

［4］夏帆.重庆网游 登陆台湾［N］.重庆日报，2010-06-29.

［5］索晓霞，王非.发展文化产业的理念［N］.贵州日报，2006-02-06.

［6］索晓霞.保护好少数民族文化的显性基因［N］.贵州日报，2016-04-01.

七、外文文献

［1］Mommaas，H.Spaces of Culture and Economy：Mapping the Cultural-Creative Cluster Landscape［M］.In Kong and O'Connor，2009.

［2］Greg R．Creativity and Tourism［J］.Annals of Research.2011，38（4）：1225-1253.

［3］Richards G.，Raymond C. Creative Tourism［J］.ATLAS News，2000(23)：16-20.

［4］Wise，P. Cultural Policy and Mutiplicities［J］.International Journal of Cultural Policy，2002，8（2）：221-231.

［5］O'Connor，J. Creative Exports：Taking Cultural Industries to St Peterburg［J］.International Journal of Cultural Policy，2005，11（1）.

八．电子文献

［1］贵州省统计局.人口普查系列分析报告之五：贵州少数民族人口发展的新特点［EB/OL］.（2013-03-06）［2016-07-10］.http：//www.gz.stats.gov.cn/.

［2］联合国创意经济报告专刊——拓宽本地发展道路［EB/OL］.［2013-8-12］.http：//www.unesco.org./.

［3］科讯广电网.广电总局：截至2015年底有线电视用户2.39亿［EB/OL］.（2016-04-27）［2012-07-15］.http：//bc.tech-ex.com/technology/digitv/2016/71458.html.

［4］国家广播电影电视总局.广电总局关于印发《农村数字电影发行放映实施细则》的通告［EB/OL］.（2007-06-01）［2012-03-16］.http：//www.sarft.gov.cn/catalog.do?catalogId=20070831155418550576&pageIndex=3.

［5］国家广播电影电视总局.广电总局关于2007年度全国国产电视剧发行许可证颁发统计情况的通告［EB/OL］.（2008-01-20）［2012-03-16］.http：//dsj.sarft.gov.cn/tims/site/views/applications/announce/view.shanty?appName=announce&id=011fda79f39d0082402881a01fda31b9.

［6］国家广播电影电视总局.广电总局关于2008年度全国国产电视剧发行许可证颁发统计情况的通告［EB/OL］.（2009-02-19）［2012-03-16］.http：//dsj.sarft.gov.cn/tims/site/views/applications/announce/view.shanty?appName=announce&id=011fda7f4ba800a8402881a01fda31b9.

［7］国家广播电影电视总局.广电总局关于2009年度全国国产电视剧发行许可证颁发统计情况的通告［EB/OL］.（2010-02-03）［2012-03-16］.http：//www.gov.cn/gzdt/2010-02/03/content_1527422.htm.

［8］国家广播电影电视总局.广电总局关于2010年第四季度和年度全国国产电视剧发行许可证颁发统计情况的通告［EB/OL］.（2011-01-21）［2012-03-16］.http：//xn—79qy5jwte2pa03geqdl6n7lzw6fb55g.xn—fiqs8s/sapprft/govpublic/6952/291151.shtml.

［9］国家广播电影电视总局.广电总局关于2011年度全国国产电视剧发行许可证颁发情况统计结果的通告［EB/OL］.（2012-02-11）［2012-03-16］.http：//www.sv336.com/plyj.aspx?tid=5112.

［10］国家广播电影电视总局.广电总局关于2012年第四季度暨年度全国国产电视剧发行许可证颁发统计情况的通告［EB/OL］.（2013-05-02）［2016-07-11］.http：//www.sv336.com/plyj.aspx?tid=7539.

［11］国家广播电影电视总局.广电总局关于2013年第四季度暨年度全国国产电视剧发行许可证颁发统计情况的通告［EB/OL］.（2014-02-28）［2016-07-11］.http：//news.163.com/14/0228/18/9M6KJ8P800014JB5.html.

［12］国家广播电影电视总局.广电总局关于2014年第四季度暨年度全国国产电视剧发行许可证颁发统计情况的通告［EB/OL］.（2015-02-04）［2016-07-11］.http：//www.chinadaily.com.cn/hqpl/yssp/2015-02-04/content_13174789.html.

［13］国家广播电影电视总局.广电总局关于2009年度全国国产电视剧发行许可证颁发统计情况的通告［EB/OL］.（2010-02-03）［2012-03-16］.http：//www.sarft.gov.cn/articles/2010/02/03/20100203144637230582.html.

［14］中国民族音像出版社.大型民族题材电视剧《金凤花开》［EB/OL］.（2009-08-07）［2012-10-30］.http：//www.zgmzyx.com/html/report/101164-1.htm.

［15］中国民族报.从《五朵金花》到《金凤花开》［EB/OL］.（2010-01-22）［2012-10-30］.http：//www.mzb.com.cn/zgmzb/html/2010-01/22/content_65901.htm.

［16］中国民族宗教网.《金凤花开》获中宣部精神文明建设"五个一工程"奖［EB/OL］.（2012-09-29）［2012-10-30］.http：//www.mzb.com.cn/html/Home/report/334193-1.htm.

［17］李甫青.一家科技公司撑起的云南网游产业［EB/OL］.（2012-08-29）［2012-11-16］http：//news.kunming.cn/yn-news/content/2012/08/29/content_3061736_2.htm.

［18］云南日报.云南原创网络游戏海外受追捧［EB/OL］.（2013-07-100）［2016-07-10］.http：//yndaily.yunnan.cn/html/2013-07/10/content_726869.htm?div=-1.

［19］王芳，刘钰银.本土网络游戏6月中旬登陆贵州信息港［EB/OL］.（2006-06-09）［2012-11-21］.http：//gzsb.gog.com.cn/system/2006/06/09/000983470.shtml.

［20］李丽.贵州网游研发"花香"引来"及时雨"［EB/OL］.（2009-06-04）［2012-11-21］.http：//gzrb.gog.com.cn/system/2009/06/04/010577191.shtml.

［21］朗玛：妖怪A梦为贵州网游产业"圆梦"［EB/OL］.（2009-07-23）［2012-11-21］.http：//games.qq.com/a/20090723/000145.htm.

［22］贵州都市报.全国最大手游账号交易平台淘手游 贵州小伙制造［EB/OL］.

（2016-03-29）［2016-07-10］.http：//www.gywb.cn/content/2016-03/29/content_4747611.htm.

［23］四川省文化厅.2008年国家动漫游戏产业（四川）振兴基地年度报［EB/OL］.（2010-12-01）［2012-05-06］.http：//www.sccnt.gov.cn/whtj/ndtjbg/201104/t20110410_3295.html.

［24］四川新闻出版局.2009年我省网络游戏产业发展成果显著［EB/OL］.（2010-01-25）［2012-11-17］.http：//www.scppa.gov.cn/hydj/hydt_yjbl/201001/t20100131_5196.html.

［25］赵雅儒，杨尚智.成都移动应用开发调查：半数手游团队消失［EB/OL］.（2016-05-19）［2016-07-10］.http：//www.ce.cn/culture/gd/201605/19/t20160519_11774581.shtml.

［26］重庆日报.重庆网游［EB/OL］.（2010-06-29）［2011-07-21］.http：//cqrbepaper.cqnews.net/cqrb/html/2010-06/29/content_1198402.htm.

［27］重庆商报.重庆本土游戏企业超过百家 欲集体抱团出海［EB/OL］.（2014-11-28）［2016-07-21］.http：//www.cq.xinhuanet.com/2014-11/28/c_1113440694.htm.

［28］华龙网.完美世界(重庆)"游世界"项目启动 今后更多游戏或是"重庆造"［EB/OL］.（2015-12-16）［2016-07-21］.http：//cq.cqnews.net/cqqx/html/2015-12/16/content_35998837.htm.

［29］刘倩.桂林发展网络游戏产业优势突出［EB/OL］.（2012-01-12）［2012-03-21］.http：//www.gxsti.net.cn/dtxx/gxkj/zzq/626757.shtml.

［30］搜狐动漫.全国动画片发行许可证核发情况［EB/OL］.（2007-08-14）［2012-03-21］.http：//comic.chinaren.com/20070814/n251582373.shtml.

［31］慧聪网.广电总局推荐2006年度第二批优秀国产动画片［EB/OL］.（2006-07-14）［2012-03-21］.http：//info.broadcast.hc360.com/2006/07/14102692512.shtml.

［32］王静.广电总局推荐国产动画优秀动画片《露露and猪猪》［EB/OL］.（2007-10-09）［2012-03-21］.http：//news.cartoonb2b.com/News_Info.aspx?id=3787.

［33］时光网.广电总局关于推荐2008年优秀国产动画片［EB/OL］.

（2010-01-22）［2012-03-15］.http：//i.mtime.com/idonghua/blog/3208138.

［34］和讯新闻.广电总局下发通知推荐08年度第一批优秀国产动画片［EB/OL］.（2008-04-08）［2012-03-15］.http：//news.hexun.com/2008-04-08/105074044.html.

［35］搜狐新闻.广电总局关于推荐第二批优秀国产动画片的通知［EB/OL］.（2010-08-03）［2012-03-15］.http：//news.sohu.com/20100803/n273960980.shtml.

［36］中央政府门户网站.广电总局关于2011年度全国电视动画片制作发行情况的通告［EB/OL］.（2012-02-14）［2016-07-10］.http：//www.gov.cn/zwgk/2012/02/14/content_2066505.htm.

［37］国家广播电影电视总局.广电总局关于2012年度全国电视动画片制作发行情况的通告［EB/OL］.（2013-03-24）［2016-07-10］.http：//wenku.baidu.com/link?url=JmWCKGUgA2F8yXrKOtElZkTxmgn.

［38］中国出版网.2014年中国电视动画行业发展观察［EB/OL］.（2015-06-15）［2016-07-10］.http：//www.chuban.cc/szcb/201506/t20150615_167805.html.

［39］贵州日报.贵阳数字内容产业园和亚洲青年动漫大赛引领贵州动漫产业起飞［EB/OL］.（2009-03-03）［2012-04-21］.http：//gzrb.gog.cn/system/2009/03/03/010500910.shtml.

［40］搜狐公众平台.中国动画电影发展报告（2015）［EB/OL］.（2016-04-28）［2016-07-15］.http：//mt.sohu.com/20160428/n446642236.shtml.

［41］太平洋游戏网.2015年中国动画电影票房成绩与未来展望［EB/OL］.（2015-12-21）［2016-7-15］.http：//news.duote.com/34/99156.html.

［42］西南媒体联盟正式成立［EB/OL］.［2015-11-16］.http：//cyxw.cn/Ty/ZXXX/75369.html

［43］中国文化报.国产动画电影市场井喷10天备案35部［EB/OL］.（2016-02-22）［2016-07-15］.http：//www.askci.com/news/chanye/2016/02/22/1526517f0l.shtml.

［44］贵州日报.贵州新西兰联合摄制3D动画电影《魔像传说》［EB/OL］.（2015-12-4）［2016-07-15］.http：//www.gywb.cn/content/2015-12/04/content_4264151.htm.

［45］秦蒙琳.大理传统文化为题材电影《遥远的诺邓》美国获奖［EB/OL］.（2010-04-08）［2012-11-16］.http：//news.yninfo.com/yn/dzxw/201004/t20100408_1519544.htm.

［46］岳颂东.新媒体产业的8个特点［EB/OL］.(2008-05-19)［2015-11-03］.http：//finance.sina.com.cn/hy/20080519/17024884944.shtml.

［47］ZOL新闻中心.腾讯发布2015微信用户数据报告［EB/OL］.（2015-06-01）［2016-07-21］.http：//news.zol.com.cn/523/5237369.html.

［48］中国智能可穿戴设备市场专题研究报告2015［EB/OL］.［2015-11-12］http：//wenku.baidu.com/view/84e80e68b8f67c1cfad6b886.html.

［49］2014年中国物联网产业发展报告［EB/OL］.［2015-11-12］.http：//wenku.baidu.com/link?url=5bTUalsxcc7Xw6JKNGsuY69QqNt8JAtCuzTm0EwTClMg7yNjRyNqTfM2IOJ19OXyO1CWAM-Cnvit2uE7jeJsOuaOgR5AVqj7JYm7NbkoQnq.

［50］中国信息产业网.物联网带来希望 在哪些方面有所帮助［EB/OL］.（2015-11-13）［2015-11-13］.http：//www.netofthings.cn/GuoNei/2015-11/6832.html.

［51］新华网.李克强同世界互联网大会中外代表座谈时强调促进互联网共享共治 推动大众创业万众创新［EB/OL］.（2014-11-20）［2016-07-21］.http：//news.xinhuanet.com/politics/2014-11/20/c_1113340416.htm.

［52］互联网用户账号名称管理规定［EB/OL］.(2015-02-04)［2015-11-13］.http：//www.cac.gov.cn/2015-02/04/c_1114246561.htm.

［53］2015年中国大数据产业势能集聚 "数云+"是主流趋势［EB/OL］.［2015-11-13］.http：//www.enfodesk.com/SMinisite/maininfo/articledetail-id-418783.html.

［54］互联网新闻信息服务单位约谈工作规定［EB/OL］.（2015-04-28）［2015-11-13］.http：//news.xinhuanet.com/politics/2015-04/28/c_127742441.htm.

［55］人民网.中央网络安全信息化小组成立 习近平亲自担任组长［EB/OL］.（2014-02-28）［2015-07-21］.http：//news.ifeng.com/gundong/detail_2014_02/28/34277741_0.shtml.

［56］2013年我国互联网普及率分省市统计［EB/OL］.［2015-11-13］.

http：//www.chyxx.com/industry/201403/233129.html.

［57］2015年我国内地各省网民规模及互联网普及率数据［EB/OL］.［2015-11-13］.http：//www.chinabgao.com/stat/stats/40545.html.

［58］贵州成为大数据产业发展模式探索基地［EB/OL］.［2015-11-16］.http：//www.fmprc.gov.cn/ce/cohk/chn/xwdt/jzzh/t1315151.htm.

［59］云南首个云计算中心落户昆明高新区［EB/OL］.（2014-06-04）［2015-11-16］.http：//xw.kunming.cn/a/2014-06-04/content_3579589.htm.

［60］四川将建中国西部最大云计算中心［EB/OL］.［2015-11-16］.http：//www.aliyun.com/zixun/content/1_1_826489.html.

［61］广西成立国际信息交换云计算中心［EB/OL］.［2015-11-16］.http：//www.rfidchina.org/tech/readinfos-58678-303.html.

［62］电信、移动、联通140亿投建云计算中心 贵州迎来"大数据时代"［EB/OL］.（2013-12-27）［2015-11-16］.http：//jjxxsb.gog.com.cn/system/2013/12/27/013031483.shtml.

后　　记

当提笔写下"后记"二字时，看着窗外花溪碧蓝的天空不禁感慨万千。此书完成实属不易，从实地调研开始，到收集资料、数据分析整理、书稿完成整整历时6年，其间到全国各地少数民族地区实地走访、考察调研，足迹遍布云南、广西、四川、西藏、青海、甘肃、四川、重庆、海南，以及贵州等少数民族地区，不论是云南边陲、四川大小凉山、西藏雪域还是贵州苗寨都留下了自己的身影，其间经历辛苦与挫折，也有收获与希望，最终完成书稿。希望本书的出版能够对西部地区少数民族文化的传承与发展有所裨益，对少数民族文化数字创意产业发展有所助力。

本书顺利完成得到多方襄助，不论是在调研过程中还是在书稿写作过程中都得到了多位专家、学者与领导的帮助与支持。首先要感谢贵州大学法学院领导给予的大力支持与鼓励，使得本书得以顺利完成，不致半途而废，并给以经费支持得以公开出版；感谢贵州大学洪名勇教授、杨军昌教授、杨仁厚教授、曾海鹰教授、金颖若教授等，从书稿选题设计到框架结构等方面提出的意见与建议；感谢贵州省社会科学院黄德林研究员、何积全研究员，贵阳孔学堂文化传播中心索晓霞主任，贵州民族大学杨军教授、龙耀宏教授，贵州省政府发展研究中心申茂平研究员对书稿提出的中肯意见与完善建议；感谢贵州省哲学社会科学规划办蔡中孚主任、钟西辉科长在调研与资料收集等多方面给予的支持与帮助；还要感谢研究生刘国胜在实地调研、资料收集与汇总分析等方面的积极参与，谢谢国胜的辛勤付出与支持！谢谢杨智婷在文稿校对、格式调整等方面给予的帮助。正是得到大家的帮助与支持，才能够走到今天，顺利完成书稿。其间还得到了很多人的鼓励与支持，在此一并致以诚挚的谢意！

感谢知识产权出版社王辉编辑，在本书出版过程中给予的宝贵支持，以及辛勤付出，更要感谢王老师多年来给予的老朋友一样的无私帮助与大力支持！

后记

最后，要感谢我亲爱的家人，尤其是感谢我的先生与儿子，正是你们长期以来在我背后无私、坚定不移的支持，才有了我今天取得的一点点成绩，你们深厚的亲情与默默的支持是我前进路上永恒的动力与源泉。

由于本人水平与能力有限，书中难免存在疏漏与不妥之处，还恳请得到各方专家、学者的批评指正。

魏　红

2018年冬于花溪